HANNAH FRY

Hello World

Hannah Fry

Hello World

Was Algorithmen können und wie sie unser Leben verändern

Aus dem Englischen von Sigrid Schmid

C.H.BECK

Titel der englischen Originalausgabe:
Hello World. How to Be Human in the Age of the Machine

Zuerst erschienen 2018 bei Doubleday,
an imprint of Transworld Publishers, London

Mit 9 Abbildungen

Für die deutsche Ausgabe:

Satz: Fotosatz Amann, Memmingen
Druck und Bindung: CPI – Ebner & Spiegel, Ulm
Umschlaggestaltung: Rothfos & Gabler, Hamburg,
nach einem Entwurf von Geoffrey Dahl
Gedruckt auf säurefreiem, alterungsbeständigem Papier
(hergestellt aus chlorfrei gebleichtem Zellstoff)
Printed in Germany
ISBN 978 3 406 73219 5

www.chbeck.de

Für Marie Fry

Und alle irischen Mütter,
die ein Nein nicht akzeptieren

Inhalt

Anmerkung zum Buchtitel

Als ich sieben Jahre alt war, brachte mein Vater ein Geschenk für meine Schwester und mich nach Hause. Es war ein ZX Spektrum, ein kleiner 8-Bit-Computer – unser erster eigener Computer. Er war schon seit Jahren veraltet, als er zu uns kam, aber ich fand diese niedliche Maschine sofort toll, auch wenn sie gebraucht war. Der Spektrum entsprach ungefähr einem Commodore 64 (den aber nur die wirklich reichen Kinder in unserem Viertel hatten), aber ich fand den Spektrum immer schöner. Das glatte schwarze Plastikgehäuse passte in beide Hände, und die grauen Gummitasten und der regenbogenfarbene Streifen, der sich diagonal über eine Ecke zog, hatten etwas Freundliches an sich.

Für mich markierte die Ankunft des ZX Spektrum den Beginn eines denkwürdigen Sommers, den ich mit meiner Schwester auf dem Dachboden verbrachte, wo wir Galgenmännchen-Spiele programmierten oder einfach nur mit Code irgendwelche Formen zeichneten. All das «fortgeschrittene» Zeug kam später. Erst mussten wir die Grundlagen beherrschen.

An den genauen Moment, in dem ich mein erstes Computerprogramm schrieb, kann ich mich heute nicht mehr erinnern, aber ich bin mir ziemlich sicher, was es war: dasselbe einfache Programm, das ich später all meinen Studenten am University College London beibrachte; dasselbe Programm, das man auf der ersten Seite von praktisch jedem Anfängerlehrbuch über Informatik findet – fast eine Art Initiationsritual. Als erste Aufgabe soll jeder Anfänger ein Programm schreiben, das zwei berühmte Worte auf dem Bildschirm erscheinen lässt:

«HELLO WORLD»

Diese Tradition stammt aus den 1970er-Jahren. Damals verwendete Brian Kernighan diesen Satz als Übungsbeispiel in seinem unglaublich erfolgreichen Programmierlehrbuch.[1] Das Buch – und damit auch der Beispielsatz – markierte einen wichtigen Punkt in der Geschichte der Computer. Der Mikroprozessor war gerade erst auf den Markt gekommen und läutete den Übergang von den Computern, wie man sie bisher gekannt hatte – riesigen spezialisierten Geräten, die mit Lochkarten und -streifen gefüttert wurden –, zu den Personal Computern ein, die wir heute gewohnt sind, mit Bildschirm, Tastatur und blinkendem Cursor. «Hello world» kam in dem Moment auf, in dem es erstmals möglich war, sich mit seinem Computer zu unterhalten.

Jahre später erzählte Brian Kernighan in einem *Forbes*-Interview, wie er auf die Idee zu diesem Satz gekommen war. Er hatte einen Cartoon gesehen, der ein Ei mit einem neu geschlüpften Küken zeigte, das bei seiner Geburt die Worte «Hello world!» piepste, und der Satz war bei Kernighan hängen geblieben.

Wer in diesem Szenario das Küken sein soll, ist nicht ganz klar: der unverbrauchte Mensch, der triumphierend seinen Eintritt in die Welt der Programmierung verkündet? Oder der Computer selbst, der aus einem banalen Schläfchen mit Tabellen und Textdokumenten erwacht, bereit, sein Denken mit der realen Welt zu verbinden und den Anweisungen seines neuen Herrn zu folgen? Vielleicht beides. Aber auf jeden Fall vereint diese Wendung alle Programmierer und verbindet sie mit jedem Computer, der je programmiert worden ist.

Doch mir gefällt an diesem Satz noch etwas anderes – etwas, das noch nie so relevant oder bedeutsam war wie heute. In einer Zeit, in der Computeralgorithmen zunehmend unsere Zukunft kontrollieren und bestimmen, erinnert uns «Hello world» an einen kurzen Dialog zwischen Mensch und Maschine. An einen Augenblick, in dem die Grenze zwischen Kontrollierendem und Kontrolliertem nicht mehr wahrnehmbar war. Er markiert den Anfang einer Partnerschaft – einer gemeinsamen Reise der Möglichkeiten, bei der keiner ohne den anderen cxistieren kann.

Im Zeitalter der Algorithmen lohnt es sich, sich an diese Stimmung zu erinnern.

Einleitung

Wer Jones Beach auf Long Island, New York besucht, fährt auf dem Weg zum Ozean unter mehreren Brücken hindurch. Diese Brücken sind hauptsächlich dafür gedacht, Menschen vom Highway herunterfahren und in den Highway einfädeln zu lassen, haben aber eine ungewöhnliche Eigenschaft. Sie wölben sich außerordentlich tief über dem Verkehr, an manchen Stellen beträgt die Durchfahrtshöhe nur 2,80 Meter.

Für diese eigenwillige Konstruktion gibt es einen Grund: In den 1920er-Jahren war der mächtige New Yorker Stadtplaner Robert Moses sehr daran interessiert, sein erst kürzlich vollendetes, preisgekröntes Naturschutzgebiet am Jones Beach weißen und wohlhabenden Amerikanern vorzubehalten. Er wusste, dass seine bevorzugten Besucher in ihren Privatautos zum Strand fahren, während Menschen aus den armen, schwarzen Vierteln den Bus nehmen würden. Daher ließ er Hunderte niedriger Brücken entlang des Highways bauen, um so den Zugang zu beschränken. Für dreieinhalb Meter hohe Busse waren die Brücken nämlich zu niedrig.[1]

Rassistische Brücken sind nicht die einzigen unbelebten Objekte, die unbemerkt Kontrolle über Menschen ausüben. In der Geschichte gibt es jede Menge Beispiele für Objekte und Erfindungen, die eine Macht ausübten, die über ihren erklärten Zweck hinausging.[2] Manchmal bauten die Erfinder das bewusst und in böswilliger Absicht in ihre Entwicklungen ein, aber manchmal war das auch einfach nur die Folge eines Fehlers: Man denke nur an die fehlenden Zufahrtsmöglichkeiten für Rollstühle in Städten. Manchmal ist die Folge unbeabsichtigt, wie zum Beispiel bei den mechanischen Webstühlen des 19. Jahrhunderts. Sie sollten die Herstellung komplizierter Textilien vereinfachen, aber letzten

Endes waren sie wegen ihres Einflusses auf Löhne, Arbeitslosigkeit und Arbeitsbedingungen mutmaßlich größere Tyrannen als jeder viktorianische Kapitalist.

Bei modernen Erfindungen ist das nicht anders. Dazu muss man nur die Einwohner des nordenglischen Städtchens Scunthorpe befragen, die keine AOL-Konten eröffnen konnten, nachdem der Internetriese einen neuen Filter eingerichtet hatte, der den Namen ihrer Stadt für zu anstößig befand. Das Problem war das «cunt» in Scunthorpe, das die Bewohner einer ganzen Stadt stigmatisierte.[3] Oder den Nigerianer Chukwuemeka Afigbo, der feststellte, dass ein automatischer Seifenspender perfekt funktionierte, wenn sein weißer Freund seine Hand unter den Apparat hielt, der aber seine dunklere Haut nicht erkannte.[4] Oder Mark Zuckerberg, der sich nie hätte träumen lassen, dass man seiner Schöpfung später vorwerfen würde, sie würde Wahlmanipulationen weltweit ermöglichen, als er im Jahr 2004 in seinem Wohnheimzimmer den Code für Facebook schrieb.[5]

Hinter all diesen Erfindungen steckt ein Algorithmus. Diese unsichtbaren Algorithmen, die die Schrauben und Rädchen des modernen Maschinenzeitalters bilden, haben zahllose Dinge ermöglicht, von Social-Media-Feeds bis zu Suchmaschinen, von der Satellitennavigation bis zu automatischen Musikempfehlungen. Sie sind ebenso Teil unserer modernen Infrastruktur wie Brücken, Gebäude und Fabriken. Sie sind in unseren Krankenhäusern, unseren Gerichtssälen und Autos zu finden. Sie werden von Polizei, Supermärkten und Filmstudios eingesetzt. Sie haben unsere Vorlieben und Abneigungen gelernt. Sie sagen uns, was wir anschauen, was wir lesen und mit wem wir ausgehen sollen. Gleichzeitig üben sie eine geheime Macht aus: Sie verändern langsam und unmerklich, was es heißt, ein Mensch zu sein.

In diesem Buch werden wir uns mit der riesigen Bandbreite an Algorithmen beschäftigen, auf die wir uns zunehmend, wenn auch möglicherweise unbewusst, verlassen. Wir werden ebenso genau ihre Versprechungen wie ihre unausgesprochene Macht untersuchen und wir werden uns den unbeantworteten Fragen stellen, die sie aufwerfen. Wir werden Algorithmen kennenlernen, mit denen die Polizei entscheidet, wer verhaftet wird, und die uns zwingen, zwischen dem Schutz eines Verbrechensopfers und der Unschuld der Beschuldigten zu wählen. Wir werden Algorithmen sehen, mit denen Richter das Strafmaß für überführte Verbrecher festlegen und die uns zwingen zu entscheiden, wie unser Justizsystem aussehen soll. Wir werden auf Algorithmen stoßen, von denen Ärzte ihre eigenen Diagnosen überstimmen lassen; Algorithmen in fahrerlosen Autos, die erzwingen, dass wir unsere moralischen Werte definieren; Algorithmen, die beeinflussen, wie wir unsere Emotionen ausdrücken; und Algorithmen mit der Macht, die Demokratie zu untergraben.

Ich behaupte nicht, dass Algorithmen von Natur aus schlecht sind. Es gibt viele Gründe dafür, positiv und optimistisch in die Zukunft zu blicken, das wird auf diesen Seiten deutlich werden. Kein Objekt und kein Algorithmus ist je von sich aus gut oder böse. Entscheidend ist, wie sie verwendet werden. GPS wurde für den Start von Atomraketen entwickelt und erleichtert jetzt Pizzalieferungen. In Dauerschleife gespielte Popmusik wird zur Folter eingesetzt. Und mit der schönsten Blumenkette könnte man jemanden erwürgen. Wenn man sich eine Meinung zu einem Algorithmus bilden will, muss man die Beziehung zwischen Mensch und Maschine verstehen. Jeder Algorithmus ist untrennbar mit den Menschen verbunden, die ihn entwickeln und anwenden.

Daher ist dieses Buch im Kern ein Buch über Menschen. Es handelt davon, wer wir sind, wohin wir gehen, was uns wichtig ist und wie wir uns durch Technologie verändern. Es handelt von unserer Beziehung zu Algorithmen, die es schon gibt, die mit uns zusammenarbeiten, unsere Fähigkeiten verstärken, unsere Fehler korrigieren, unsere Probleme lösen und gleichzeitig neue Probleme erzeugen.

Es handelt von der Frage, ob ein Algorithmus unter dem Strich der Gesellschaft nützt. Wann man einer Maschine mehr vertrauen soll als dem eigenen Urteilsvermögen und wann man der Versuchung widerstehen sollte, der Maschine die Kontrolle zu überlassen. Es handelt davon, wie Algorithmen offengelegt und ihre Grenzen gefunden werden; und wie wir uns selbst finden können, wenn wir uns genau unter die Lupe nehmen. Es handelt davon, wie man Schädliches von Nützlichem unterscheidet, und von der Entscheidung, in welcher Welt wir leben wollen.

Weil die Zukunft nicht einfach so passiert. Wir erschaffen sie.

Macht

Garri Kasparow wusste genau, wie er seine Rivalen einschüchtern konnte. Mit 34 Jahren war er der beste Schachspieler, den die Welt je gesehen hatte, und sein Ruf allein reichte aus, um jeden Gegner nervös zu machen. Doch er hatte auch noch einen besonderen Tick, den seine Konkurrenten fürchteten. Während sie schwitzend beim wahrscheinlich schwersten Spiel ihres Lebens saßen, hob der Russe ganz beiläufig seine Armbanduhr auf, die neben dem Schachbrett lag, und legte sie wieder um sein Handgelenk. Dieses Signal verstand jeder – es bedeutete, dass Kasparow sich langweilte. Die Armbanduhr war eine Anweisung an seine Gegner, das Spiel verloren zu geben. Sie konnten sich weigern, aber Kasparows Sieg war in jedem Fall unvermeidbar.[1]

Doch Deep Blue von IBM war bei seinem berühmten Match gegen Kasparow im Mai 1997 gegen solche Taktiken immun. Wie das Spiel ausging, ist bekannt, aber die Hintergrundgeschichte, wie Deep Blue sich den Sieg sicherte, kennen nur wenige. Der symbolische Sieg der Maschine über den Menschen markierte in vielerlei Hinsicht den Beginn des algorithmischen Zeitalters, war aber nicht nur das Ergebnis reiner, massiver Rechenleistung. Um Kasparow zu schlagen, musste Deep Blue den Schachgroßmeister nicht nur als hocheffizienten Planer brillanter Schachzüge verstehen, sondern auch als Mensch.

Zunächst einmal trafen die Ingenieure bei IBM die brillante Entscheidung, Deep Blue unsicherer wirken zu lassen, als er war. Bei den sechs Spielen des berühmten Duells zögerte der Computer immer wieder, nachdem er seine Berechnungen beendet hatte, bevor er seinen nächsten Zug anzeigte – manchmal mehrere Minuten lang. Für Kasparow sah das so aus, als habe die Maschine Probleme und rattere immer mehr Berechnungen durch. Das schien zu bestätigen, was Kasparow vermutete: dass er das Spiel in eine Position gebracht hatte, an der es so unfassbar viele Möglichkeiten gab, dass Deep Blue keine vernünftigen Entscheidungen mehr treffen konnte.[2] In Wirklichkeit stand die Maschine aber einfach inaktiv da, genau wissend, wie sie spielen musste, und ließ die Zeit verstreichen. Es war ein hinterhältiger Trick, aber er funktionierte. Schon im ersten Spiel des Duells begann Kasparow zu hinterfragen, wie leistungsfähig die Maschine tatsächlich war, und ließ sich davon ablenken.[3]

Kasparow gewann das erste Spiel, aber im zweiten Spiel war die Verwirrungstaktik von Deep Blue erfolgreich. Kasparow versuchte, den Computer in eine Falle zu locken, indem er ein paar Figuren so aufstellte, dass der Computer sie schlagen konnte, während er gleichzeitig seine Königin – mit mehreren Zügen Vorlauf – auf einen Angriff vorbereitete.[4] Alle Schachexperten, die das Match verfolgten, erwarteten, ebenso wie Kasparow selbst, dass der Computer den Köder schlucken würde. Doch irgendwie roch Deep Blue den Braten. Zu Kasparows Überraschung hatte der Computer den Plan des Großmeisters durchschaut, mit einem Zug dessen Königin blockiert und so jede Chance auf einen menschlichen Sieg zunichtegemacht.[5]

Kasparow war sichtlich schockiert. Seine Fehleinschätzung der Leistungsfähigkeit eines Computers war sein Verhängnis gewesen. In einem Interview wenige Tage nach dem Match bemerkte er, Deep Blue habe «plötzlich für einen Augenblick lang wie ein Gott gespielt».[6] Viele Jahre später schrieb er rückblickend, er habe «den Fehler gemacht anzunehmen, dass Züge, die für einen Computer überraschend wären, auch objektiv starke Züge sind».[7] In jedem Fall aber hatte das Genie des Algorithmus triumphiert. Sein Verständnis menschlichen Denkens und menschlicher Schwächen hatte das allzu menschliche Genie attackiert und besiegt.

Kasparow gab das zweite Spiel niedergeschlagen verloren, statt um ein Patt zu kämpfen. Von da an ging es mit seinem Selbstvertrauen bergab. Die Spiele drei, vier und fünf endeten jeweils mit einem Patt. Im sechsten Spiel war Kasparow am Ende. Das Match endete mit Deep Blue 3,5 zu Kasparow 2,5.

Es war eine seltsame Niederlage. Zweifellos wäre Kasparow fähig gewesen, sich aus den Positionen auf dem Brett herauszuarbeiten, aber er hatte die Fähigkeiten des Algorithmus unterschätzt und ließ sich davon einschüchtern. «Deep Blues Spiel hatte mich sehr beeindruckt», schrieb er 2017 über das Match. «Ich machte mir so viele Gedanken darüber, wozu der Computer wohl fähig sein konnte, dass ich gar nicht bemerkte, dass meine Probleme eher daher rührten, dass ich schlecht spielte, als daher, dass er gut spielte.»[8]

In diesem Buch wird immer wieder deutlich werden, dass Erwartungen wichtig sind. Die Geschichte, wie Deep Blue den Großmeister besiegte, zeigt, dass die Macht eines Algorithmus nicht auf das beschränkt ist, was in den Zeilen seines Programmcodes steht. Wenn wir die Kontrolle behalten wollen, müssen wir unsere eigenen Fehler und Schwächen verstehen – ebenso wie jene der Maschine.

Doch wenn schon jemand wie Kasparow das nicht verstanden hat, welche Hoffnung besteht dann für den Rest von uns? Auf diesen Seiten werden wir sehen, wie Algorithmen sich in praktisch jeden Aspekt des modernen Lebens eingeschlichen haben – von Gesundheit und Kriminalität bis zu Verkehr und Politik. Auf dem Weg dahin haben wir es irgendwie geschafft, gleichzeitig verächtlich auf Algorithmen herabzusehen und uns von ihnen einschüchtern zu lassen und ihre Fähigkeiten zu bewundern, mit dem Endergebnis, dass wir keine Ahnung haben, wie viel Macht wir abgeben oder ob wir schon zu viel zugelassen haben.

Zurück zu den Grundlagen

Vor alledem lohnt es sich, zunächst einmal zu fragen, was «Algorithmus» eigentlich bedeutet. Der Begriff wird häufig verwendet, hat aber regelmäßig wenig echten Informationsgehalt. Das liegt teilweise daran, dass das Wort selbst recht vage ist. Offiziell, nämlich im englischsprachigen Wörterbuch Merriam-Webster, wird «Algorithmus» folgendermaßen definiert:[9]

> *Algorithmus* (Substantiv): schrittweises Verfahren, um Probleme zu lösen oder ein Ziel zu erreichen, insbesondere mit einem Computer.

Das ist alles. Ein Algorithmus ist ganz einfach eine Abfolge logischer Anweisungen, die, von Anfang bis Ende, zeigen, wie eine Aufgabe ausgeführt werden soll. Nach dieser breit gefassten Definition zählt auch ein Kuchenrezept als Algorithmus. Und ebenso eine Wegbeschreibung für einen Ortsfremden, der sich verirrt hat. IKEA-Bauanleitungen, YouTube-Videos mit Problemlösungen, sogar Selbsthilfebücher – theoretisch könnte man jede eigenständige Liste mit Anweisungen, wie man ein bestimmtes, definiertes Ziel erreichen kann, als Algorithmus bezeichnen.

Aber so wird der Begriff nicht verwendet. Normalerweise ist mit Algorithmen etwas Spezielles gemeint. Grundsätzlich geht es zwar immer noch um schrittweise Anweisungen, aber diese Algorithmen sind fast immer mathematische Objekte. Sie wandeln eine Folge mathematischer Operationen – mithilfe von Gleichungen, Arithmetik, Algebra, Analysis, Logik und Wahrscheinlichkeiten – in Computercode um. Sie werden mit Daten aus der realen Welt gefüttert, bekommen ein Ziel gesetzt und arbeiten die Rechenschritte ab, bis sie ihr Ziel erreichen. Algorithmen machen aus der Informatik eine echte Wissenschaft und ermöglichten dabei viele der erstaunlichsten modernen Errungenschaften, die Maschinen je erzielt haben.

Es gibt fast unzählig viele verschiedene Algorithmen. Jeder hat eigene Ziele, eigene Eigenheiten, Vor- und Nachteile, eine einheitliche Einteilung gibt es nicht. Aber im Allgemeinen ist es ganz nützlich, wenn man die Aufgaben in der realen Welt, die diese Algorithmen ausführen, in vier Hauptkategorien einteilt:[10]

Priorisierung: Eine geordnete Liste anlegen
Google Search legt eine Rangliste der Suchergebnisse an und sagt so voraus, nach welcher Seite man sucht. Netflix schlägt Filme vor, die man als Nächstes anschauen könnte. Das Navigationsgerät wählt die schnellste Route aus. Sie alle verwenden mathematische Prozesse, um die vielen Möglichkeiten zu sortieren. Deep Blue bestand auch grundsätzlich aus einem Priorisierungsalgorithmus, der alle möglichen Züge auf dem Schachbrett überprüfte und berechnete, welcher Zug die größten Siegchancen brachte.

Klassifizierung: Eine Kategorie auswählen
Sobald ich auf die dreißig zuging, wurde ich auf Facebook mit Werbung für Diamantringe bombardiert. Und nachdem ich verheiratet war, verfolgten mich im Internet Werbeanzeigen für Schwangerschaftstests. Diese kleinen Ärgernisse hatte ich Klassifizierungsalgorithmen zu verdanken. Diese vor allem bei Werbenden beliebten Algorithmen laufen im Hintergrund und klassifizieren Nutzer aufgrund ihrer Merkmale als Interessenten. (Damit liegen sie vielleicht sogar richtig, aber es nervt trotzdem, wenn mitten in einer geschäftlichen Besprechung Werbung für eine Fruchtbarkeitsbehandlung auf dem Laptop erscheint.)

Es gibt Algorithmen, die unangemessene Inhalte auf YouTube automatisch klassifizieren und entfernen, Algorithmen, die Urlaubsfotos beschriften, und Algorithmen, die handschriftliche Notizen einscannen und jedes Zeichen auf einer Seite als einen Buchstaben klassifizieren können.

Kombination: Verbindungen finden

Bei der Kombination geht es darum, Beziehungen zwischen Dingen zu finden und zu kennzeichnen. Im Kern von Dating-Algorithmen wie OkCupid oder Parship steckt ein Kombinationsalgorithmus, der nach Verbindungen zwischen Mitgliedern sucht und aufgrund der Resultate kompatible Partner vorschlägt. Die automatischen Empfehlungen bei Amazon basieren auf einer ähnlichen Grundlage. Dabei werden die Interessen eines Käufers mit denen früherer Käufer verknüpft. Dieses Prinzip führte zu der erstaunlichen Empfehlung, die der Reddit-Nutzer Kerbobotat erhielt, nachdem er eine Baseballkappe bei Amazon gekauft hatte: «Vielleicht gefällt Ihnen auch diese Balaklava?»[11]

Filterung: Das Wichtige eingrenzen

Oft müssen Algorithmen Informationen entfernen, um sich auf das Wesentliche konzentrieren zu können, sprich: um das Signal vom Hintergrundrauschen zu unterscheiden. Manchmal geschieht das ganz wörtlich: Spracherkennungsalgorithmen, wie sie in Siri, Alexa und Cortana ablaufen, müssen erst die Stimme aus den Hintergrundgeräuschen herausfiltern, bevor sie sich daranmachen können zu entziffern, was gesagt wurde. Manchmal geschieht das im übertragenen Sinn: Facebook und Twitter filtern Geschichten heraus, die zu den bekannten Interessen der Nutzer passen, um so einen personalisierten Feed zu erstellen.

Die große Mehrheit der Algorithmen wird darauf ausgerichtet werden, eine Kombination der oben genannten Aufgaben zu erfüllen. Ein Beispiel hierfür ist der uberPOOL-Algorithmus, der nach Fahrgästen sucht, die in dieselbe Richtung fahren wollen. Anhand eines Start- und Zielpunktes wählt der Algorithmus mögliche Routen aus, die zum Ziel führen, sucht nach Verbindungen zu anderen Nutzern, die in dieselbe Richtung wollen, und weist jeden Nutzer einer Gruppe zu – während er gleichzeitig Routen favorisiert, bei denen der Fahrer möglichst selten die

Richtung wechseln muss, damit die Fahrt möglichst effizient ist.[12]

Das also machen Algorithmen. Aber wie machen sie, was sie machen? Auch hier sind die Möglichkeiten so gut wie endlos, aber man kann die Sache ein wenig herunterbrechen. Die Ansätze, die Algorithmen verfolgen, lassen sich grob in zwei Hauptparadigmen einteilen, die wir beide noch in diesem Buch kennenlernen werden.

Regelbasierte Algorithmen
Der erste Algorithmentyp ist regelbasiert. Die Anweisungen werden von einem Menschen erstellt, sie sind direkt und eindeutig. Man kann sich das so vorstellen, dass diese Algorithmen der Logik eines Backrezepts folgen. Schritt eins: Tu dies. Schritt zwei: Wenn dies, dann das. Das bedeutet nicht, dass diese Algorithmen simpel sind – mit diesem Paradigma kann man jede Menge sehr leistungsfähige Programme erstellen.

Selbstlernende Algorithmen (Machine-learning-Algorithmen)
Der zweite Typ ist daran angelehnt, wie Lebewesen lernen. Das ist in etwa vergleichbar damit, wie man einem Hund beibringt, die Pfote zu geben. Man braucht dafür keine präzise Liste aus Anweisungen, die man dem Hund dann kommuniziert. Als Hundetrainer muss man ein klares Ziel vor Augen haben, was man dem Hund beibringen will, und eine Belohnung für das Tier, wenn es etwas richtig macht. Man bestärkt ganz einfach gutes Verhalten, ignoriert schlechtes und gibt dem Hund genug Übung, damit er selbst herausfinden kann, was er tun muss. Die algorithmische Entsprechung hierfür nennt man einen *selbstlernenden* oder *Machine-learning-Algorithmus,* der unter dem Überbegriff der *künstlichen Intelligenz* oder *KI* zusammengefasst wird. Man füttert die Maschine mit Daten und einem Ziel und gibt ihr Rückmeldung, wenn sie auf der richtigen Spur ist – und überlässt es dann ihr, den besten Weg zu diesem Ziel selbst zu finden.

Beide Typen haben ihre Vor- und Nachteile. Regelbasierte Algorithmen sind einfacher zu verstehen, weil die Anleitungen von Menschen geschrieben werden. Theoretisch kann jeder die Anweisungen einsehen und verstehen, auf welcher Logik die Abläufe in der Maschine basieren.[13] Aber dieser Vorteil ist gleichzeitig auch ihr Nachteil. Regelbasierte Algorithmen funktionieren nur bei Problemen, bei denen Menschen wissen, wie sie die Anweisungen schreiben müssen.

Selbstlernende Algorithmen haben sich in jüngster Zeit hingegen als bemerkenswert gut beim Umgang mit Problemen erwiesen, bei denen das Schreiben einer Anweisungsliste keine Lösung darstellt. Sie können Objekte in Bildern erkennen, verstehen gesprochene Worte und übersetzen von einer Sprache in die andere – regelbasierte Algorithmen hatten damit immer Schwierigkeiten. Der Nachteil ist, dass die Lösungswege, die eine Maschine sich selbst sucht, für einen menschlichen Beobachter häufig keinen Sinn mehr ergeben. Das Innenleben kann auch für die besten menschlichen Programmierer ein Mysterium sein.

Ein Beispiel dafür ist die Bilderkennung. Eine japanische Forschergruppe hat kürzlich gezeigt, wie seltsam die Sicht eines Algorithmus auf die Welt für einen Menschen wirken kann. Es gibt eine bekannte optische Illusion, bei der ein Betrachter eines Bildes nicht sagen kann, ob er eine Vase oder zwei Gesichter sieht. (Ein Beispiel hierfür findet sich in den Anmerkungen am Ende des Buches.)[14] Rechts ist ein entsprechendes Bild für Computer abgebildet: Das Forscherteam zeigte, dass bereits ein einzelnes verändertes Pixel am Vorderrad dazu führte, dass ein selbstlernender Algorithmen in dem Foto kein Auto mehr, sondern einen Hund erkannte.[15] Manche Menschen glauben, dass ein Algorithmus, der ohne explizite Anweisungen arbeitet, zwangsläufig in die Katastrophe führen wird. Wie kann man etwas kontrollieren, das man nicht versteht? Was geschieht, wenn empfindungsfähige, superintelligente Maschinen ihre Schöpfer überflügeln? Wie stellen wir sicher, dass eine KI, die wir nicht

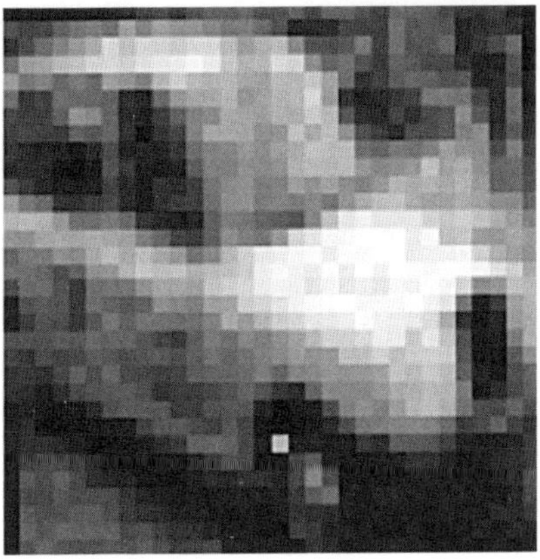

mehr verstehen und nicht kontrollieren können, sich nicht gegen uns wendet?

Dies alles sind interessante, hypothetische Fragen, und zahllose Bücher beschäftigen sich mit der Bedrohung durch eine KI-Apokalypse. Dieses Buch gehört nicht dazu, und ich entschuldige mich bei allen, die das erwartet haben. Zwar machte die KI in jüngster Zeit große Entwicklungssprünge, aber «intelligent» sind diese Maschinen nur in der engsten Bedeutung des Wortes. Wahrscheinlich wäre es nützlicher, wenn wir die Entwicklungen als eine Revolution der Computerstatistik betrachten würden statt als Revolution der Intelligenz. So klingt es sehr viel weniger sexy, ich weiß (außer man steht wirklich auf Statistik), aber die Beschreibung trifft den Stand der Dinge sehr viel exakter.

Im Moment kann man sich genauso gut Sorgen wegen einer Überbevölkerung auf dem Mars machen wie wegen einer bösen KI.* Vielleicht kommt einmal der Tag, an dem Computer intelligenter sein werden als Menschen, aber dieser Tag ist fern. Tatsächlich sind wir noch weit entfernt davon, auch nur eine Intelligenz

* Dies ist die Umschreibung eines Kommentars von Andrew Ng, Informatiker und Pionier des Machine Learnings, aus einem Vortrag, den er 2015 hielt. Siehe Events, «GPU Technology Conference 2015 day 3: What's Next in Deep Learning», YouTube, 20. November 2015, https://www.youtube.com/watch?v=qP9TOX8T-kI.

auf dem Niveau eines Igels zu erschaffen. Bisher hat es noch niemand über Wurmintelligenz hinaus geschafft.*

Außerdem lenkt der ganze Hype um KI von viel drängenderen Problemen und – meiner Meinung nach – viel interessanteren Geschichten ab. Wenden wir uns daher einen Moment lang von allmächtigen, künstlich intelligenten Maschinen der fernen Zukunft ab und widmen uns Gedanken über das Hier und Jetzt – weil es heute schon Algorithmen gibt, die völlig unbeaufsichtigt autonome Entscheidungen treffen. Sie entscheiden über Haftdauer, Krebsbehandlungen und das Verhalten bei einem Autounfall. Sie treffen heute schon überall lebensverändernde Entscheidungen für uns.

Doch wenn wir ihnen all diese Macht anvertrauen, sollten wir uns fragen, ob sie unser Vertrauen überhaupt verdienen.

Blindes Vertrauen

Sonntag, der 22. März 2009, war kein guter Tag für Robert Jones. Er war zu Besuch bei Freunden gewesen und fuhr nun auf dem Heimweg durch das hübsche Städtchen Todmorden in West Yorkshire, als die Tankwarnung seines BMW aufleuchtete. Der Sprit reichte nur noch 11 Kilometer weit, dann musste er eine Tankstelle gefunden haben. Das würde knapp werden. Zum Glück zeigte sein GPS ihm eine Abkürzung an – über einen gewundenen Weg den Hang hinauf.

Robert folgte den Anweisungen des Apparats, doch die Straße wurde immer steiler und enger. Nach drei, vier Kilometern wurde aus der Straße ein Schotterweg, der kaum gut genug für Pferde war,

* Das internationale Forschungsprojekt *Openworm* arbeitet derzeit daran, das Gehirn eines Wurms zu simulieren. Die Forscher wollen künstlich ein Netzwerk aus 302 Neuronen reproduzieren, die im Gehirn des Wurms *C. elegans* vorkommen. Zum Vergleich: Wir Menschen haben ca. 100 000 000 000 Neuronen. Siehe dazu die OpenWorm-Website: http://openworm.org/.

geschweige denn für ein Auto. Doch Robert ließ sich nicht entmutigen. Er fuhr beruflich fast 8000 Kilometer pro Woche und sah «keinen Grund, der Satellitennavigation von TomTom nicht zu vertrauen».[16]

Kurze Zeit später hätte jeder, der vom Tal unten hinaufblickte, die Nase von Roberts BMW über der Felskante oben auftauchen sehen. Nur ein dünner Holzzaun, in den er gekracht war, hatte Robert davor bewahrt, 30 Meter in die Tiefe zu stürzen.

Am Ende waren ein Traktor und drei Quads nötig, um Roberts Wagen von dort zu bergen, wo er ihn stehen gelassen hatte. Er wurde wegen rücksichtslosen Fahrens angeklagt und gab ein paar Monate später vor Gericht zu, er habe nicht daran gedacht, sich den Anweisungen des Computers zu widersetzen. «Das Navi beharrte immer weiter darauf, dass das die Straße sei», sagte er gegenüber einem Zeitungsjournalisten nach dem Zwischenfall. «Daher habe ich ihm vertraut. Man erwartet nicht, dass das Navi einen fast in einen Abgrund führt.»[17]

Nein, Robert, das haben Sie wahrscheinlich nicht erwartet.

Es gibt eine Moral zu dieser Geschichte. Zwar kam sich Jones wahrscheinlich ein bisschen blöd dabei vor, als er die Informationen vor seinen eigenen Augen (zum Beispiel den Anblick eines steilen Abhangs durchs Autofenster) ignorierte und einem Algorithmus mehr Intelligenz zuschrieb, als er verdiente, aber er befand sich dabei in guter Gesellschaft. Immerhin war Kasparow zwölf Jahre zuvor in dieselbe Falle getappt. Wir alle begehen diesen Fehler, womöglich ohne es zu merken, wenn auch auf unauffälligere und weniger folgenschwere Art.

Im Jahr 2015 untersuchten Wissenschaftler, wie Suchmaschinen, zum Beispiel Google, unsere Weltsicht verändern.[18] Sie wollten herausfinden, ob das Vertrauen, das wir in die Suchergebnisse setzen, gesunde Grenzen hat oder ob wir ihnen gedankenlos über den Rand einer metaphorischen Felskante folgen würden.

Im Zentrum des Experiments stand eine bevorstehende Wahl in Indien. Die Forscher unter der Führung von Robert Epstein rekrutierten 2150 unentschlossene Wähler aus allen Teilen des Landes und ermöglichten ihnen den Zugriff auf eine speziell eingerichtete Suchmaschine namens «Kadoodle», die ihnen dabei helfen sollte, mehr über die Kandidaten zu erfahren, bevor sie ihre Wahlentscheidung trafen.

Kadoodle war manipuliert. Die Teilnehmer waren ohne ihr Wissen in Gruppen eingeteilt worden, bei denen die Suchergebnisse jeweils einen Kandidaten begünstigten. Ging ein Mitglied einer Gruppe auf die Website, dann waren die Links oben auf der Seite alle parteiisch für einen bestimmten Kandidaten. Wollte der Teilnehmer eine Seite sehen, die für irgendeinen anderen Kandidaten warb, musste er sich durch alle Links ganz nach unten scrollen. Unterschiedliche Gruppen wurden in Richtung jeweils anderer Kandidaten geschubst.

Wie erwartet, lasen die Teilnehmer vor allem Websites, die oben auf der ersten Seite auftauchten – laut einem alten Internetwitz ist der beste Platz, um eine Leiche zu verstecken, auf der zweiten Seite von Google-Suchergebnissen. Kaum jemand beachtete die Links, die unten in der Liste standen. Trotzdem war sogar Epstein schockiert, wie stark die Reihenfolge die Meinungen der Teilnehmer beeinflusste. Nachdem sich die Teilnehmer nur wenige Minuten mit den manipulierten Suchergebnissen beschäftigt hatten, antworteten auf die Frage, für wen sie abstimmen würden, ganze 12 Prozent mehr, dass sie den Kandidaten wählen würden, den Kadoodle bevorzugt hatte.

In einem Interview mit der Zeitschrift *Science* im Jahr 2015[19] erklärte Epstein, was geschehen war: «Wir gehen davon aus, dass Suchmaschinen eine weise Auswahl treffen. Sie sagen sich: ‹Na ja, ich merke, dass die Auswahl nicht ausgewogen ist, und daran erkenne ich … dass die Suchmaschine ihre Arbeit macht.›» Vielleicht noch beunruhigender, wenn man bedenkt, wie viele Informationen wir inzwischen von Algorithmen wie Suchmaschinen bekommen, ist, wie sehr die Leute davon überzeugt waren, dass sie sich ihre eigene Meinung bilden: «Wenn den Menschen nicht bewusst ist, dass sie manipuliert werden, dann glauben sie oft, sie hätten eine neue Denkweise freiwillig angenommen», schrieb Epstein in seinem ursprünglichen Bericht.[20]

Kadoodle ist natürlich nicht der einzige Algorithmus, der verdächtigt wird, die Meinungen der Menschen geschickt zu manipulieren. Ich komme darauf im Kapitel «Daten» noch einmal zurück. Im Moment ist vor allem interessant, dass wir laut diesem Experiment glauben, Algorithmen hätten meistens recht. Am Ende glauben wir, sie hätten immer das bessere Urteilsvermögen.[21] Nach einer Weile fällt uns nicht einmal mehr auf, dass wir ihnen gegenüber voreingenommen sind.

Wir sind umgeben von Algorithmen, die uns eine bequeme Autoritätsquelle bieten. Eine einfache Möglichkeit, um Verantwortung zu delegieren; eine Abkürzung, die wir nehmen, ohne nachzudenken. Wer klickt sich schon bei Google wirklich jedes Mal durch die zweite Seite und betrachtet jedes Suchergebnis kritisch? Oder kontaktiert jede Fluglinie, um zu überprüfen, ob Skyscanner tatsächlich die billigsten Preise auflistet? Oder zieht ein Lineal und eine Straßenkarte heraus, um zu bestätigen, dass GPS die kürzeste Route ausgewählt hat? Ich mache das auf jeden Fall nicht.

Aber hier muss man eine Unterscheidung treffen, weil Vertrauen in einen üblicherweise verlässlichen Algorithmus eine Sache ist. Einem Algorithmus zu vertrauen, dessen Qualität man nicht genau kennt, ist eine völlig andere.

Künstliche Intelligenz trifft auf natürliche Dummheit

Im Jahr 2012 erhielten einige Menschen mit Behinderung in Idaho die Benachrichtigung, dass sie ab sofort weniger Zuschüsse vom staatlichen Gesundheitsprogramm Medicaid bekommen würden.[22] Die Leute hatten zwar alle Anspruch auf Leistungen, doch der Staat kürzte die finanzielle Unterstützung – ohne Vorwarnung – um ganze 30 Prozent,[23] sodass die Kranken Schwierigkeiten hatten, ihre Behandlungskosten zu begleichen. Das war keine politische Entscheidung gewesen, sondern das Ergebnis eines neuen «Budget-Tools», das das Gesundheitsministerium von Idaho neu eingeführt hatte – eine Software, die automatisch berechnete, wie viel Unterstützung jemand erhielt.[24]

Das Problem war, dass die Entscheidungen dieses Tools nicht viel Sinn ergaben. Von außen sah man sofort, dass das Tool im Prinzip willkürliche Zahlen lieferte. Manche Leute bekamen mehr Geld als in den vergangenen Jahren, bei anderen wurde das Budget um mehrere zehntausend Dollar gekürzt, sodass diese Menschen davon bedroht waren, ihr Zuhause verlassen und in ein Pflegeheim ziehen zu müssen.[25]

Die Betroffenen verstanden nicht, warum ihre Leistungen gekürzt wurden, wollten die Kürzung anfechten und baten daher die Bürgerrechtsorganisation American Civil Liberties Union (ACLU) um Hilfe. Dort übernahm Richard Eppink, Chefjurist des ACLU-Regionalverbandes von Idaho,[26] den Fall. Im Jahr 2017 hatte er in einem Blogeintrag Folgendes dazu zu sagen: «Ich ging davon aus, dass man hier dem Staat ganz einfach nur sagen musste: Erklärt uns bitte, warum diese Beträge so stark gesunken sind.»[27] Tatsächlich brauchte es vier Jahre Zeit, 4000 Kläger und eine Sammelklage, um herauszufinden, was geschehen war.[28]

Eppink und sein Team baten zunächst um eine detaillierte Beschreibung, wie der Algorithmus funktionierte, aber das Medicaid-Team weigerte sich, die Berechnungen zu erklären, und behauptete stattdessen, bei der Software, die die Fälle bearbeitete, handele es sich um ein «Betriebsgeheimnis», das nicht offengelegt werden könne.[29] Glücklicherweise sah das der zuständige Richter anders. Das Budget-Tool, das so viel Macht über die Bezugsberechtigten ausübte, wurde daraufhin ausgehändigt, und wie sich herausstellte, handelte es sich nicht etwa um eine hochentwickelte KI oder ein sorgfältig ausgearbeitetes mathematisches Modell, sondern um eine simple Excel-Tabelle.[30]

Die Berechnungen in der Tabelle basierten mutmaßlich auf

Erfahrungswerten, aber die Daten waren so durchsetzt mit Fehlern, dass sie größtenteils unbrauchbar waren.[31] Doch das war noch nicht alles: Als das ACLU-Team die Gleichungen analysierte, stellte sich heraus, «dass schon in der Grundstruktur der Formel elementare statistische Fehler steckten». Das Budget-Tool hatte für sehr viele Menschen im Grunde Zufallsergebnisse geliefert. Der Algorithmus – so man ihn denn als solchen bezeichnen konnte – war von so schlechter Qualität, dass das Gericht ihn letztendlich für verfassungswidrig erklärte.[32]

Hier wirkten sich zwei menschliche Fehler parallel aus. Zunächst einmal schrieb jemand diese unbrauchbare Tabelle; zweitens vertrauten andere naiv darauf. Der «Algorithmus» war in Wirklichkeit nur die schlampige Arbeit eines Menschen, die in Codes verpackt wurde. Warum verteidigten dann die Angestellten des Staates etwas so Ungeheuerliches so vehement?

Eppink erklärt es sich so:

> Dahinter steckt nur der verzerrte Blick, den wir alle auf Ergebnisse aus dem Computer haben – wir stellen sie nicht infrage. Wenn ein Computer etwas generiert – wenn ein Statistiker sich ein paar Daten anschaut und daraus eine Formel entwickelt –, dann vertrauen wir dieser Formel, ohne zu fragen: «Hey, Moment mal, funktioniert das wirklich?»[33]

Ich weiß natürlich, dass nicht jeder in seiner Freizeit gerne mathematische Formeln analysiert, um herauszufinden, wie sie funktionieren (auch wenn ich das gerne mache). Aber Eppink wirft hier eine unglaublich wichtige Frage auf bezüglich unserer Bereitschaft, Algorithmen alles zu glauben, ohne uns Gedanken darüber zu machen, was hinter den Kulissen abläuft.

Als Mathematikerin arbeite ich seit Jahren mit Daten und Algorithmen und bin dabei zu der Überzeugung gelangt, dass man nur objektiv beurteilen kann, ob ein Algorithmus vertrauenswürdig ist, wenn man herausfindet, wie er funktioniert. Meiner Erfahrung nach haben Algorithmen viel mit magischen Illusionen gemeinsam. Zunächst wirken beide wie reine Zauberei, aber wenn man einmal weiß, wie der Trick funktioniert, dann haben sie nichts Rätselhaftes mehr an sich. Oft steckt hinter der Fassade etwas lächerlich Einfaches (oder beunruhigend Waghalsiges). In den folgenden Kapiteln und mit den Algorithmen, die wir darin erforschen, möchte ich einen kleinen Blick hinter die Kulissen werfen, wo ich es kann. Genug, um zu sehen, wie die Tricks funktionieren – auch wenn das nicht reicht, um sie selbst aufzuführen.

Doch selbst für die hartgesottensten Mathe-Fans gibt es immer noch Situationen, in denen sie Algorithmen blind vertrauen müssen. Vielleicht weil es, wie bei Skyscanner oder den Suchergebnissen von Google, unmöglich ist, ihre Arbeit zu überprüfen. Oder möglicherweise wird der Algorithmus, wie bei dem Budget-Tool aus Idaho und weiteren, die später im Buch vorkommen werden, als «Betriebsgeheimnis» eingestuft. Oder vielleicht ist es, wie bei manchen Verfahren zum maschinellen Lernen, ganz einfach nicht möglich, die logischen Abläufe im Inneren des Algorithmus nachzuverfolgen.

Manchmal müssen wir Kontrolle an das Unbekannte abgeben, auch wenn wir wissen, dass der Algorithmus Fehler machen kann. Manchmal müssen wir unsere eigene Urteilsfähigkeit gegen die der Maschine abwägen. In diesen Fällen, wenn wir unserem Instinkt vertrauen statt den Berechnungen des Computers, braucht es viel Mut, zu unseren Überzeugungen zu stehen.

Wann man den Computer überstimmen sollte

Stanislaw Petrow war ein russischer Militär, der die Überwachung des nuklearen Frühwarnsystems leitete, das den sowjetischen Luftraum schützte. Er hatte die Aufgabe, umgehend seine Vorgesetzten zu benachrichtigen, wenn der Computer Anzeichen für einen amerikanischen Angriff entdeckte.[34]

Petrow hatte am 26. September 1983 Dienst, als kurz nach Mitternacht die Sirenen aufheulten. Das war der Alarm, vor dem sich alle gefürchtet hatten. Sowjetische Satelliten hatten eine feindliche Rakete entdeckt, die sich russischem Territorium näherte. Der Kalte Krieg befand sich auf dem Höhepunkt, daher war ein Angriff auf jeden Fall plausibel, aber irgendetwas ließ Petrow zögern. Er war sich nicht sicher, ob er dem Algorithmus vertrauen konnte. Der Computer hatte nur fünf Raketen entdeckt, für einen Erstschlag der Amerikaner unlogisch wenige.[35]

Petrow erstarrte in seinem Stuhl. Er musste entscheiden: Sollte er den Alarm melden und die Welt so höchstwahrscheinlich in einen Atomkrieg stürzen, oder sollte er warten und das Protokoll ignorieren, in dem Wissen, dass mit jeder Sekunde, die verging, die Anführer seines Landes weniger Zeit für einen Gegenschlag hatten?

Zum Glück für uns alle wählte Petrow die letztere Möglichkeit. Er konnte nicht sicher wissen, ob es sich um einen Fehlalarm handelte, aber nach 23 Minuten – die sich für ihn wie eine Ewigkeit angefühlt haben müssen – waren eindeutig keine Atombomben auf russischem Boden gelandet, und er wusste endlich, dass er richtiggelegen hatte. Der Algorithmus hatte einen Fehler gemacht.

Wenn das System vollständig automatisch reagiert hätte, ohne einen Menschen wie Petrow, der die letzte Entscheidung traf, dann wäre die Geschichte der Welt völlig anders verlaufen. Russland hätte höchstwahrscheinlich einen vermeintlichen Gegenschlag gestartet und so einen echten Atomkrieg ausgelöst. Diese Geschichte zeigt, dass das menschliche Element ein entscheidender Teil des Prozesses ist; dass die einzig sinnvolle Möglichkeit, um Fehler zu vermeiden, darin besteht, einen Menschen mit Vetorecht die Vorschläge eines Algorithmus überprüfen zu lassen, bevor eine Entscheidung getroffen wird.

Menschen spüren, wie schwerwiegend ihre Entscheidungen sind. Ein Algorithmus hätte keine Sekunde über die möglichen Folgen seiner Entscheidung nachgedacht, wenn es seine Aufgabe gewesen wäre, den Kreml zu benachrichtigen. Bei Petrow sah das anders aus: «Ich wusste genau, dass niemand meinen Fehler hätte korrigieren können, wenn ich einen begangen hätte.»[36]

Problematisch an dieser Lösung ist nur, dass Menschen auch nicht immer zuverlässig sind. Manchmal werden sie, wie Petrow, einen Algorithmus zu Recht überstimmen. Aber oft ist es besser, wenn wir unsere Instinkte ignorieren.

Im Sicherheitsbereich überstimmen Menschen zum Glück nur sehr selten einen Algorithmus fälschlicherweise, dennoch geschah genau das bei einem berühmten Unfall mit der Smiler-Achterbahn im größten Freizeitpark Großbritanniens, Alton Towers.[37]

Im Juni 2015 wurden zwei Techniker losgeschickt, um eine Fehlfunktion an der Bahn zu beheben. Nach der Reparatur schickten sie einen leeren Wagen zu einem Testlauf durch die Bahn – bemerkten aber nicht, dass der Wagen nie zurückkam. Aus unbekannten Gründen rollte der Testwagen einen Anstieg wieder rückwärts hinunter und blieb mitten auf der Strecke stehen.

In der Zwischenzeit fügten andere Mitarbeiter am Eingang zur Bahn ohne das Wissen der Techniker einen zusätzlichen Wagen an den Zug an, weil die Warteschlangen so lang waren. Sobald sie grünes Licht aus dem Kontrollraum bekamen, füllten sie die Wagen mit fröhlichen Fahrgästen, sicherten sie und schickten den ersten Zug in die Bahn. Von dem leeren, gestrandeten Wagen, den die Techniker vergessen hatten und der jetzt mitten im Weg stand, ahnten sie nichts.

Glücklicherweise hatten die Entwickler der Achterbahn für diese Situation vorgesorgt, und ihr Sicherheitsalgorithmus funktionierte exakt wie geplant. Um eine unausweichliche Kollision zu vermeiden, wurde der voll besetzte Zug ganz oben auf dem ersten Anstieg angehalten und ein Alarm im Kontrollraum ausgelöst. Aber die Techniker – zuversichtlich, dass sie die Bahn repariert hatten – stuften die automatische Warnung als Fehlalarm ein.

Den Algorithmus zu überstimmen war nicht einfach: Die Techniker mussten sich beide einig sein und gleichzeitig einen Knopf drücken, um die Bahn neu zu starten. Damit schickten sie einen Zug voller Menschen die Schussbahn hinunter in eine Kollision mit dem gestrandeten Wagen, mit entsetzlichen Folgen. Mehrere Personen erlitten schwere Verletzungen, und zwei Teenager-Mädchen verloren beide Beine.

Bei diesen beiden Szenarien, in Alton Towers und bei Petrows Angriffsalarm, ging es um Leben und Tod, und beide illustrieren ein viel tiefer reichendes Dilemma. Wer – oder was – sollte bei einem Machtgleichgewicht zwischen Mensch und Algorithmus das letzte Wort haben?

Machtkampf

Diese Debatte hat eine lange Geschichte. Im Jahr 1954 verärgerte Paul Meehl, Professor für klinische Psychologie an der Universität von Minnesota, eine ganze Generation mit der Veröffentlichung von *Clinical vs Statistical Prediction* (Klinische contra statistische Prognosen). In dem Buch bezog er eindeutig Position für eine der beiden Seiten.[38]

Bei Vorhersagen, die Noten bei Schülern genauso wie die geistige Gesundheit von Patienten betrafen, verglich Meehl systematisch die Leistungen von Menschen und Algorithmen – und kam zu dem Schluss, dass mathematische Algorithmen, egal wie simpel sie waren, fast immer bessere Vorhersagen treffen als Menschen.

Zahllose weitere Studien haben Meehls Ergebnisse in den letzten fünfzig Jahren bestätigt. Wenn die Aufgabe irgendetwas mit Berechnungen zu tun hat, dann sollte man immer auf den Algorithmus setzen, bei medizinischen Diagnosen ebenso wie bei Verkaufsprognosen, bei Vorhersagen von Selbstmordversuchen oder Zufriedenheit im Beruf und auch bei allen möglichen Einschätzungen, von der körperlichen Eignung für den Militärdienst bis zu den zu erwartenden Leistungen im akademischen Bereich.[39] Der Computer wird nicht perfekt sein, aber man würde die Fehlerquote nur erhöhen, wenn man Menschen ein Veto über den Algorithmus einräumen würde.*

Das ist eigentlich gar nicht überraschend. Wir sind nicht auf Berechnungen ausgelegt. Im Supermarkt erwarten wir schließlich auch nicht, dass die Kassierer auf einen Blick wissen, wic viel unser Einkauf kostet. Und meistens ist es auch besser, wenn wir das Maschinen überlassen. Unter Flugzeugpiloten kursiert der Witz, dass die beste Flugmannschaft aus drei Komponenten besteht: einem Piloten, einem Computer und einem Hund. Der Computer fliegt das Flugzeug, der Pilot füttert den Hund. Und der Hund beißt den Menschen, wenn der den Computer anfassen will.

Doch unsere Beziehung zu Maschinen ist paradox. Wir vertrauen zwar tendenziell zu sehr auf alles, was wir nicht verstehen, aber sobald wir *wissen,* dass ein Algorithmus Fehler machen kann, überreagieren wir regelmäßig, vertrauen ihm gar nicht mehr und verlassen uns stattdessen wieder auf unser eigenes, fehlerbehaftetes Urteilsvermögen. Forscher bezeichnen das als *Algorithmusaversion.* Menschen tolerieren Fehler bei einem Algorithmus weniger als bei sich selbst – sogar dann, wenn ihre eigenen Fehler größer sind.

Dieses Phänomen wurde experimentell immer wieder nachgewiesen,[40] und man kennt das in gewissem Maß auch von sich selbst. Jedes Mal, wenn Citymapper mir sagt, dass meine Fahrt länger dauern wird, als ich es erwarte, glaube ich, es besser zu wissen (auch wenn das meistens dazu führt, dass ich noch später ankomme). Jeder hat Siri schon einmal als Idiotin beschimpft und dabei völlig vergessen, welch enorme technische Leistung nötig war, um einen sprechenden Assistenten zu bauen, den man in der

* Eine interessante Ausnahme davon soll laut einer Reihe von Studien der späten 1950er- und 1960er-Jahre die «Diagnose» (wenn man es denn so nennen kann) von Homosexualität sein. Dabei lagen die Menschen mit ihrer Einschätzung sehr viel häufiger richtig als der Algorithmus. Das lässt vermuten, dass es Dinge gibt, die so untrennbar menschlich sind, dass es immer schwierig sein wird, sie mit Daten und mathematischen Formeln zu beschreiben.

Hand halten kann. Und als ich anfing, die mobile GPS-App «Waze» zu nutzen, stand ich immer wieder im Stau, weil ich glaubte, ich wäre auf den Nebenstraßen schneller als auf der angezeigten Route. (Was fast nie stimmte.) Inzwischen vertraue ich der App und folge ihr – wie Robert Jones mit seinem BMW – blind überallhin. (Beim Sturz über eine Felskante wäre für mich allerdings eine Grenze erreicht.)

Diese menschliche Tendenz, alles in Schwarz und Weiß einzuteilen – also Algorithmen entweder als allmächtige Herren oder nutzlosen Müll zu betrachten –, wirft in unserem Hightech-Zeitalter ein erhebliches Problem auf. Wenn wir Technologie optimal nutzen wollen, müssen wir objektiver werden. Wir müssen aus Kasparows Fehlern lernen und unsere eigenen Schwächen anerkennen, wir müssen unser Bauchgefühl hinterfragen und uns die Gefühle gegenüber den Algorithmen, die uns umgeben, bewusst machen. Auf der anderen Seite sollten wir die Algorithmen von ihrem Podest holen, sie mit mehr Sorgfalt untersuchen und fragen, ob sie tatsächlich leisten können, was sie versprechen. Nur so können wir entscheiden, ob sie die Macht, die wir ihnen geben, verdienen.

Leider ist das allzu häufig leichter gesagt als getan. Oft können wir nicht beeinflussen, wie viel Macht und Einfluss die Algorithmen um uns herum auf unser Leben haben, auch nicht bei jenen, die uns direkt betreffen.

Insbesondere trifft das auf die Algorithmen zu, die uns still und heimlich durchs Internet verfolgen, die unsere Daten sammeln, in unsere Privatsphäre eindringen, Rückschlüsse auf unseren Charakter ziehen und unser Verhalten unbemerkt und unreguliert beeinflussen. Diese Mischung aus fehlgeleitetem Vertrauen, Macht und Einfluss kann unsere Gesellschaft tiefgreifend verändern.

Daten

Im Jahr 2004, kurz nachdem der Collegestudent Mark Zuckerberg Facebook erfunden hatte, unterhielt er sich per Instant Messenger mit einem Freund:

> Zuck: Ja, also wenn du je Infos über irgendjemanden in Harvard brauchst
> Zuck: Frag mich einfach.
> Zuck: Ich habe mehr als 4000 E-Mail-Adressen, Bilder, Anschriften, SNS
> [Geschwärzter Name des Freundes]: Was? Wie hast du das denn hingekriegt?
> Zuck: Die Leute haben sie einfach geschickt.
> Zuck: Keine Ahnung, warum.
> Zuck: Sie «vertrauen mir»
> Zuck: Blöde Trottel[1]

Nach dem Facebook-Skandal 2018 wurden diese Worte immer wieder von Journalisten abgedruckt, die damit auf die machiavellistische Einstellung zum Datenschutz in dem Unternehmen hinweisen wollten. Ich persönlich finde, wir könnten diese Angebereien eines Neunzehnjährigen etwas großzügiger interpretieren. Aber ich glaube auch, dass Zuckerberg unrecht hat. Die Leute gaben ihm nicht einfach ihre Daten. Sie schickten sie ihm als ihren Beitrag zu einem Tauschgeschäft. Im Gegenzug bekamen sie Zugriff auf einen Algorithmus, der es ihnen erlaubte, sich mit Freunden und Verwandten zu verbinden, und Zugang zu einem Ort, an dem sie ihr Leben mit anderen teilen konnten. Ihr eigenes privates Netzwerk in der endlosen Weite des World Wide Web. Damals hielt ich das für einen fairen Tausch. Doch die Sache hat einen Haken: Die langfristigen Folgen dieses Tauschhandels sind uns nicht immer bewusst. Oft ist nicht offensichtlich, was unsere Daten anrichten oder wie wertvoll sie sein können, wenn ein guter Algorithmus mit ihnen gefüttert wird. Genauso wenig erkannten wir, wie billig wir uns verkauften.

Jedes bisschen hilft

Supermärkte erkannten mit als Erste den Wert der Daten ihrer Kunden. In einer Branche, in der die Unternehmen ununterbrochen um die Aufmerksamkeit der Kunden buhlen – um winzige Präferenzspannen, die helfen, beim Kunden beständige Kauftreue gegenüber einem Produkt zu erzeugen –, kann jede noch so kleine Verbesserung sich zu einem riesigen Vorteil aufsummieren. Das veranlasste die britische Supermarktkette Tesco 1993 zu einem bahnbrechenden Versuch.

Unter der Leitung des Ehepaars Edwina Dunn und Clive Humby veröffentlichte Tesco in ausgewählten Filialen eine brandneue Clubcard – eine Plastikkarte, in Form und Größe einer Scheckkarte ähnlich, die Kunden an der Kasse vorlegen konnten, wenn sie ihre Einkäufe bezahlten. Der Vorgang war denkbar einfach. Für jede Transaktion, bei der eine Clubcard eingesetzt wurde, bekam der Kunde Punkte gutgeschrieben, die bei zukünftigen Einkäufen im Laden eingelöst werden konnten, während Tesco den Einkauf aufzeichnete und mit dem Namen des Kunden verknüpfte.[2]

Bei diesem ersten Clubcard-Versuchslauf wurden nur sehr begrenzte Daten gesammelt. Neben Namen und Anschrift des Kunden wurde nur aufgezeichnet, wie viel die Kunden bezahlten und wann, nicht aber, welche Artikel sich in ihrem Einkaufskorb befanden. Dennoch gewannen Dunn und Humby aus dieser bescheidenen Datenernte einige phänomenal wertvolle Erkenntnisse.

Sie fanden heraus, dass einige wenige treue Kunden einen enormen Teil der Verkäufe ausmachten. Sie sahen anhand der Postleitzahlen, wie weit die Leute bereit waren, zu ihren Läden zu fahren. Sie stellten fest, in welchen Gegenden die Konkurrenz gewann und wo Tesco die Nase vorn hatte. Die Daten enthüllten, welche Kunden jeden Tag zum Einkaufen kamen und welche sich den Einkauf für das Wochenende aufsparten. Mit diesem Wissen gewappnet, konnten sie sich daranmachen, das Kaufverhalten der Kunden zu beeinflussen, indem sie den Clubcard-Nutzern per Post Coupons schickten. Kunden, die viel Geld ausgaben, bekamen Gutscheine im Wert von 3 bis 30 britischen Pfund. Kunden, die weniger ausgaben, bekamen kleine Anreize zwischen einem und 10 Pfund. Die Ergebnisse waren verblüffend. Fast 70 Prozent der Coupons wurden eingelöst, und wenn sie schon einmal im Laden waren, füllten die Kunden ihre Einkaufswagen: Personen mit einer Clubcard gaben insgesamt vier Prozent mehr aus als Kunden ohne Karte.

Am 22. November 1994 präsentierte Clive Humby die Ergebnisse des Experiments dem Vorstand von Tesco. Er legte ihnen die Daten vor, die Rücklaufquote, die Beweise für die Zufriedenheit der Kunden, die gestiegenen Verkaufszahlen. Die Vorstandsmitglieder hörten ihm schweigend zu. Am Ende der Präsentation sprach zunächst der Vorstandsvorsitzende: «Mich erschreckt bei dieser Sache nur, dass Sie nach drei Monaten mehr über meine Kunden wissen als ich nach 30 Jahren.»[3]

Danach bekamen alle Tesco-Kunden Clubcards, und allgemein glaubt man, die Karte sei der Grund, warum Tesco sich gegen seinen Hauptrivalen Sainsbury's durchsetzte und zur größten Supermarktkette im Vereinigten Königreich wurde. Mit der Zeit wurden immer detailliertere Daten gesammelt, sodass die Kaufgewohnheiten der Kunden gezielter beeinflusst werden konnten.

In den Anfangstagen des Online-Shoppings führte das Team die ‹Favoritenseite› ein, auf der alle Artikel, die mit einer Kundenkarte gekauft worden waren, angezeigt wurden, wenn sich der Kunde bei der Firmenwebsite einloggte. Auch dieses Angebot war, wie die

Clubcard selbst, ein durchschlagender Erfolg. Die Kunden fanden schnell, was sie wollten, ohne sich durch die verschiedenen Seiten navigieren zu müssen. Die Verkaufszahlen stiegen, und die Kunden waren glücklich.

Aber nicht alle Kunden. Kurz nach dem Start der Favoritenseite beschwerte sich eine Kundin bei Tesco, ihre Daten seien fehlerhaft. Sie hatte online eingekauft und dabei Kondome auf ihrer Favoritenliste entdeckt. Sie erklärte, ihr Mann könne sie nicht gekauft haben, weil er keine benutze. Daraufhin überprüften die Tesco-Analysten die Daten und stellten fest, dass die Liste korrekt war. Doch sie wollten keine Ehe zerstören und trafen daher die diplomatische Entscheidung, sich für «korrumpierte Daten» zu entschuldigen und die fraglichen Produkte aus der Favoritenliste der Kundin zu löschen.

Laut Clive Humbys Buch über Tesco ist dies inzwischen inoffizielle Firmenpolitik. Immer wenn etwas auftaucht, das ein bisschen zu aufschlussreich ist, entschuldigt sich das Unternehmen und löscht die Daten. Diese Haltung ähnelt derjenigen von Eric Schmidt, der während seiner Zeit als Geschäftsführer von Google sagte, er richte sich nach einer imaginären Gruselgrenze: «Google geht bis an diese Gruselgrenze heran, überschreitet sie aber nicht.»[4]

Aber wenn man viele Daten sammelt, dann weiß man nie, was man dabei entdeckt. Lebensmittel konsumiert man nicht nur. Sie sind persönlich. Wenn man sich sorgfältig mit den Einkaufsgewohnheiten einer Person beschäftigt, dann erfährt man dabei alle möglichen Einzelheiten über diesen Menschen. Manchmal – wie bei dem Fall mit den Kondomen – sind das Dinge, die man lieber nicht wissen will. Aber in den meisten Fällen lauern in der Tiefe der Daten jene verborgenen Erkenntnisse, die ein Unternehmen zu seinem Vorteil verwenden kann.

Zielmarkt

Im Jahr 2002 begab sich die riesige amerikanische Discount-Kette Target auf die Suche nach ungewöhnlichen Mustern in ihren Daten.[5] Target verkauft alles, von Milch und Bananen bis zu Kuscheltieren und Gartenmöbeln, und verknüpft – wie fast jeder Einzelhändler seit der Jahrtausendwende – Kunden über Kreditkartennummern und Antworten auf Umfragen mit so ziemlich allem, was diese Kunden je im Laden gekauft haben. So kann das Unternehmen die Einkäufe analysieren.

Eine Geschichte brachte es in den USA zu landesweiter Bekanntheit. Damals stellte Target fest, dass eine Kundin, die plötzlich mehr unparfümierte Bodylotion kaufte als vorher, kurz darauf im Laden eine Geschenkliste für eine Babyparty anlegte. Das Unternehmen hatte in den Daten ein Signal erkannt. Wenn werdende Mütter ins zweite Drittel der Schwangerschaft kamen, fürchteten sie sich zunehmend vor Dehnungsstreifen. Daher deutete ihr Konsum von Pflegeprodukten, die ihre Haut geschmeidig machen sollten, auf das Kommende hin. Wenn man zeitlich ein wenig zurückschaute, dann kauften dieselben Frauen einen Vorrat an Vitaminen und Nahrungsergänzungsmitteln, etwa Kalzium oder Zink. Etwas später wiesen die Daten sogar auf den Geburtstermin hin – denn dann kauften die Frauen extra große Beutel mit Watte im Laden.[6]

Werdende Mütter sind der Traum aller Einzelhändler. Wenn man es schafft, sie in der Schwangerschaft als Kunden zu gewinnen, dann ist die Chance groß, dass sie auch noch lange nach der Geburt des Kindes bei dem Händler einkaufen. Einkaufsgewohnheiten bilden sich schnell, wenn beim wöchentlichen Einkauf ein hungriges, schreiendes Baby Aufmerksamkeit verlangt. Derartige Daten könnten Target einen wertvollen Vorsprung vor anderen Marken verschaffen, wenn es darum geht, die Frauen als Kunden zu gewinnen.

Alles Weitere war einfach: Target ließ einen Algorithmus ablaufen, der die Kundinnen nach der Wahrscheinlichkeit bewertete, dass sie schwanger waren. Wenn diese Wahrscheinlichkeit einen gewissen Schwellenwert überstieg, dann verschickte der Einzelhändler an diese Frau automatisch Coupons für Dinge, die möglicherweise nützlich für sie waren: Windeln, Lotionen, Babytücher und so weiter.

Daran war zunächst einmal nichts auszusetzen. Doch dann, etwa ein Jahr nach der Einführung des Tools, stürmte der Vater eines Mädchens im Teenageralter in eine Target-Filiale in Minneapolis und verlangte, den Filialleiter zu sprechen. Seiner Tochter waren mit der Post Schwangerschaftscoupons zugeschickt worden, und der Vater warf dem Supermarkt vor, er stelle Teenagerschwangerschaften als normal dar. Der Filialleiter entschuldigte sich vielmals und rief ein paar Tage später bei dem Mann zu Hause an, um noch einmal das Bedauern des Unternehmens wegen der Angelegenheit auszudrücken. Doch inzwischen musste sich, laut einer Meldung der *New York Times,* der Vater entschuldigen.

«Ich hatte ein Gespräch mit meiner Tochter», erzählte er dem Filialleiter. «Offenbar fanden in meinem Haus ein paar Aktivitäten statt, von denen ich keine Ahnung hatte. Der voraussichtliche Geburtstermin ist im August.»

Ich finde, ein Algorithmus, der die Eltern darüber informiert, dass ihre Tochter schwanger ist, bevor sie es von ihr selbst erfahren konnten, hat die Gruselgrenze weit überschritten. Aber dieser peinliche Vorfall reichte nicht aus, um Target davon zu überzeugen, das Tool komplett einzustampfen.

Ein Manager von Target erklärte: «Wir haben festgestellt, dass eine Schwangere die Coupons verwendet, solange sie nicht das Gefühl hat, man habe sie ausspioniert. Sie nimmt dann einfach an, dass alle in ihrem Viertel dieselbe Werbepost für Windeln und Kinderbetten bekommen haben. Solange wir sie nicht erschrecken, funktioniert es.»

Hinter den Kulissen lässt Target also nach wie vor die Schwangerschaftsprognose laufen – ebenso wie die meisten anderen Einzelhändler. Nur mischt das Unternehmen inzwischen die Coupons mit den Schwangerschaftsprodukten mit allgemeineren Produkten, damit die Kundinnen nicht merken, dass sie gezielt beworben werden. Eine Werbung für ein Kinderbett erscheint dann vielleicht neben ein paar Weingläsern. Oder ein Coupon für Kinderkleidung steht dann neben einer Anzeige für Parfüm.

Nicht nur Target wendet diese Methoden an. Geschichten darüber, was aus diesen Daten herausgelesen werden kann, schaffen es nur selten in die Presse, aber die Algorithmen gibt es, gut versteckt hinter den Mauern der Unternehmen. Vor etwa einem Jahr unterhielt ich mich mit dem Datenbeauftragten eines Versicherungsunternehmens. Das Unternehmen hatte über das Kundentreueprogramm eines Supermarkts Zugriff auf das Einkaufsverhalten der Menschen in allen Einzelheiten. Die Analyse der Daten ergab, dass Hobbyköche selten ihre Hausratversicherung in Anspruch nahmen und daher besonders profitabel waren. Intuitiv ergibt diese Erkenntnis durchaus Sinn. Wahrscheinlich gibt es keine großen Überschneidungen zwischen der Gruppe von Menschen, die Zeit, Mühe und Geld darin investieren, ein kunstvolles Gericht selbst zu kochen, und der Gruppe, die ihre Kinder im Haus Fußball spielen lassen. Doch woher wusste das Unternehmen, welche Kunden Hobbyköche waren? Nun, es gab eine Verbindung zwischen ein paar wenigen Produkten im Warenkorb einer Person und einer niedrigen Schadensquote. Der Versicherungsmitarbeiter verriet mir, das Produkt, das am sichersten darauf schließen lasse, dass jemand ein verantwortungsbewusster und stolzer Heimbesitzer ist, sei frischer Fenchel.

Wenn man das aus den Einkaufsgewohnheiten der Menschen in der physischen Welt schließen kann, was lässt sich dann wohl herleiten, wenn man Zugriff auf noch mehr Daten hat? Was könnte man wohl alles über jemanden erfahren, wenn man ein Protokoll aller Online-Aktivitäten dieser Person hätte?

Der Wilde Westen

Palantir Technologies gehört zu den erfolgreichsten Start-ups aller Zeiten im Silicon Valley. Es wurde 2003 von Peter Thiel (bekannt von PayPal) gegründet und hatte zuletzt einen geschätzten Wert von atemberaubenden 20 Milliarden US-Dollar.[7] Das entspricht dem ungefähren Marktwert von Twitter, obwohl Palantir sehr viel weniger bekannt sein dürfte. Doch auch wenn Sie Palantir nicht kennen, hat die Firma zweifellos schon von Ihnen gehört.

Palantir gehört zu der neuen Art Unternehmen, die als Data Broker oder Datenhändler bezeichnet werden und die persönliche Daten über Menschen kaufen und sammeln, um diese Daten dann mit Gewinn weiterzuverkaufen oder zu teilen. Es gibt viele weitere derartige Firmen: Acxiom, Corelogic, Datalogix, eBureau – alles riesige Unternehmen, mit denen Sie wahrscheinlich noch nie direkt zu tun hatten, die Sie aber ständig überwachen und Ihr Verhalten analysieren.[8]

Wenn Sie online einkaufen, einen Newsletter abonnieren oder sich auf einer Website registrieren, sich über ein neues Auto informieren oder eine Garantiekarte ausfüllen – jedes Mal also, wenn Sie irgendwelche Daten preisgeben, werden diese Daten gesammelt und an einen Datenhändler verkauft. Erinnern Sie sich noch, als Sie einem Immobilienhändler sagten, welche Art Immobilie Sie suchen? Verkauft an einen Datenhändler. Oder die Angaben, die Sie auf einer Website für einen Versicherungsvergleich eingaben? Verkauft an einen Datenhändler. In manchen Fällen wird sogar der komplette Browserverlauf zusammengepackt und weiterverkauft.[9]

Die Datenhändler kombinieren all diese Daten, verknüpfen die einzelnen Informationen, die sie gekauft und erworben haben, und erstellen daraus eine umfassende, detaillierte Datei über jeden Nutzer: ein Datenprofil des digitalen Schattens, den jeder hinterlässt. In manchen Datenbanken dieser Händler kann man tatsächlich eine Datei mit einer persönlichen ID-Nummer (die man selbst nie erfährt) öffnen, in der die Spuren von allem stehen, was man je gemacht hat. Name, Geburtsdatum, Religion, Urlaubsgewohnheiten, wo und wie man seine Kreditkarte verwendet hat, ob man an Glücksspielen teilnimmt, gesundheitliche Einschränkungen, welche Medikamente man nimmt, ob man eine Abtreibung hatte, ob die Eltern geschieden sind, ob man schnell süchtig wird, ob man vergewaltigt wurde, wie man zu Waffen steht, die nach außen präsentierte sexuelle Orientierung, die tatsächliche sexuelle Orientierung und wie leichtgläubig man ist. In Tausenden Kategorien und Dateien auf geheimen Servern sind über so gut wie jeden von uns Tausende von Einzelheiten gespeichert.[10]

Wie die Schwangerschaftsprognosen von Target besteht ein Großteil dieser Daten aus Rückschlüssen. Wenn man ein Abo der Zeitschrift *Wired* hat, lässt das darauf schließen, dass man sich für Technologie interessiert; ein Waffenschein lässt darauf schließen, dass man sich für Jagd interessiert. Die Händler reichern ihre Daten mithilfe von cleveren, aber einfachen Algorithmen an. Genau wie der Supermarkt das gemacht hat, nur im viel größeren Maßstab.

Das hat jede Menge Vorteile. Datenhändler nutzen ihr Wissen darüber, wer wir sind, um zu verhindern, dass sich Betrüger für nichts ahnende Kunden ausgeben. Entsprechend sind die Werbeanzeigen, die uns beim Websurfen präsentiert werden, so relevant wie irgend möglich für unsere Interessen und Bedürfnisse, wenn unsere Vorlieben und Abneigungen bekannt sind. Das macht das Erlebnis auf jeden Fall angenehmer, als wenn wir tagtäglich mit Massenwerbung bombardiert würden. Außerdem wird die Werbung insgesamt billiger, weil die Botschaften gezielt auf die Kunden ausgerichtet werden können, sodass kleine Unternehmen mit tollen Produkten ein neues Publikum erschließen können, was für alle gut ist.

Aber wie Sie sich bestimmt schon denken können, entstehen auch alle möglichen Probleme, wenn man Menschen auf ein paar Kategorien herunterkalibriert. Dazu komme ich gleich, aber zunächst möchte ich kurz den Prozess erklären, der unsichtbar abläuft, damit Online-Werbung die Nutzer erreicht, wenn sie im Internet herumklicken, und auch die Rolle, die Datenhändler dabei spielen.

Nehmen wir also an, ich besäße ein Unternehmen für Luxusreisen, das ich fantasievoll «Fry» genannt habe. Im Lauf der Jahre habe ich Leute dazu gebracht, sich auf meiner Website zu registrieren, und besitze jetzt eine Liste ihrer E-Mail-Adressen. Wenn ich mehr über meine Kunden herausfinden will – für welche Art von Urlaubsreisen sie sich interessieren –, kann ich die Adressliste an einen Datenhändler schicken, der dann in seinem System die Namen abruft und mir meine Liste zusammen mit den relevanten Daten zurückschickt. Das ist so, als würde man eine zusätzliche Spalte zu einer Tabelle hinzufügen. Wenn Sie dann meine imaginäre Fry-Website besuchen, sehe ich, dass Sie eine Vorliebe für tropische Inseln haben, und kann Ihnen eine Werbeanzeige für einen Kurzurlaub auf Hawaii zeigen.

Das ist die erste Option. Für die zweite nehmen wir einmal an, dass es auf der Fry-Website etwas Platz gibt, den wir an andere Werbende verkaufen möchten. Ich nehme erneut Kontakt zu dem Datenhändler auf und gebe ihm die Daten, die ich über meine Kunden habe. Der Händler sucht dann nach anderen Firmen, die Werbeanzeigen schalten wollen. In unserer Geschichte gibt es ein Unternehmen, das Sonnenschutzcreme verkauft. Um diese Firma davon zu überzeugen, dass Fry ein passendes Zielpublikum hat, könnte der Händler dem Sonnenschutzanbieter ein paar hergeleitete Merkmale der Fry-Nutzer zeigen, wie etwa den Anteil der Rothaarigen unter meinen Kunden, solche Dinge. Oder der Sonnencremehersteller könnte dem Datenhändler eine eigene Liste mit Nutzeradressen übergeben, und der Datenhändler könnte dann exakt feststellen, wie stark sich die beiden Kundenpools überschneiden. Wenn der Sonnencremeverkäufer zustimmt, erscheint die Anzeige auf der Fry-Website – und der Datenhändler und ich werden bezahlt.

Bisher machen diese Methoden nicht viel mehr als die Techniken, mit denen Marketingleute schon immer Kunden ausgewählt haben. Doch bei Option drei wird es langsam ein bisschen gruselig, finde ich. Dieses Mal sucht das Reiseunternehmen Fry nach neuen Kunden. Ich möchte mich an Männer und Frauen über 65 Jahre richten, die tropische Inseln mögen und große Einkommen zur Verfügung haben, weil ich hoffe, dass diese Leute eine meiner neuen Luxuskreuzfahrten durch die Karibik buchen wollen. Ich gehe also zu einem Datenhändler, der in seiner Datenbank nachsieht und mir eine Liste mit Leuten gibt, die zu meiner Beschreibung passen.

Jetzt nehmen wir einmal an, Sie stünden auf dieser Liste. Der Datenhändler wird Fry niemals Ihren Namen geben. Aber er wird herausfinden, welche anderen Websites Sie regelmäßig benutzen. Wahrscheinlich hat der Datenhändler Geschäftskontakte zu anderen Lieblingswebsites von Ihnen, eine Social-Media-Website vielleicht, eine Nachrichtenseite oder Ähnliches. Wenn Sie sich dann nichts ahnend bei Ihrer Lieblingswebsite einloggen, dann wird der Datenhändler per Ping darüber informiert. Er platziert dann umgehend eine kleine Markierung – ein sogenanntes Cookie – auf Ihrem Computer. Dieses Cookie* signalisiert allen möglichen anderen Websites, dass Sie jemand sind, dem man Werbung für Frys Karibik-Kreuzfahrten anzeigen sollte. Diese Anzeigen folgen Ihnen dann durchs ganze Internet, ob Sie das nun wollen oder nicht.

Und hier stoßen wir auch schon auf das erste Problem: Was ist, wenn Sie die Werbung nicht sehen wollen? Mit Bildern von Karibik-Kreuzfahrten bombardiert zu werden ist sicher nicht so wahnsinnig unangenehm, aber andere Werbung kann auf Menschen sehr viel stärker wirken.

* Cookies werden nicht nur für Werbung gesetzt. Websites verwenden sie außerdem, um festzustellen, ob Sie eingeloggt sind oder nicht (ob es also sicher ist, Ihnen sensible Daten zu übermitteln) und ob Sie bereits früher die Website besucht haben (was zu einer Preiserhöhung auf der Website einer Fluglinie führen kann oder dazu, dass Sie per E-Mail einen Rabattcode bekommen).

Nachdem Heidi Waterhouse ihr heiß ersehntes Wunschkind durch eine Fehlgeburt verloren hatte,[11] kündigte sie die wöchentlichen E-Mails, die sie über den aktuellen Wachstumsstand ihres Babys informierten und ihr sagten, welchem Obst die Größe ihres Babys gerade entsprach. Sie trug sich aus allen Mailing- und Wunschlisten aus, in die sie sich in Vorfreude auf die Geburt eingetragen hatte. Aber keine Macht auf Erden konnte sie von der Schwangerschaftswerbung abmelden, die sie durchs Internet verfolgte, wie sie dem Publikum bei einer Entwicklerkonferenz 2018 erklärte. Dieser digitale Schatten einer Schwangerschaft machte weiterhin die Runde, unabhängig von Mutter und Kind. «An diese Konsequenz hat bei der Entwicklung des Systems niemand gedacht», meinte sie.

Dieses System kann, entweder durch Gedankenlosigkeit oder Absicht, ausbeuterisch wirken. Kurzzeitkredite können gezielt Leuten mit schlechter Bonität angeboten werden; Werbung für Glücksspiele kann gezielt Personen gezeigt werden, die regelmäßig Spiele-Websites aufrufen. Außerdem besteht die Sorge, dass diese Art des Data-Profiling auch gegen Menschen eingesetzt werden kann: Motorradfans, deren Hobby als riskant eingestuft wird, oder Menschen, die als Diabetiker gekennzeichnet werden, weil sie zuckerfreie Snacks essen und deswegen von Versicherungen abgelehnt werden. Eine Studie aus dem Jahr 2015 hat gezeigt, dass Google Frauen im Web sehr viel weniger Werbung für gut bezahlte Führungsjobs anzeigte als Männern.[12] Und eine Harvard-Professorin begann zu untersuchen, welche Unterschiede es bei Werbung für verschiedene ethnische Gruppen gab, nachdem sie erfahren hatte, dass man Werbung angezeigt bekam, die sich an vorbestrafte Personen richtete, wenn man den Namen der Professorin googelte (was zur Folge hatte, dass sie einem potenziellen Arbeitgeber beweisen musste, dass sie nie Probleme mit der Polizei gehabt hatte). Sie fand heraus, dass Suchen nach «schwarz klingenden» Namen zu überproportional mehr Werbung führte, die die Worte «Verhaftung» enthielt (zum Beispiel: «Wurden Sie verhaftet?»), als Suchanfragen nach «weiß klingenden» Namen.[13]

Diese Methoden wenden nicht nur Datenhändler an. Ihre Arbeitsweise unterscheidet sich nur wenig von der Funktionsweise von Google, Facebook, Instagram und Twitter. Diese Internetriesen verdienen nichts daran, dass sie Nutzer haben, daher basiert ihr Geschäftsmodell auf Mikrotargeting. Sie sind riesige Werbemaschinen, die ihr Geld dadurch verdienen, dass ihre Millionen Nutzer auf ihren Websites aktiv werden, herumklicken, gesponserte Einträge lesen, gesponserte Videos und Fotos anschauen. In jedem Winkel des Internets verstecken sich diese Algorithmen und handeln mit Daten, von denen Sie gar nicht wissen, dass die sie haben, und die Sie ihnen nicht bewusst gegeben haben. Diese Algorithmen machen aus den persönlichen, privaten Geheimnissen der Internetnutzer eine Handelsware.

Leider gibt es in vielen Ländern kaum gesetzlichen Schutz dagegen. Datenhändler unterliegen nur wenigen Beschränkungen, und viele Regierungen – vor allem die US-amerikanische – ließen Gelegenheiten, die Macht der Datenhändler einzuschränken, mehrfach ungenutzt verstreichen. So stimmte im März 2017 der US-Senat für die Abschaffung von Vorschriften, die verhindert hätten, dass Datenhändler die Browserverläufe von Nutzern ohne deren ausdrückliche Einwilligung verkaufen. Die US-Kommunikationsbehörde (Federal Communications Commission, FCC) hatte diese Vorschriften im Oktober 2016 befürwortet; aber nach einem Regierungswechsel am Ende jenes Jahres stimmte die neue republikanische Mehrheit bei der FCC und im Kongress dagegen.[14]

Was bedeutet das alles für den Datenschutz? Hier möchte ich von einer Untersuchung berichten, die unter der Leitung der deutschen Journalistin Svea Eckert und des Informatikers Andreas Dewes durchgeführt wurde und die ein klares Bild vermittelt.[15]

Eckert und ihr Team kauften als fiktive Datenhändler die anonymen Browserdaten von drei Millionen Deutschen. (Grundsätzlich war es einfach, an Browserverläufe heranzukommen. Von britischen oder US-amerikanischen Kunden wurden diese Daten im Überfluss angeboten. Nicht ganz so einfach war es allerdings, gezielt Daten aus Deutschland zu finden.) Gesammelt hatte diese Daten ein Plugin von Google Chrome, das Nutzer bereitwillig heruntergeladen hatten, ohne auch nur zu ahnen, dass sie damit gleichzeitig ausspioniert wurden.*

Insgesamt ergaben die Daten eine riesige Liste von URLs. Eine Chronik von allem, was sich diese Leute innerhalb eines Monats online angesehen hatten. Jede Suchanfrage, jede Seite, jeder Klick. Und alles wurde völlig legal zum Kauf angeboten.

Eckert und ihre Kollegen hatten nur ein Problem: Die Browserdaten waren anonym. Das ist eine gute Nachricht für die Menschen, deren Browserverläufe verkauft worden waren. Sollte man zumindest denken. Das müsste den Betroffenen doch so manche Peinlichkeit ersparen. Falsch gedacht. Die riesigen Datenbanken aus Browserverläufen zu entanonymisieren war spektakulär einfach, wie das Team in einem Vortrag auf dem Chaos Communication Congress erklärte.

Und das ging so: Manchmal gab es in den URLs selbst direkte Hinweis auf die Identität der Person. Zum Beispiel wird jeder, der auf Xing.com das eigene Profilbild anklickt, zu einer Seite weitergeleitet, deren Adresse etwa folgendermaßen aussieht:

www.xing.com/profile/Hannah_Fry?sc_omxb_p

Der Name ist sofort verräterisch, zumal der Text nach dem Nutzernamen anzeigt, dass der Nutzer eingeloggt ist und sein eigenes Profil ansieht, sodass das Team sicher sein konnte, dass die entsprechende Person sich ihre eigene Seite ansah. Bei Twitter war es ähnlich. Wer sich die eigene Twitter-Analytics-Seite ansah, offenbarte sich dabei. Für alle, in deren Daten sich keine unmittelbare Identifizierung fand, schüttelte das Team einen anderen Trick aus

* In den Nutzungsbedingungen dieses Plugins mit dem ironischen Namen «The Web of Trust» (Das Netz des Vertrauens) ist diese Verwendung offen und deutlich nachzulesen.

dem Ärmel. Jeder, der online einen Link postete – über eine Website twitterte oder auf YouTube eine öffentliche Playlist weitergab –, im Grunde jeder, der eine öffentliche Datenspur in Verbindung mit dem Klarnamen hinterließ, demaskierte sich dabei unvermeidbar selbst. Mithilfe eines einfachen Algorithmus gelang es dem Team, die öffentlichen und anonymisierten Personas miteinander abzugleichen,[16] indem sie in ihrer URL-Liste nach Leuten suchten, die die entsprechenden Websites zu der Zeit besucht hatten, als die Links gepostet wurden. Am Ende hatten sie die vollständigen Namen von fast allen Nutzern in der Datenmenge und ungehinderten Zugriff auf die vollständigen Browserverläufe eines Monats von mehreren Millionen Deutschen.

Unter diesen drei Millionen Menschen waren auch mehrere, die in der Öffentlichkeit standen, darunter ein Politiker, der online nach Medikamenten gesucht hatte. Oder ein Polizist, der ein vertrauliches Dokument in Google Translate hineinkopiert hatte, sodass es in allen Einzelheiten in der URL auftauchte und für die Forscher sichtbar war. Und ein Richter, dessen Browserverlauf zeigte, dass er täglich einen sehr speziellen Bereich des Internets aufsuchte. Hier eine kleine Auswahl der Websites, die er im August 2016 innerhalb von acht Minuten aufgerufen hatte:

18:22: http://www.tubegalore.com/video/amature-pov–ex-wife-inleather-pants-gets creampie42945.html
18:23: http://www.xxkingtube.com/video/pov_wifey_on_sex_stool_with_beaded_thong_gets_creampie_4814.html
18:24: http://de.xhamster.com/movies/924590/office_lady_in_pants_rubbing_riding_best_of_anlife.html
18:27: http://www.tubegalore.com/young_tube/5762–1/pageo
18:30: http://www.keezmovies.com/video/sexy-dominatrix milks-him-dry-1007114?utm_sources

Zwischendurch suchte der Richter bei seinen täglichen Browsersitzungen online auch noch regelmäßig nach Babynamen, Kinderwagen und Geburtskliniken. Das Team schloss daraus, dass die Partnerin des Richters damals wohl gerade ein Baby erwartete.

Nur um das klarzustellen: Dieser Richter tat nichts Illegales. Viele Menschen – auch ich – würden sogar sagen, dass er noch nicht einmal etwas falsch gemacht hat. Aber dennoch könnte das Material für jemanden sehr nützlich sein, der den Richter erpressen oder seine Familie blamieren will.

Und an dem Punkt überschreiten wir die Gruselgrenze deutlich: dann nämlich, wenn man private, heikle Daten über jemanden sammelt, ohne dass derjenige davon weiß, und diese Person dann anhand dieser Daten manipuliert. Genau das geschah bei dem britischen Consulting-Unternehmen Cambridge Analytica.

Cambridge Analytica

Der Großteil der Geschichte ist inzwischen weit bekannt.

Seit den 1980er-Jahren verwenden Psychologen ein System aus fünf Faktoren, um die Persönlichkeit eines Menschen zu bestimmen. Man bekommt Punkte für jede der folgenden Eigenschaften: Offenheit gegenüber Erfahrungen, Gewissenhaftigkeit, Extraversion, Verträglichkeit und Neurotizismus. Zusammengefasst beschreiben sie auf standardisierte und nützliche Weise, was für ein Mensch man ist.

Im Jahr 2012, ein Jahr bevor Cambridge Analytica auf der Bildfläche erschien, begaben sich Wissenschaftler von den Universitäten Cambridge und Stanford auf die Suche nach einer Verbindung zwischen den fünf Persönlichkeitsmerkmalen und den Seiten, die Menschen bei Facebook «likten».[17] Zu diesem Zweck erstellten sie ein Facebook-Quiz, bei dem Nutzer echte psychometrische Tests durchführen konnten, in der Hoffnung, eine Verbindung zwischen dem wahren Charakter eines Menschen und seiner Online-Persönlichkeit zu finden. Alle, die das Quiz herunterluden, übermittelten wissentlich Daten zu beidem: die Chronik ihrer Likes auf Facebook und, mittels einer Reihe von Fragen, ihre tatsächliche Persönlichkeitsbewertung.

Man kann sich leicht vorstellen, wie Likes und Persönlichkeit zusammenhängen könnten. Wie das Team in dem Artikel, den die Forscher im folgenden Jahr veröffentlichten,[18] schrieb, würden Menschen, die Salvador Dalí, Meditation und TED-Vorträge mögen, höchstwahrscheinlich eine hohe Punktzahl bei Offenheit gegenüber Erfahrungen erreichen. Leute, die gerne feiern, tanzen und Snooki aus der US-Fernsehserie *Jersey Shore* mögen, sind tendenziell extrovertierter. Die Forschung war ein Erfolg. Nachdem die Verbindung nachgewiesen war, erstellte das Team einen Algorithmus, der allein auf Basis der Facebook-Likes auf die Persönlichkeit eines Menschen schloss.

Bei der Veröffentlichung der zweiten Studie im Jahr 2014 behauptete das Forscherteam, der Algorithmus könne anhand von 300 gesammelten Likes von einem Facebook-Profil den Charakter dieses Menschen genauer einschätzen als der Ehepartner dieser Person.[19]

Inzwischen hat die akademische Forschergruppe – das Psychometric Centre an der Universität Cambridge – ihren Algorithmus so erweitert, dass er auch aus einem Twitter-Feed eine Persönlichkeitsprognose erstellen kann. Die Gruppe hat eine frei zugängliche Website, auf der man das selbst ausprobieren kann. Mein Twitter-Profil ist ohnehin öffentlich, daher beschloss ich, die Prognose der Forscher an mir selbst zu testen, lud meinen Twitter-Verlauf hoch und beantwortete die Fragen des herkömmlichen Persönlichkeitstests zum Vergleich. Der Algorithmus schätzte mich bei drei von fünf Eigenschaften korrekt ein. Doch offenbar bin ich laut dem herkömmlichen Persönlichkeitstest extrovertierter und neurotischer, als mein Twitter-Profil vermuten lässt.*

Mit all dieser Arbeit sollte untersucht werden, wie man das für die Werbung einsetzen kann. Daher verschickten dieselben For-

* Diese spezielle Kombination deutet an, dass ich mehr twittern würde, wenn ich mir weniger Sorgen darüber machen würde, wie meine Tweets ankommen.

scher im Jahr 2017 Werbeanzeigen, die gezielt auf die Persönlichkeitsmerkmale der Empfänger abgestimmt waren.[20] Über die Facebook-Plattform zeigte das Team extrovertierten Nutzern Werbung für Schönheitsprodukte mit dem Slogan «Tanze, als würde dir niemand zusehen (obwohl dich alle sehen)», während introvertierte Nutzer das Bild eines Mädchens zu sehen bekamen, das sich lächelnd in einem Spiegel betrachtet, mit dem Spruch «Schönheit muss nicht schreien».

Bei einem parallelen Experiment zeigte das Team Zielpersonen mit einer hohen Offenheit gegenüber Erfahrungen Werbung für Kreuzworträtsel mit einem folgendermaßen untertitelten Bild: «Aristoteles? Die Seychellen? Setze mit unzähligen Kreuzworträtseln deine Kreativität frei und fordere deine Fantasie heraus!» Dieselben Rätsel wurden Menschen mit niedrigen Offenheitswerten mit diesen Worten angepriesen: «Mache es dir mit einer bewährten Lieblingsbeschäftigung bequem. Das Kreuzworträtsel, das Rätselfans schon seit Generationen herausfordert.» Das Team behauptete, die Anzeigen, die an die Persönlichkeit der Menschen angepasst waren, hätten zu 40 Prozent mehr Klicks und bis zu 50 Prozent höhere Verkaufszahlen erhalten als generische, nichtpersonalisierte Werbung. Für die Werbebranche sind diese Zahlen ziemlich eindrucksvoll.

Während die Forscher die Ergebnisse ihrer Untersuchungen publizierten, wurden ihre Methoden von anderen bereits implementiert. Darunter, so wird unterstellt, auch von Cambridge Analytica im Rahmen der Arbeit des Unternehmens für den Präsidentschaftswahlkampf von Trump.

Aber gehen wir noch einmal einen Schritt zurück. Dass Cambridge Analytica dieselben Methoden anwendete wie mein imaginäres Reisebüro Fry, steht so gut wie fest. Dazu identifizierte die Consulting-Firma kleine Gruppen von Menschen, die sie für beeinflussbar hielt, und richtete sich gezielt an sie, statt Massenwerbung zu betreiben. So entdeckte das Unternehmen beispielsweise, dass es große Überschneidungen gab zwischen Menschen, die gute, in den USA produzierte Ford-Autos kauften, und Menschen, die als Unterstützer der republikanischen Partei registriert waren. Daraufhin suchten sie nach Personen, die eine Vorliebe für Ford hatten, aber nicht als Wähler der Republikaner bekannt waren, um herauszufinden, ob man deren Meinung durch Werbung, die patriotische Gefühle hervorrufen sollte, ändern könnte. In gewisser Hinsicht macht ein Wahlkandidat, der eine Wohngegend mit Wechselwählern identifiziert und dort dann von Tür zu Tür geht, um die Wähler zu überzeugen, nichts anderes. Und online unterscheidet sich das nicht von dem, was Obama und Clinton bei ihren Wahlkämpfen machten. Jede große politische Partei in der westlichen Welt führt umfangreiche Analysen durch und wirbt per Mikrotargeting um Wähler.

Doch wenn man den verdeckten Aufnahmen von *Channel Four News* Glauben schenken kann, dann nutzte Cambridge Analytica außerdem Persönlichkeitsprofile der Wähler, um emotionale politische Botschaften zu verbreiten – zum Beispiel suchten die Analytiker nach alleinstehenden Müttern mit hohen Neurotizismuswerten und beuteten ihre Angst davor aus, bei sich zu Hause angegriffen zu werden, um damit eine Botschaft der Waffenlobby zu unterstützen. In der kommerziellen Werbung sind diese Methoden schon länger verbreitet, ebenso wie in anderen politischen Wahlkampagnen.

Doch zusätzlich wird Cambridge Analytica vorgeworfen, das Unternehmen habe Werbung als Journalismus ausgegeben. Nach der Aussage eines Whistleblowers gegenüber der Zeitung *The Guardian* war eine der effektivsten Werbeanzeigen der Kampagne eine interaktive Grafik mit dem Titel «10 unbequeme Wahrheiten über die Clinton Foundation».[21] Ein anderer Whistleblower ging noch weiter und behauptete, die «Artikel», die Cambridge Analytica verbreitete, basierten häufig auf nachweislichen Unwahrheiten.[22]

Nehmen wir einmal an, all das wäre wahr: Cambridge Analytica verbreitete über Facebook manipulative Fake News an Menschen, basierend auf deren psychologischen Profilen. Die Frage ist: Hat es funktioniert?

Mikromanipulation

Bei unserer Meinung über die Macht gezielter politischer Werbung haben wir es mit einer Asymmetrie zu tun. Wir glauben gern, wir hätten eine eigene Meinung und seien immun gegen Manipulation, sehen andere Menschen – vor allem jene mit einer anderen politischen Ansicht – aber als unfassbar leichtgläubig an. Die Wirklichkeit liegt irgendwo dazwischen.

Wir wissen, dass die Posts, die wir auf Facebook sehen, unsere Emotionen beeinflussen können. Bei einem umstrittenen Experiment manipulierten Facebook-Mitarbeiter im Jahr 2013 den Newsfeed von 689 003 Nutzern ohne deren Wissen (oder Einwilligung), um damit ihre Emotionen zu kontrollieren und ihre Stimmung zu beeinflussen.[23] Die Experimentatoren unterdrückten zunächst alle Posts von Freunden, die positive Worte enthielten, und danach alle Posts, die negative Worte enthielten, und beobachteten, wie ihre arglosen Versuchsteilnehmer jeweils reagierten. Nutzer, die weniger negative Beiträge lasen, schrieben auch selbst mehr Positives. Jene, die in ihrer Chronik kaum positive Posts zu sehen bekamen, verwendeten auch selbst mehr negative Worte. Schlussfolgerung: Wir glauben vielleicht, wir seien immun gegen emotionale Manipulation, aber wir sind es wahrscheinlich nicht.

Durch das Epstein-Experiment, das im Kapitel «Macht» beschrieben wurde, weiß man, dass allein schon die Reihenfolge der Seiten in einer Suchmaschine ausreichen kann, damit sich unentschlossene Wähler für den einen oder anderen Kandidaten entscheiden. Durch die Arbeit der Forscher, deren Algorithmen Cambridge Analytica zweckentfremdete, wurde außerdem deutlich, dass Werbung effektiver ist, wenn sie auf bestimmte Persönlichkeitsmerkmale abzielt.

Alles zusammen deutet stark darauf hin, dass man mit diesen Methoden Wahlentscheidungen ebenso wie Kaufentscheidungen beeinflussen kann. Aber – und das ist ein großes Aber –, bevor Sie sich nun eine Meinung bilden, sollten Sie noch etwas wissen.

Alles oben Genannte ist wahr, aber die tatsächlichen Auswirkungen sind äußerst gering. Bei dem Facebook-Experiment war die Wahrscheinlichkeit, dass Nutzer eher etwas Positives posteten, wenn sie von negativen Nachrichten abgeschirmt wurden, tatsächlich erhöht. Allerdings betrug der Unterschied weniger als ein Zehntel Prozent.

Auch bei dem Beispiel aus der Werbung wurde mehr Make-up an introvertierte Kunden verkauft, wenn bei der Werbung die Persönlichkeit der Kunden berücksichtigt wurde, aber der Unterschied war winzig. Eine allgemein gehaltene Werbung klickten 31 von 1000 Personen an. Die spezifische Werbung brachte es auf 35 von 1000. Auch bei der auf Seite 56 zitierten 50-prozentigen Verbesserung, die fett gedruckt über dem Fachartikel prangte, ging es tatsächlich um eine Erhöhung von 11 auf 16 Klicks von 1000 Nutzern.

Die Methoden können funktionieren, ja. Aber die Werbenden injizieren ihre Werbebotschaft nicht direkt in die Gehirne eines passiven Publikums. Wir sind keine leichte Beute. Wir können Werbung besser ignorieren oder uns eine eigene Meinung angesichts von Propaganda bilden, als die Leute, die diese Botschaften abschicken, es gerne hätten. Letztendlich sickert nur ein winziger Einfluss zum Ziel durch, egal wie gut geplant und hinterlistig mikroprofiliert die Kampagne auch sein mag.

Und doch kann dieser winzige Einfluss bei einer Wahl das entscheidende Zünglein an der Waage sein. Bei einer Bevölkerung von mehreren zehn oder hundert Millionen kann es sich schnell aufsummieren, wenn nur einer von tausend Wählern sich umentscheidet. Wie Jamie Bartlett in einem Artikel für den *Spectator* herausstellte, gewann Trump in Pennsylvania nur mit 44 000 von 6 Millionen Stimmen Mehrheit, in Wisconsin mit 22 000 und in Michigan mit 11 000. Das zeigt, dass die Differenz von weniger als einem Prozent manchmal den Unterschied zwischen Sieg oder Niederlage ausmachen kann.[24]

Niemand kann sagen, wie groß der Einfluss von all dem auf die US-Präsidentschaftswahlen war. Selbst wenn wir alle Fakten kennen würden, könnten wir nicht in der Zeit zurückgehen und das Gewirr aus Ursache und Wirkung aufdröseln, um den einen entscheidenden Grund für eine Wahlentscheidung zu finden. Was passiert ist, ist eben passiert. Jetzt ist wichtig, welchen Weg wir in Zukunft einschlagen.

Bewerte mich

Wir alle haben von diesem Internetmodell profitiert, das darf man nicht vergessen. Überall auf der Welt haben Menschen kostenlos und einfach Zugang zu globalen Kommunikationsnetzwerken. Das gesamte Wissen der Menschheit sowie topaktuelle Informationen aus allen Teilen der Erde sind jederzeit verfügbar. Und wir können die außergewöhnlichste Software und Technologie, die von privaten Unternehmen entwickelt und durch Werbung bezahlt wurde, unbegrenzt nutzen. Diesen Deal sind wir eingegangen. Kostenlose Technologie im Tausch gegen die Daten der Nutzer und die Möglichkeit, die Nutzer zu beeinflussen und von ihnen zu profitieren. Bei diesem «Deal» kommen das Beste und das Schlechteste im Kapitalismus zusammen.

Wir könnten beschließen, dass wir mit diesem Kuhhandel glücklich sind. Das wäre völlig in Ordnung. Aber bevor wir das tun, müssen wir uns zunächst der Gefahren bewusst sein, die durch die Datensammelei entstehen. Wir müssen überlegen, welche Folgen diese Datenmengen haben können – auch über Bedenken wegen des Datenschutzes und möglicher Gefahren für die Demokratie hinaus (als wären die nicht schon schlimm genug). Denn diese Dystopie nimmt zurzeit eine überraschende Wendung, wie sie in der beliebten Netflix-Serie *Black Mirror* vorkommt, aber auch in

Wirklichkeit existiert, und zwar als Sesame Credit, ein Bürgerbewertungssystem, das die chinesische Regierung einsetzt.

Stellen Sie sich vor, jede einzelne Information, die ein Datenhändler über sie hat, wird zu einer Bewertung zusammengefasst. Alles fließt da hinein: Ihre Bonität, Ihre Telefonnummer, Ihre Adresse – das übliche Zeug. Aber auch Ihr Verhalten im Alltag. Ihre Posts in den sozialen Medien, die Daten aus Ihrer Mitfahr-App, sogar Ihre Daten aus der Online-Partnervermittlung. Das Ergebnis ist eine Zahl zwischen 350 und 950.

Die Einzelheiten des «komplexen» Algorithmus, der die Bewertung berechnet, hält Sesame Credit geheim. Aber der technische Leiter des Unternehmens Li Yingyun nannte in einem Interview mit Caixin Media aus Beijing ein paar Beispiele, was man aus den Ergebnissen schließen könne. «Jemand, der zehn Stunden am Tag Videospiele spielt, würde zum Beispiel als fauler Mensch eingestuft. Bei jemandem, der oft Windeln kauft, vermutet man, dass er oder sie wahrscheinlich ein Baby und damit wahrscheinlich ein besonders ausgeprägtes Verantwortungsgefühl hat.»[25]

Für Chinesen ist diese Bewertung wichtig. Wer eine Bewertung über 600 hat, kann eine besondere Kreditkarte beantragen. Bei über 666 Punkten wird man mit einem höheren Kreditrahmen belohnt. Wer mehr als 650 Punkte hat, kann ein Auto ohne Kaution mieten und darf am Flughafen von Beijing die VIP-Fahrspur benutzen. Jeder, der mehr als 750 Punkte hat, kann ein Schnellvisum für Europa beantragen.[26]

Bisher ist das Bewertungsprogramm noch freiwillig und daher eher ein Spaß. Aber im Jahr 2020 wird das Bürgerbewertungssystem Pflicht, und dann müssen Menschen mit niedrigen Punkten mit negativen Auswirkungen in allen Lebensbereichen rechnen. Die Systembeschreibung der Regierung nennt Beispiele für Strafmaßnahmen, die gegen jeden ausgesprochen werden können, der als ungehorsam eingestuft wird: «Einschränkungen beim Grenzübertritt, Einschränkungen beim Erwerb von … Immobilien, bei Flugreisen, beim Tourismus und im Urlaub oder beim Aufenthalt in Sterne-Hotels.» In dem Dokument wird außerdem gewarnt, dass bei «schweren Vertrauensbrüchen von Bürgern ... Geschäftsbanken angewiesen werden ... die Vergabe von Krediten, Versicherungsabschlüsse und ähnliche Dienstleistungen einzuschränken».[27] Loyalität wird belohnt, Vertrauensbruch bestraft. Der Experte für chinesische Gesetze und Regierung am Van-Vollenhofen-Institut der Universität Leiden, Rogier Creemers, drückt es so aus: «Am besten versteht man es, wenn man es als eine Art illegitimes Kind der Kundenbindungssysteme betrachtet.»[28]

Im Fall von Sesame Credit gibt es nicht viel zu beschönigen, aber ich will auch nicht alles völlig schwarzzeichnen. Es gibt immer einen Hoffnungsschimmer. So düster die Zukunft auch aussehen mag, gibt es doch erste Anzeichen dafür, dass sich das Blatt langsam wendet. Viele Datenwissenschaftler wissen schon seit einiger Zeit von der Ausbeutung der Nutzerdaten aus Profitgründen und haben dagegen protestiert. Doch bis zum Aufruhr um Cambridge Analytica landeten diese Themen nicht über längere Zeit auf den internationalen Titelseiten. Als der Skandal Anfang 2018 bekannt wurde, erfuhr die Öffentlichkeit zum ersten Mal, dass Algorithmen ihre Daten stillschweigend sammelten, und musste anerkennen, dass dies ohne Kontrolle oder Regulierung dramatische Folgen haben kann.

In der EU gibt es seit Kurzem ein neues Gesetz – die Datenschutzgrundverordnung DSGVO –, nach dem alles, was Datenhändler bisher machten, illegal ist. Theoretisch ist es nun nicht mehr länger erlaubt, persönliche Daten ohne ausdrücklichen Zweck zu speichern. Die Datenhändler werden nicht mehr auf Informationen über Nutzer ohne deren Zustimmung rückschließen können. Und sie werden die Daten nicht mehr zu einem Zweck sammeln und sie dann insgeheim für etwas anderes nutzen können. Das bedeutet jedoch nicht zwingend das Ende für derartige Praktiken. Zum einen achten wir oft nicht auf die AGB, wenn wir online herumklicken, sodass wir möglicherweise zustimmen, ohne es zu merken. Zum anderen ist das Aufspüren von illegalen

Handlungen und die Durchsetzung von Regulierungen nach wie vor kompliziert in einer Welt, in der Datenanalysen und -transfers überwiegend im Verborgenen stattfinden. Man wird abwarten müssen, wie sich die Sache entwickelt.

Die Europäer haben Glück, aber auch in Amerika gibt es Forderungen nach einer Regulierung. Die Federal Trade Commission veröffentlichte 2014 einen Bericht, in dem die zwielichtigen Praktiken von Datenhändlern angeprangert werden, und bemüht sich seither aktiv um bessere Verbraucherrechte. Apple hat inzwischen in den Safari-Browser einen «intelligenten Tracking-Schutz» eingebaut, ebenso wie Firefox. Facebook trennt sich von seinen Datenhändlern. Argentinien, Brasilien, Südkorea und viele weitere Länder haben Gesetze wie die DSGVO durchgeboxt. Europa ist hier führend, aber es gibt einen weltweiten Trend in die richtige Richtung.

Wenn Daten das neue Gold sind, dann leben wir seit einiger Zeit im Wilden Westen. Aber ich bin optimistisch, dass das Schlimmste – für viele von uns – bald überstanden sein wird.

Dennoch sollten wir nicht vergessen, dass es kostenlose Mahlzeiten nicht gibt. Während die Gesetzgeber aufholen und die Schlacht zwischen Firmenprofiten und öffentlichem Wohl geschlagen wird, dürfen wir uns nicht von einem falschen Gefühl der Sicherheit einlullen lassen. Jedes Mal, wenn wir einen Algorithmus verwenden – vor allem einen kostenlosen –, müssen wir uns fragen, welche Motive dahinterstecken. Warum gibt mir diese App all das kostenlos? Was macht dieser Algorithmus tatsächlich? Fühle ich mich bei diesem Deal wohl? Ginge es mir ohne ihn besser?

Dieser Grundsatz lässt sich auch jenseits der Virtualität anwenden, weil sich diese Berechnungen inzwischen auf fast alle Gesellschaftsbereiche auswirken. Daten und Algorithmen können nicht nur unsere Einkaufsgewohnheiten vorhersagen. Sie können auch Menschen die Freiheit nehmen.

Justiz

An Sommerabenden ist es in Brixton durchaus üblich, dass man auf den Straßen gut gelaunte Menschen feiern sieht. Und in Brixton, südlich von London, beginnt unsere nächste Geschichte. Die Stadt hat einen Ruf als Ausgehmeile; an jenem speziellen Abend war gerade ein Musikfestival zu Ende gegangen und die Menschen strömten nach Hause oder feierten einfach weiter. Doch um halb zwölf Uhr am späten Abend kippte die Stimmung. In einer Sozialbausiedlung der Stadt war eine Schlägerei ausgebrochen, die Polizei brachte die Situation nicht unter Kontrolle, und die Kämpfe griffen rasch auf das Stadtzentrum von Brixton über, wo Hunderte junger Menschen sich nun beteiligten.

Das war im August 2011. Am Abend zuvor war ein zunächst friedlicher Protest in Gewalt umgeschlagen, nachdem die Polizei einen jungen Mann aus Tottenham namens Mark Duggan erschossen hatte. Jetzt versank die Stadt am zweiten Abend hintereinander im Chaos – und dieses Mal herrschte eine andere Atmosphäre. Was als lokale Demonstration begonnen hatte, war nun ein breitflächiger Zusammenbruch von Recht und Ordnung und ein Selbstbedienungsladen für Plünderer.

Gerade als die Tumulte richtig in Gang kamen, war der 23-jährige Elektrotechnikstudent Nicholas Robinson auf dem üblichen kurzen Weg durch Brixton vom Haus seiner Freundin, wo er das Wochenende verbracht hatte, nach Hause.[1] Inzwischen waren die vertrauten Straßen kaum noch wiederzuerkennen. Autos waren umgestürzt, Fenster eingeschlagen worden. Feuer waren ausgebrochen, und überall an den Straßen waren Geschäfte aufgebrochen.[2] Die Polizei versuchte verzweifelt, die Lage zu beruhigen, konnte aber nicht verhindern, dass Autos und Motorroller vor den zerstörten Fensterscheiben anhielten und mit gestohlener Kleidung, Schuhen, Laptops und Fernsehern beladen wurden. Brixton war völlig außer Kontrolle geraten.

Wenige Straßen von einem Elektronikgeschäft entfernt, das restlos ausgeräumt wurde, ging Nicholas Robinson an einem Supermarkt vorbei, der wie fast alle anderen Geschäfte völlig zerstört war: Die Schaufenster und Türen waren eingeschlagen, und auf den Regalen im Inneren hatten die Plünderer Chaos hinterlassen. Scharenweise liefen Randalierer vorbei mit brandneuen Laptops in den Händen, und kein Polizist hielt sie auf. In diesem Chaos bekam Nicholas Durst, ging in einen Laden und holte sich eine Kiste mit Wasserflaschen im Wert von 3,50 britischen Pfund (etwa 3,90 Euro). Gerade als er den Laden wieder verlassen wollte, betrat die Polizei den Supermarkt. Nicholas wurde sofort klar, was er getan hatte, er ließ die Kiste fallen und lief davon.[3]

Am Montagabend rüstete sich das Land für weitere Unruhen. Tatsächlich gingen auch an diesem Abend wieder Randalierer auf die Straßen.[4] Unter ihnen war auch der 18-jährige Richard Johnson. Die Bilder in den Nachrichten hatten ihn neugierig gemacht. Er hüllte sich (ziemlich unpassend für den Sommer) in eine Balaklava, sprang in ein Auto und fuhr zum örtlichen Einkaufszentrum. Mit verhülltem Gesicht lief Richard in den Spieleladen der Stadt, schnappte sich eine Ladung Computerspiele und trug sie zum Auto.[5] Doch leider hatte Richard genau im Blickfeld einer Sicherheitskamera geparkt. Mit dem Autokennzeichen war es der Polizei ein Leichtes, ihn aufzuspüren, und mit der Bildaufzeichnung des Vorfalls war die Erhebung einer Anklage kein Problem.[6]

Richard Johnson und Nicholas Robinson wurden wegen ihrer Handlungen bei den Unruhen von 2011 verhaftet. Beide wurden wegen Diebstahls angeklagt. Beide standen vor Gericht. Beide bekannten sich schuldig. Aber hier enden die Ähnlichkeiten ihrer Fälle.

Nicholas Robinsons Fall wurde als erster verhandelt. Weniger als eine Woche nach dem Vorfall stand er vor einem Richter im

Camberwell Magistrates' Court. Der Wasserkasten, den er gestohlen hatte, war nicht viel wert, er hatte keinerlei Vorstrafen, war Vollzeit in Ausbildung und gab vor Gericht an, er schäme sich. Dennoch sagte der Richter, seine Handlungen hätten zu der Atmosphäre von Gesetzlosigkeit in Brixton an jenem Abend beigetragen. Und so wurde Nicholas Robinson, zum Entsetzen seiner Familie im Zuschauerraum, zu sechs Monaten Gefängnis verurteilt.[7]

Johnsons Fall wurde im Januar 2012 vor Gericht verhandelt. Er hatte sich an jenem Abend Kleidung angezogen, die seine Identität verbergen sollte, war gezielt zum Plündern losgezogen, und er hatte eine Rolle bei der Verschärfung der öffentlichen Unruhen gespielt. Dennoch entging er einer Haftstrafe. Er erhielt eine Bewährungsstrafe und musste 200 Sozialstunden ableisten.[8]

Das Problem der Gleichbehandlung

Das Justizsystem weiß, dass es nicht perfekt ist, aber es versucht auch gar nicht erst, es zu sein. Die Beurteilung von Schuld und die Verhängung von Strafen sind keine exakte Wissenschaft und kein Richter kann Präzision garantieren. Deswegen sind Begriffe wie «begründete Zweifel» und «stichhaltige Gründe» unerlässlich für das juristische Vokabular, und deswegen sind Berufungen ein wichtiger Teil des Verfahrens; das System akzeptiert, dass absolute Sicherheit nicht zu erreichen ist.

Trotzdem erscheint die unterschiedliche Behandlung mancher Angeklagter – wie etwa im Fall von Nicholas Robinson und Richard Johnson – ungerecht. Bei einer Urteilsfällung sind zu viele Faktoren beteiligt, als dass man jemals mit Sicherheit sagen könnte, dass ein Urteil «unfair» ist. Aber in einem vernünftigen Rahmen hofft man doch, dass Richter ihre Entscheidungen einigermaßen einheitlich treffen. So würde man hoffen, dass zwei eineiige Zwillinge, die identische Straftaten begangen haben, vor Gericht die gleiche Strafe erhalten. Aber wäre das wirklich so?

In den 1970er-Jahren suchte eine amerikanische Forschergruppe nach einer Antwort auf eine Variante dieser Frage.[9] Statt kriminelle Zwillinge zu untersuchen (was praktisch schwierig und ethisch wenig wünschenswert wäre), erfanden die Forscher eine Reihe hypothetischer Fälle und befragten unabhängig voneinander 47 Bezirksrichter im US-Staat Virginia, wie sie jeweils vorgehen würden. Hier ein Beispiel aus der Studie: Wie würden Sie mit dem folgenden Fall umgehen?

> Eine 18-jährige Angeklagte wurde wegen des Besitzes von Marihuana zusammen mit ihrem Freund und sieben weiteren Bekannten verhaftet. Erhebliche Mengen von gerauchtem und nicht gerauchtem Marihuana wurden vor Ort sichergestellt, aber an der jungen Frau selbst wurde kein Marihuana entdeckt. Sie hatte keine Vorstrafen, war eine gute Schülerin aus bürgerlichen Verhältnissen. Für ihr Verhalten entschuldigte sie sich nicht, verhielt sich aber auch nicht rebellisch.

Bei den Urteilen gab es drastische Unterschiede. Von den 47 Richtern hielten 29 die Angeklagte für nicht schuldig, 18 erklärten sie für schuldig. Von den Richtern, die zu einer Verurteilung tendierten, empfahlen acht eine Bewährungsstrafe, vier hielten eine Geldstrafe für die beste Vorgehensweise, und drei Richter sprachen sich dafür aus, die Angeklagte ins Gefängnis zu schicken.

Auf Grundlage identischer Beweise in identischen Fällen konnte ein Angeklagter also straffrei ausgehen oder direkt ins Gefängnis wandern, je nachdem, vor welchem Richter er oder sie landete.

Das ist ein ziemlicher Schlag für alle, die auf konstante Urteile im Gerichtssaal hoffen. Aber es kommt noch schlimmer: Die Ansichten der Richter unterscheiden sich nicht nur von denen ihrer Kollegen, sondern Richter neigen auch dazu, *ihren eigenen Entscheidungen* zu widersprechen.

Bei einer aktuellen Studie wurden 81 britische Richter gefragt, ob sie diverse fiktive Angeklagte auf Kaution freilassen würden.[10] Jeder Fall hatte eine eigene fiktive Hintergrundgeschichte und ein fiktives Vorstrafenregister. Die britischen Richter fällten, ebenso wie ihre Kollegen in der Virginia-Studie, bei keinem einzigen der 41 Fälle, die ihnen vorgelegt wurden, ein einheitliches Urteil.[11] Doch dieses Mal tauchten 7 der 41 fiktiven Fälle, die jedem Richter vorgelegt wurden, zweimal auf – wobei in der zweiten Version Namen und Geschlecht der Angeklagten geändert wurden, damit der Richter nicht merkte, dass es derselbe Fall war. Das war ein fieser, aber aufschlussreicher Trick. Die meisten Richter trafen nicht dasselbe Urteil, wenn sie den Fall ein zweites Mal vorgelegt bekamen. Überraschenderweise wichen die Richter so stark von ihren eigenen Antworten ab, als hätten sie die Kautionen rein nach dem Zufallsprinzip vergeben.[12]

Zahlreiche weitere Studien kamen zu demselben Schluss: Wenn Richter über Fälle frei entscheiden können, urteilen sie stark uneinheitlich. Wenn man Richtern Ermessensfreiheit gibt, lässt man zu, dass schieres Glück im System eine Rolle spielt.

Natürlich gibt es eine einfache Lösung. Man kann ganz einfach sicherstellen, dass Richter einheitlich urteilen, wenn man ihnen die Ermessensfreiheit nimmt. Wenn jede Person, die wegen der gleichen Straftat angeklagt wird, genau gleich behandelt wird, dann könnte man Präzision garantieren – zumindest, was Kautionen und Urteile betrifft. Tatsächlich haben manche Länder diesen Weg eingeschlagen. In Australien und auf Bundesebene in den Vereinigten Staaten gilt ein präskriptives Urteilssystem.[13] Aber diese Art von Gleichbehandlung hat ihren Preis. Die höhere Präzision bezahlt man durch den Verlust einer anderen Art von Fairness.

Ein Beispiel: Stellen Sie sich zwei Personen vor, die beide wegen Diebstahls in einem Supermarkt angeklagt werden. Eine ist ein ziemlich entspannter Berufskrimineller, der sich bewusst dafür entschieden hat zu stehlen; die andere wurde kürzlich erst arbeitslos und kommt kaum über die Runden, sie stiehlt, damit ihre Familie etwas zu essen hat, und bereut ihre Taten zutiefst. Wenn man nun die Möglichkeit streicht, diese strafmildernden Umstände zu berücksichtigen, dann behandeln strenge Richtlinien alle, denen die gleiche Straftat vorgeworfen wird, gleich, was in manchen Fällen unnötig harte Strafen bedeuten kann und in anderen eine ungenutzte Möglichkeit, Kriminelle zu rehabilitieren.

Das ist ein verzwicktes Problem. Bei jedem Rechtssystem muss man ein schwieriges Gleichgewicht finden zwischen individualisierter Rechtsprechung und der Wahrung des Gleichbehandlungsprinzips. Die meisten Länder versuchen, dieses Dilemma durch ein System zu lösen, das irgendwo zwischen dem präskriptiven Extrem des US-Bundesrechts und dem anderen Extrem liegt, bei dem der Richter fast unbegrenzten Ermessensspielraum hat – wie es etwa in Schottland herrscht.[14] Überall in der westlichen Welt geben die Leitlinien für eine Urteilsfindung eine Höchststrafe (zum Beispiel in Irland) oder eine Mindeststrafe (zum Beispiel in Kanada) oder beides (zum Beispiel in England und Wales) vor,[15] und erlauben den Richtern, die Strafe zwischen diesen Grenzen festzulegen.

Kein System ist perfekt. Es gibt immer ein Kuddelmuddel konkurrierender Billigkeitsgründe, ein Chaos widerstreitender Ungerechtigkeiten. Angesichts all dieser Konflikte und der Komplexität könnte ein Algorithmus nützlich werden. Denn bemerkenswerterweise lassen sich sowohl Gleichbehandlung als auch individualisierte Rechtsprechung garantieren, wenn ein Algorithmus Teil des Verfahrens ist. Man muss sich nicht zwischen beidem entscheiden.

Die Gerechtigkeitsgleichung

Algorithmen können nicht über Schuld entscheiden. Sie können nicht die Argumente von Verteidigung und Anklage abwägen, keine Beweise analysieren und auch nicht einschätzen, ob ein Angeklagter wirklich reumütig ist. Sie werden Richter in absehbarer Zeit also nicht ersetzen. Allerdings kann ein Algorithmus sehr wohl anhand von Daten über eine Person das Risiko berechnen, dass diese Person erneut straffällig wird, so unglaublich das klingen mag. Und da die Entscheidungen vieler Richter auf der Wahrscheinlichkeit gründen, ob ein Täter ein weiteres Mal zu kriminellen Mitteln greift, erweist sich das als durchaus nützliche Fähigkeit.

Daten und Algorithmen werden im Justizsystem seit fast einem Jahrhundert eingesetzt, zum ersten Mal in den 1920er-Jahren. Damals wurden in den USA überführte Straftäter zu einer einheitlichen Höchststrafe verurteilt, die nach einer gewissen Zeit zur Bewährung ausgesetzt werden konnte. Zehntausende Gefangene wurden auf dieser Grundlage vorzeitig entlassen. Manche wurden erfolgreich rehabilitiert, andere nicht. Aber gemeinsam boten sie den perfekten Rahmen für ein natürliches Experiment: Konnte man vorhersagen, ob ein Häftling gegen die Bewährungsauflagen verstoßen würde?

Hier kam der kanadische Soziologe von der Universität Chicago Ernest W. Burgess mit seiner Begeisterung für Prognosen ins Spiel. Burgess setzte sich stark für die Quantifizierung gesellschaftlicher Phänomene ein. Im Laufe seiner Karriere prognostizierte er alles Mögliche, von den Auswirkungen des Ruhestands bis zum Erfolg einer Ehe, und im Jahr 1928 entwickelte er als Erster erfolgreich ein Instrument für die Vorhersage des Risikos von kriminellem Verhalten auf der Grundlage von Messungen und nicht von Intuition.

Anhand aller möglichen Daten von 3000 Insassen in drei Gefängnissen in Illinois identifizierte Burgess 21 Faktoren, die er für «möglicherweise signifikant» hielt, um zu bestimmen, mit welcher Wahrscheinlichkeit jemand gegen Bewährungsauflagen verstoßen würde. Zu diesen Faktoren gehörten die Art der Straftat, die verbüßte Haftzeit und der soziale Typ des Häftlings. Mit dem Feingefühl, das man von einem Sozialwissenschaftler des frühen zwanzigsten Jahrhunderts erwarten darf, teilte er die Häftlinge in Kategorien wie «Landstreicher», «Säufer», «Tunichtgut», «Bauernjunge» und «Immigrant» ein.[16]

Burgess gab jedem Häftling für jeden der 21 Faktoren maximal einen Punkt. Bei den Männern, die hohe Punktzahlen (zwischen 16 und 21) erreichten, hielt Burgess es für am wenigsten wahrscheinlich, dass sie wieder straffällig würden; bei den Männern mit niedrigen Punktzahlen (vier oder weniger) schätzte er, dass sie gegen ihre Bewährungsauflagen verstoßen würden.

Als alle Häftlinge schließlich freigelassen wurden und so die Möglichkeit hatten, gegen die Bewährungsauflagen zu verstoßen, konnte Burgess überprüfen, wie gut seine Prognosen waren. Dafür, dass es sich um eine sehr grobe Analyse handelte, lag er bemerkenswert oft richtig. 98 Prozent seiner Gruppe mit niedrigem Risiko beendeten die Bewährungszeit ohne Probleme und marschierten sauber durch ihre Bewährung, während zwei Drittel seiner Hochrisiko-Gruppe dies nicht schafften.[17] Offenbar trafen selbst grobe statistische Modelle bessere Prognosen als die Experten.

Dennoch wurde seine Arbeit kritisiert. Skeptische Beobachter fragten, wie gut sich Faktoren, die an einem Ort zu einem Zeitpunkt verlässlich den Bewährungserfolg vorhersagen konnten, anderswo anwenden ließen. (Sie hatten nicht ganz unrecht: Ich bezweifle, dass die Kategorie «Bauernjunge» bei der Prognose von Rückfallkriminalität bei modernen Großstadtkriminellen hilfreich wäre.) Andere Gelehrte kritisierten, Burgess habe einfach nur die Informationen genutzt, die verfügbar waren, ohne zu untersuchen, ob sie relevant waren.[18] Auch seine Bewertungsmethoden der Gefängnisinsassen wurden infrage gestellt. Letztlich bestand seine Methode vor allem darin, seine Meinung in Gleichungen zu gießen. Nichtsdestoweniger hatten seine Prognosefähigkeiten so viel Eindruck gemacht, dass die Burgess-Methode Einzug in die Gefängnisse von Illinois fand und dort die Bewährungsausschüsse bei ihren Entscheidungen unterstützte.[19] Am Ende des Jahrhunderts wurden die mathematischen Nachfahren der Burgess-Methode weltweit eingesetzt.[20]

Die heute topaktuellen Algorithmen zur Risikoeinschätzung, die von Gerichten verwendet werden, sind sehr viel raffinierter als die rudimentären Methoden von Burgess. Sie unterstützen nicht nur bei Entscheidungen über Bewährungen, sondern suchen auch nach passenden Interventionsprogrammen für Häftlinge, entscheiden, wer auf Kaution freigelassen wird, und seit Kurzem unterstützen sie Richter auch bei der Festlegung des Strafmaßes. Das Grundprinzip ist nach wie vor dasselbe: Man gibt die Fakten über den Angeklagten ein – Alter, Vorstrafen, Schwere der Tat usw. – und erhält eine Prognose, wie riskant es ist, wenn man ihn jetzt freilässt.

Wie funktionieren diese Algorithmen? Grob gesagt wenden die leistungsfähigsten Algorithmen heute eine Methode namens *Random-Forests* (Methode der Zufallswälder) an, die – im Kern – auf einer fantastisch simplen Idee basiert. Dem einfachen Entscheidungsbaum.

Der Publikumsjoker

Entscheidungsbäume werden die meisten aus der Schulzeit kennen. Mathelehrer strukturieren auf diese Weise gern Beobachtungen, etwa Münzwürfe oder Würfelergebnisse. Wenn ein Entscheidungsbaum einmal steht, lässt er sich als Flowchart verwenden: Man nimmt die verschiedenen Umstände und legt schrittweise fest, was man tun will oder, wie in diesem Fall, was geschehen wird.

Nehmen wir als Beispiel die Entscheidung, ob eine bestimmte Person auf Kaution freigelassen werden soll oder nicht. Wie bei der Bewährung basiert auch diese Entscheidung auf einer Berechnung. Schuld ist irrelevant. Man muss nur eine Prognose treffen: Wird der Angeklagte gegen die Kautionsbedingungen verstoßen, wenn er aus der Haft entlassen wird?

Für die Erstellung der Prognose kann man auf Daten von früheren Straftätern zurückgreifen, von denen manche flohen oder weitere Straftaten begingen, während sie auf Kaution draußen waren, und manche nicht. Aus diesen Daten lässt sich von Hand ein einfacher Entscheidungsbaum konstruieren – wie der in der Zeichnung auf Seite 75 –, indem man aus den Kennzeichen jedes Täters ein Ablaufdiagramm erstellt. Mit diesem Entscheidungsbaum kann man vorhersagen, wie sich ein neuer Angeklagter wahrscheinlich verhalten wird. Man folgt einfach den Abzweigungen, die den Merkmalen des Täters entsprechen, bis man eine Prognose erhält. Solange diese Merkmale dem Muster aller bisherigen erfassten Täter entsprechen, wird die Prognose richtig sein.

Doch hier fangen die Entscheidungsbäume, die wir in der Schule gemalt haben, an zu versagen, weil natürlich *nicht* jeder dem Muster der bisher erfassten Täter folgt. Für sich genommen wird dieser Baum viele falsche Prognosen hervorbringen, und das nicht nur, weil wir mit einem einfachen Beispiel anfangen. Selbst mit enormen Datenmengen früherer Fälle und einem dazu passenden, unfassbar komplizierten Flowchart wird man mit einem einzelnen Baum kaum bessere Ergebnisse erhalten als durch wildes Raten.

Doch wenn man mehr als einen Baum erstellt – verändert sich alles. Statt die gesamten Daten auf einmal zu verwenden, baut man erst Tausende von kleineren Bäumen, ein sogenanntes *Ensemble*, aus zufälligen Teilabschnitten der Daten. Dann lässt man bei einem neuen Angeklagten einfach alle Bäume abstimmen, ob sie glauben, dass eine Kaution eine gute Idee ist oder nicht. Die Bäume sind vielleicht nicht alle einer Meinung, und jeder für sich trifft immer noch schwache Prognosen, aber die Genauigkeit der Vorhersage erhöht sich drastisch, wenn man den Durchschnitt all ihrer Antworten verwendet.

Das erinnert ein bisschen an den Publikumsjoker bei *Wer wird Millionär?*. Ein Raum voller Fremder wird öfter richtigliegen als der klügste Bekannte. (Beim «Publikumsjoker» liegt die Erfolgsquote bei 91 Prozent, verglichen mit nur 65 Prozent beim «Telefonjoker».)[21] Die Fehler, die viele machen, gleichen sich gegenseitig aus, und am Ende ist die Menschenmenge weiser als die Einzelperson.

Dasselbe gilt für eine große Gruppe Entscheidungsbäume, die gemeinsam einen Zufallswald bilden. Weil die Prognosen des Algorithmus auf den Mustern basieren, die der Algorithmus aus

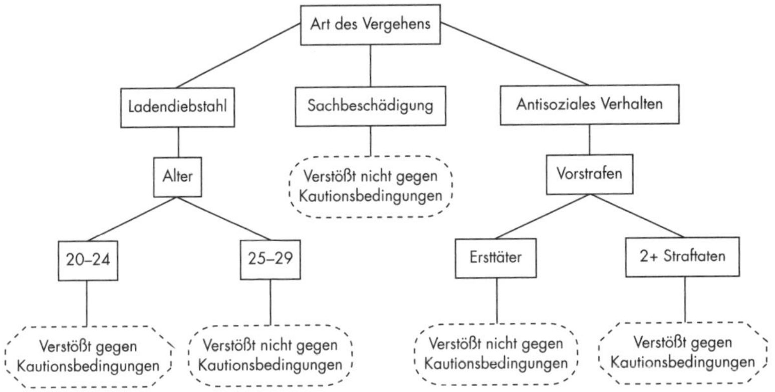

den Daten lernt, wird ein Zufallswald als selbstlernender Algorithmus eingestuft, der unter den Oberbegriff der Künstlichen Intelligenz fällt. (Selbstlernende Algorithmen wurden bereits im Kapitel «Macht» erwähnt, später im Buch kommen noch viele weitere derartige Algorithmen vor. Im Moment reicht es aber festzustellen, wie großartig diese Beschreibung solche Algorithmen klingen lässt, obwohl sie eigentlich nur Flowcharts sind, wie man sie in der Schule gezeichnet hat, in etwas mathematische Bearbeitung verpackt.) Zufallswälder haben sich bei einem Haufen Anwendungen in der realen Welt als unglaublich nützlich erwiesen. Netflix setzt sie ein, um auf Grundlage vergangener Vorlieben vorherzusagen, was Nutzer sehen wollen;[22] Airbnb spürt damit Konten von Betrügern auf;[23] und im Gesundheitssystem werden damit Krankheiten diagnostiziert (mehr dazu im nächsten Kapitel).

Bei der Beurteilung von Straftätern können Zufallswälder zwei enorme Vorzüge gegenüber ihren menschlichen Pendants geltend machen. Erstens wird der Algorithmus immer genau die gleiche Antwort geben, wenn er mit den gleichen Umständen konfrontiert wird. Beständigkeit ist garantiert, aber nicht um den Preis individualisierter Gerechtigkeit. Und es gibt noch einen weiteren entscheidenden Vorteil: Der Algorithmus liefert auch wesentlich bessere Vorhersagen.

Mensch versus Maschine

Im Jahr 2017 machte sich eine Gruppe von Forschern daran herauszufinden, wie gut die Prognosen einer Maschine im Verhältnis zu den Entscheidungen von menschlichen Richtern abschnitten.[24]

Zu diesem Zweck hatte das Team Zugang zu den Strafakten aller Personen, die in New York City zwischen 2008 und 2013 verhaftet wurden. Während dieser Zeit wurden eine Dreiviertelmillion Menschen einer Kautionsanhörung unterzogen, sodass mehr als genug Daten zur Verfügung standen, um einen Algorithmus direkt im Vergleich mit einem menschlichen Richter zu testen.

Die New Yorker Justiz verwendete in diesen Fällen keinen Algorithmus, aber die Forscher konstruierten rückblickend viele Entscheidungsbäume, um zu überprüfen, wie zuverlässig man das Risiko hätte vorhersagen können, dass die Angeklagten gegen die Bedingungen der Freilassung auf Kaution verstoßen. Dazu wurden die Daten über die Täter eingegeben: ihr Vorstrafenregister, das Verbrechen, das sie gerade begangen hatten, und so weiter. Als Ausgabe wurde berechnet, mit welcher Wahrscheinlichkeit dieser Angeklagte gegen die Kautionsbedingungen verstoßen würde.

In den realen Daten wurden 408 283 Angeklagte bis zur Gerichtsverhandlung freigelassen. Jeder von ihnen hatte die Möglichkeit, zu fliehen oder weitere Verbrechen zu begehen, sodass man im Nachhinein testen konnte, wie genau die Prognosen des Algorithmus und die Entscheidungen der menschlichen Richter gewesen waren. Heute weiß man genau, wer später nicht vor Gericht erschien (15,2 Prozent) und wer wegen einer anderen Straftat wieder verhaftet wurde (25,8 Prozent), während er auf Kaution frei war.

Bedauerlicherweise, zumindest aus Sicht der Forscher, wurde jedem Angeklagten, bei dem ein Richter ein hohes Risiko sah, die Kaution verweigert – und daher gab es in diesen Fällen keine Möglichkeit, die Einschätzung der Richter zu bestätigen oder zu widerlegen. Das macht die Sache ein wenig kompliziert. Es bedeutet, dass es keine Möglichkeit gibt, eine kalte, harte Zahl zu finden, die anzeigt, wie korrekt die Richter insgesamt lagen. Und ohne «Bodendaten» darüber, wie sich diese Angeklagten verhalten hätten, kann man auch keine Gesamtgenauigkeit für den Algorithmus angeben. Stattdessen muss man fundierte Vermutungen darüber anstellen, was die Beklagten, die in Haft blieben, getan hätten, wenn sie freigelassen worden wären,[25] und Mensch und Maschine so indirekt vergleichen.

Eines ist jedoch sicher: Die Richter und die Computer waren sich bei ihren Prognosen nicht einig. Die Forscher zeigten, dass viele Angeklagte, die der Algorithmus als echte Bösewichte einstufte, von den Richtern so behandelt wurden, als bestünde für sie ein geringes Risiko. Tatsächlich wurde fast die Hälfte der Angeklagten, die der Algorithmus als die risikoreichste Gruppe auswies, von den Richtern gegen Kaution freigelassen.

Aber wer hatte nun recht? Die Daten zeigten, dass die Gruppe derjenigen, bei denen der Algorithmus Bedenken hatte, tatsächlich ein Risiko darstellte. Etwas mehr als 56 Prozent dieser Angeklagten erschienen nicht vor Gericht, und 62,7 Prozent begingen auf Kaution neue Verbrechen – darunter auch die schlimmsten aller Verbrechen: Vergewaltigung und Mord. Der Algorithmus hatte all das kommen sehen.

Die Forscher argumentierten, ihr Algorithmus erbringe bei jedem denkbaren Einsatz sehr viel bessere Leistungen als ein menschlicher Richter. Und die Zahlen bestätigen das. Wenn man weniger Menschen inhaftieren will, während sie auf ihren Prozess warten, könnte der Algorithmus helfen, indem er 41,8 Prozent weniger Angeklagte in Untersuchungshaft steckt bei gleichbleibender Kriminalitätsrate. Er nützt aber auch, wenn man mit dem aktuellen Anteil der Angeklagten, die eine Kaution erhalten, zufrieden ist: Allein durch eine genauere Auswahl der zu entlassenden Angeklagten könnte der Algorithmus den Anteil derer, die ihre Kaution verfallen lassen, um 24,7 Prozent reduzieren.

Dies sind keine rein theoretischen Vorteile. In Rhode Island, wo

Gerichte diese Art von Algorithmen seit acht Jahren verwenden, führte dies dazu, dass 17 Prozent weniger Menschen im Gefängnis saßen und 6 Prozent weniger Straftäter erneut straffällig wurden. Das sind Hunderte von Straftätern mit geringem Risiko, die nicht unnötig im Gefängnis festsaßen, Hunderte von Verbrechen, die nicht begangen wurden. In Großbritannien kostet es über 30 000 britische Pfund (etwa 33 000 Euro) pro Jahr, einen Menschen in Haft zu halten[26] – in den USA kostet ein Jahr in einem Hochsicherheitsgefängnis so viel wie ein Studium in Harvard.[27] Daher könnten die Algorithmen Millionen Euro Steuergelder einsparen. Eine Win-win-Situation für alle.

Oder doch nicht?

Auf der Suche nach Darth Vader

Natürlich kann kein Algorithmus *perfekt* vorhersagen, was jemand in Zukunft tun wird. Einzelne Menschen sind zu chaotisch, irrational und impulsiv, als dass man je sicher vorhersagen könnte, was als Nächstes passieren wird. Die Prognosen der Algorithmen mögen zutreffender sein, Fehler wird es dennoch geben. Aber was passiert mit all den Menschen, deren Risikobewertung falsch ist?

Der Algorithmus kann zwei Arten von Fehlern machen. Richard Berk, Professor für Kriminologie und Statistik an der Universität von Pennsylvania und Pionier auf dem Gebiet der Rückfallprognose, beschreibt sie in bemerkenswerter Weise.

«Es gibt Helden und Bösewichte», sagte er mir. «Der Algorithmus fragt im Prinzip: ‹Wer sind die Darth Vaders? Und wer sind die Luke Skywalkers?›»

Einen Darth Vader laufen zu lassen ist eine Art von Fehler, die als *falsch-negatives Ergebnis* bezeichnet wird. Diese Fehler treten immer dann auf, wenn das Risiko, das eine Person darstellt, nicht erkannt wird.

Luke Skywalker einzusperren wäre hingegen ein *falsch-positives Ergebnis.* In dem Fall identifiziert der Algorithmus jemanden fälschlicherweise als eine Person mit hohem Risiko.

Diese beiden Arten von Fehlern, falsch-positive und falsch-negative Ergebnisse, gibt es nicht nur bei der Rückfallkriminalität. Sie werden in diesem Buch immer wieder auftauchen. Jeder Klassifizierungsalgorithmus kann diese Fehler begehen.

Berks Algorithmen erheben den Anspruch, mit einer Genauigkeit von 75 Prozent vorhersagen zu können, ob jemand einen Mord begehen wird. Sie sind damit so genau wie derzeit kein anderer Algorithmus.[28] Diese Genauigkeit ist umso bemerkenswerter, wenn man bedenkt, für wie frei wir unseren Willen halten. Aber selbst bei 75 Prozent sind das immer noch viele Luke Skywalkers, denen eine Kaution verweigert wird, weil sie von außen wie Darth Vaders aussehen.

Die Folgen einer Fehlbeurteilung eines Angeklagten werden noch gravierender, wenn die Algorithmen nicht nur bei Entscheidungen über Kaution oder Bewährung, sondern auch bei der Urteilsfindung eingesetzt werden. Das wird inzwischen tatsächlich gemacht: Seit Kurzem erlauben einige US-Bundesstaaten Richtern, bei der Entscheidung über die Haftstrafe eines verurteilten Täters dessen kalkulierte Risikoeinstufung einzusehen. Diese Entwicklung hat eine hitzige Debatte ausgelöst, und das nicht ohne Grund: Zu berechnen, ob man jemanden frühzeitig freilässt, ist eine Sache, zu berechnen, wie lange jemand überhaupt eingesperrt werden sollte, eine völlig andere.

Ein Teil des Problems besteht darin, dass bei der Entscheidung über die Länge einer Haftstrafe viel mehr in Betracht gezogen werden muss als nur das Risiko einer Strafrückfälligkeit – und nur dabei kann der Algorithmus helfen. Ein Richter muss berücksichtigen, welches Risiko der Täter für andere darstellt, welche abschreckende Wirkung das Urteil auf andere Straftäter haben wird, schließlich die Frage der Vergeltung für das Opfer und die Chance auf Rehabilitation für den Angeklagten. Hier muss einiges abgewogen werden, und daher ist es nicht verwunderlich, wenn manche Menschen Einwände dagegen erheben, dass der Algorithmus bei der Entscheidung zu viel Gewicht erhält. Kein Wunder, dass Geschichten wie die von Paul Zilly auf manch einen so beunruhigend wirken.[29]

Paul Zilly wurde verurteilt, weil er einen Rasenmäher gestohlen hatte. Im Februar 2013 stand er vor Richter Babler in Baron County, Wisconsin, wohl wissend, dass seine Verteidiger bereits einem Deal mit der Staatsanwaltschaft zugestimmt hatten. Beide Seiten hatten sich darauf geeinigt, dass in Zillys Fall eine lange Haftstrafe nicht die beste Vorgehensweise sei. Zilly erwartete daher, dass der Richter die Vereinbarung einfach abnicken würde, als er vor Gericht erschien.

Doch leider verwendeten die Richter in Wisconsin einen eigenen Risikobewertungsalgorithmus namens COMPAS. Wie beim Budget-Tool in Idaho im vorigen Kapitel wird das Innenleben von COMPAS als Betriebsgeheimnis behandelt. Im Gegensatz zum Budget-Tool ist der Programmcode von COMPAS jedoch immer noch nicht veröffentlicht. Bekannt ist nur, dass die Berechnungen auf den Antworten des Angeklagten in einem Fragebogen basieren. Darin werden Fragen gestellt wie: «Ein hungriger Mensch hat das Recht zu stehlen, ja oder nein?» Oder: «Falls Sie bei Ihren beiden Eltern lebten und die sich getrennt haben, wie alt waren Sie bei der Trennung?»[30] Der Algorithmus wurde mit dem alleinigen Ziel entwickelt, die Wahrscheinlichkeit zu berechnen, dass ein Angeklagter innerhalb von zwei Jahren wieder straffällig wird, und bei dieser Aufgabe erreichte er eine Präzisionsrate von rund 70 Prozent.[31] Der Algorithmus lag also bei etwa jedem dritten Angeklagten falsch. Nichtsdestoweniger setzten die Richter ihn bei der Urteilsfindung ein.

Zillys Ergebnis war nicht gut. Der Algorithmus hatte bei ihm ein hohes Risiko für künftige Gewaltverbrechen und ein mittleres Risiko für einen allgemeinen Rückfall festgestellt. «Ihre Risikobewertung könnte nicht schlechter aussehen», sagte Richter Babler vor Gericht.

Nachdem er Zillys Ergebnis gesehen hatte, vertraute der Richter mehr auf den Algorithmus als auf die von der Verteidigung und der Staatsanwaltschaft getroffene Vereinbarung. Er lehnte den Vergleich ab und verdoppelte Zillys Strafe von einem Jahr im Bezirksgefängnis auf zwei Jahre in einem Staatsgefängnis.

Niemand kann mit Sicherheit sagen, ob Paul Zilly zu Recht als hohes Risiko eingestuft wurde, obwohl eine 70-prozentige Präzisionsrate eine bemerkenswert niedrige Schwelle darstellt, wenn man damit rechtfertigen will, dass andere Faktoren mit den Ergebnissen des Algorithmus überstimmt werden.

Zillys Fall bekam große öffentliche Aufmerksamkeit, aber er ist nicht das einzige Beispiel. Im Jahr 2003 hatte der 19-jährige Christopher Drew Brooks einvernehmlichen Sex mit einem 14-jährigen Mädchen und wurde von einem Gericht in Virginia wegen Vergewaltigung verurteilt. Die Verurteilungsrichtlinien sahen zunächst eine Gefängnisstrafe von 7 bis 16 Monaten vor. Nachdem die Empfehlung jedoch an seine Risikoeinstufung (in diesem Fall nicht von COMPAS erstellt) angepasst worden war, wurde die Obergrenze auf 24 Monate angehoben. Vor diesem Hintergrund verurteilte ihn der Richter zu 18 Monaten Gefängnis.[32]

Wo das Problem lag? Dieser spezielle Algorithmus berücksichtigte das Alter als Faktor bei der Berechnung der Rückfallquote. Dass er in einem so jungen Alter wegen einer Sexualstraftat verurteilt wurde, wurde zum Nachteil von Brooks mit einberechnet, obwohl es bedeutete, dass der Altersunterschied zum Opfer kleiner war. Wäre Brooks 36 Jahre alt gewesen (und damit 22 Jahre älter als das Mädchen), hätte der Algorithmus empfohlen, ihn überhaupt nicht ins Gefängnis zu schicken.[33]

Dies sind nicht die ersten Beispiele, in denen Menschen dem Ergebnis eines Computers mehr vertraut haben als ihrem eigenen Urteilsvermögen, und es werden auch nicht die letzten sein. Die Frage ist: Was kann man dagegen tun? Der Oberste Gerichtshof von Wisconsin hat dazu einen Vorschlag: Speziell zur Gefahr, dass sich Richter zu sehr auf den COMPAS-Algorithmus verlassen, erklärte er: «Wir erwarten, dass die Bezirksgerichte bei der Beurteilung einer COMPAS-Risikobewertung bei jedem einzelnen Beklagten ihren Ermessensspielraum nutzen.»[34] Doch Richard Berk hält das für optimistisch: «Die Gerichte haben Angst, Fehler zu machen – vor allem Richter, die von der Öffentlichkeit ins Amt gewählt werden. Mit dem Algorithmus haben sie weniger Aufwand, ohne dafür zur Rechenschaft gezogen werden zu können.»[35]

Doch hier spielt noch etwas anderes eine Rolle. Wenn ein Algorithmus bei jemandem ein hohes Risiko erkennt und der Richter ihm deswegen die Freiheit nimmt, kann man nicht mit Sicherheit sagen, ob der Algorithmus die Zukunft der Betroffenen richtig vorhergesehen hat. Das kann man am Beispiel von Zilly zeigen. Vielleicht wäre er gewalttätig geworden. Vielleicht nicht. Vielleicht haben ihn die Einstufung als Sträfling mit hohem Risiko und die Überstellung in ein Staatsgefängnis einen anderen Weg einschlagen lassen als den, auf dem er sich befand, als der Deal mit der Staatsanwaltschaft vereinbart wurde. Ohne die Möglichkeit, die Prognosen des Algorithmus zu verifizieren, kann man unmöglich feststellen, ob der Richter die richtige Entscheidung traf, als er der Risikobewertung vertraute, und man kann auch nicht herausfinden, ob Zilly ein Vader oder ein Skywalker war.

Für dieses Problem gibt es keine einfache Lösung. Wie überzeugt man Menschen davon, dass sie ihren gesunden Menschenverstand einschalten müssen, wenn sie diese Algorithmen einsetzen? Aber selbst wenn man das könnte, gibt es ein weiteres Problem mit der Vorhersage von Rückfallkriminalität. Und keines ist stärker umstritten.

Maschinelle Vorurteile

Im Jahr 2016 schaute sich die unabhängige Online-Nachrichtenredaktion ProPublica, die als Erste über Paul Zillys Geschichte berichtet hatte, den COMPAS-Algorithmus ganz genau an und vollzog nach, wie die Zukunftsprognosen von über 7000 echten Straftätern in Florida in Fällen von 2013 oder 2014 zustande gekommen waren.[36] Die Journalisten wollten überprüfen, wie zutreffend die Einschätzungen von COMPAS waren. Zu diesem Zweck recherchierten sie, indem sie ermittelten, welche der Beklagten erneut straffällig geworden waren. Außerdem wollten sie herausfinden, ob es bei den vorhergesagten Risiken Unterschiede zwischen schwarzen und weißen Angeklagten gab.

Die Hautfarbe faktoriert der Algorithmus ausdrücklich nicht mit ein, aber die Journalisten stellten fest, dass bei den Berechnungen nicht alle Angeklagten gleich behandelt wurden. Zwar war die Fehlerquote des Algorithmus bei schwarzen und weißen Tätern insgesamt ungefähr gleich hoch, aber er machte je nach Hautfarbe unterschiedliche Fehler.

Bei einem Luke Skywalker, also einem Angeklagten, der nach seiner ersten Verhaftung nicht wieder in Schwierigkeiten geriet, war es doppelt so wahrscheinlich wie bei weißen Straftätern, dass der Algorithmus ihn fälschlicherweise als hohes Risiko einstufte, wenn er schwarz war. Bei den falsch-positiven Ergebnissen des Algorithmus fanden sich unverhältnismäßig viele Schwarze. Andererseits war es bei den Darth Vaders, also den Angeklagten, die innerhalb dieses Zwei-Jahres-Zeitraums ein weiteres Verbrechen begingen, doppelt so wahrscheinlich, dass weiße Verurteilte vom Algorithmus fälschlicherweise als geringes Risiko eingeschätzt wurden, wie bei ihren dunkelhäutigen Kollegen. Unter den falsch-negativen Ergebnissen des Algorithmus fanden sich unverhältnismäßig viele weiße Täter.

Die Analyse von ProPublica löste in den USA und international Empörung aus. In Hunderten von Artikeln wurde der Einsatz gesichtsloser Berechnungen in der menschlichen Justiz scharf kritisiert und die Verwendung unvollkommener, voreingenommener Algorithmen bei Entscheidungen, die so dramatische Auswirkungen auf die Zukunft eines Menschen haben können, verurteilt. Vielen der angeführten Kritikpunkte kann man nur schwer widersprechen – jeder verdient eine faire und gleiche Behandlung, unabhängig davon, wer den Fall beurteilt, und in der ProPublica-Studie kommt der Algorithmus nicht gut weg.

Aber seien wir für einen Augenblick vor unserer Neigung, ‹unvollkommene Algorithmen› zu verwerfen, auf der Hut. Bevor wir den Einsatz von Algorithmen in der Justiz vollständig ablehnen, sollten zunächst einmal fragen: Wie sollte denn ein unvoreingenommener Algorithmus eigentlich aussehen?

Auf jeden Fall würde man wollen, dass er ebenso genaue Vorhersagen für schwarze wie für weiße Angeklagte macht. Auch wäre es wohl sinnvoll zu fordern, dass «hohes Risiko» bei allen das Gleiche bedeuten sollte. Der Algorithmus sollte bei allen Angeklagten, unabhängig von der Hautfarbe oder irgendeiner anderen Gruppenzugehörigkeit, gleichermaßen gut vorhersagen können, wer ein weiteres Mal straffällig werden wird. Außerdem sollte der Algorithmus bei allen Straftätern, ebenfalls unabhängig von der Hautfarbe, die gleiche Fehlerquote bei den gleichen Fehlern haben, wie ProPublica demonstriert hatte.

Keine dieser vier Aussagen klingt besonders ehrgeizig. Aber es gibt dennoch ein Problem: Leider sind einige Arten von Fairness mit anderen mathematisch unvereinbar.

Das möchte ich kurz erklären. Stellen Sie sich vor, Sie halten Menschen auf der Straße an und sagen mithilfe eines Algorithmus voraus, ob diese Personen einen Mord begehen werden. Die überwiegende Mehrheit der Morde wird von Männern begangen (weltweit sind 96 Prozent der Mörder männlich).[37] Daher wird der Algorithmus für die Mördererkennung zwangsläufig bei mehr Männern als Frauen ein hohes Risiko ermitteln, wenn die Prognosen zutreffend sein sollen.

Nehmen wir an, unser Mördererkennungsalgorithmus hat eine Trefferquote von 75 Prozent. Das heißt, dass drei Viertel der Menschen, bei denen er ein erhöhtes Risiko erkennt, tatsächlich Darth Vaders sind.

Wenn Sie irgendwann genügend Fremde angehalten haben, wird der Algorithmus 100 Personen als potenzielle Mörder markiert haben. Entsprechend der Täterstatistik sind 96 dieser 100 Personen zwangsläufig männlich. Vier werden weiblich sein. Im linken Bild auf Seite 86 ist das anschaulich dargestellt. Die dunklen Kreise repräsentieren die Männer, die hellgrauen die Frauen.

Der Algorithmus sagt für Männer und Frauen die Mörderquote mit 75-prozentiger Genauigkeit korrekt voraus, sodass ein Viertel der Frauen und ein Viertel der Männer in Wirklichkeit Luke Skywalkers sind, also Menschen, bei denen fälschlicherweise ein erhöhtes Risiko erkannt wird, obwohl sie tatsächlich keine Gefahr darstellen.

Wie man auf dem zweiten Bild sehen kann, werden unter dem Strich mehr unschuldige Männer als unschuldige Frauen fälschlicherweise beschuldigt – ganz einfach, weil Männer mehr Morde begehen als Frauen.

Das hat nichts mit dem Verbrechen selbst oder mit dem Algorithmus zu tun: es ist nur eine mathematische Tatsache. Das Ergebnis ist nicht ausgewogen, weil die Realität nicht ausgewogen ist. Mehr Männer begehen Morde, daher werden mehr Männer fälschlicherweise beschuldigt, das Potenzial für Mord zu haben.*

Solange nicht in jeder Angeklagtengruppe anteilsmäßig gleich viele Personen Straftaten begehen, ist es mathematisch unmöglich, einen Test zu erstellen, der bei allen Gruppen gleich zutreffende Prognosen trifft und prozentual gleich viele Fehler macht.

* Ein solches Ergebnis kann auch dann zustande kommen, wenn der Algorithmus Geschlecht nicht explizit als Faktor berücksichtigt. Solange die Vorhersage auf Faktoren beruht, die mit einer Gruppe mehr korrelieren als mit einer anderen (wie es etwa bei früheren Gewaltverbrechen eines Angeklagten der Fall ist), sind derartige Ungerechtigkeiten möglich.

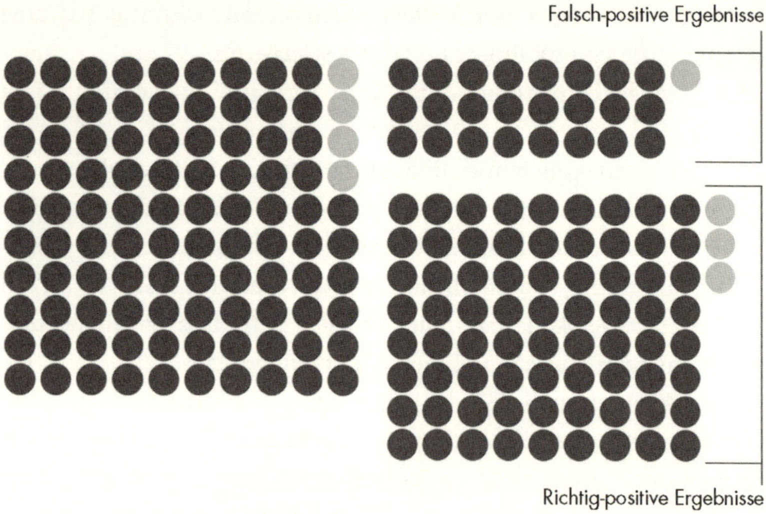

Natürlich waren die Afroamerikaner jahrhundertelang Opfer von schrecklichen Vorurteilen und Ungleichheiten. Aus diesem Grund nehmen sie auf der sozioökonomischen Skala bis heute überproportional eine niedrigere Stufe ein und kommen in der Kriminalstatistik überproportional häufig vor. Das traurige Ergebnis ist, dass die Verhaftungsquoten in den Vereinigten Staaten bei den verschiedenen ethnischen Gruppen unterschiedlich sind. Schwarze werden häufiger wiederholt verhaftet als Weiße. Der Algorithmus urteilt nicht nach Hautfarbe, sondern nach den allzu vorhersehbaren Folgen der historisch zutiefst ungleichen amerikanischen Gesellschaft. Solange nicht in allen Gruppen prozentual gleich viel verhaftet wird, sind derartige Verzerrungen eine mathematische Tatsache.

Das entkräftet die Studie von ProPublica nicht völlig. Diese Analyse hat gezeigt, wie mühelos sich Ungleichheiten aus der Vergangenheit aufrechterhalten lassen. Ebenso wenig wird damit der COMPAS-Algorithmus entlastet. Jedes Unternehmen, das von der Analyse menschlicher Daten profitiert, hat die moralische (wenn auch noch nicht rechtliche) Verantwortung, seine Fehler und Fallstricke offenzulegen. Stattdessen hält das Unternehmen Equivant (ehemals Northpointe), das COMPAS herstellt, die internen Abläufe seines Algorithmus weiterhin streng geheim, um das geistige Eigentum der Firma zu schützen.[38]

Hier eröffnen sich Möglichkeiten. Dieser Algorithmus muss nicht notwendigerweise die Vorurteile der Vergangenheit wiederholen. Alles kommt auf die Daten an, mit denen er gefüttert wird. Wir können uns dafür entscheiden, «strenge Empiriker» zu sein (wie Richard Berk es ausdrückt) und den Zahlen zu folgen, die bereits existieren, oder wir können feststellen, dass der Status quo ungerecht ist, und die Zahlen entsprechend anpassen.

Um das zu veranschaulichen, suchen Sie doch einmal bei Google Images nach «Mathematikprofessor». Die überwiegende Mehrheit der Bilder wird weiße Männer mittleren Alters zeigen, die vor kreidebedeckten Tafeln stehen. Bei meiner Suche fand sich unter den ersten zwanzig Treffern nur ein einziges Bild einer Frau, was deprimierend genau den Verhältnissen in der Realität entspricht: Etwa 94 Prozent der MathematikprofessorInnen sind männlich.[39] Doch unabhängig davon, wie genau die Ergebnisse sein mögen, könnte man argumentieren, dass es nicht immer unbedingt hilfreich ist, wenn Algorithmen nur die reale Welt widerspiegeln, insbesondere dann, wenn diese Realität nur aufgrund jahrhundertealter Vorurteile existiert. Wenn Google wollte, könnte das Unternehmen heute seinen Algorithmus geringfügig anpassen, um Bilder von weiblichen oder nicht weißen Professoren den Vorzug zu geben, so das Verhältnis etwas ausgleichen und statt der Gesellschaft, in der wir leben, eher die Gesellschaft abbilden, die wir anstreben.

Entsprechendes gilt für die Justiz. Wenn wir einen Algorithmus verwenden, sollten wir uns fragen: Wie viel Prozent einer bestimmten Gruppe stellt unserer Einschätzung nach in einer vollkommen fairen Gesellschaft ein hohes Risiko dar? Der Algorithmus gibt uns die Möglichkeit, direkt zu dieser Zahl zu springen. Oder wenn wir es nicht für angebracht halten, das Justizsystem mit einem Schlag von allen Vorurteilen zu befreien, könnten wir stattdessen den Algorithmus auffordern, sich diesem Ziel mit der Zeit schrittweise anzunähern.

Es eröffnen sich auch neue Möglichkeiten, um mit Angeklagten mit hohem Risiko umzugehen. Bei der Kaution besteht das Wagnis darin, dass ein Angeklagter zu einem zukünftigen Gerichtstermin nicht erscheint. Dieses Risiko beeinflusst die Vorhersage des Algorithmus wesentlich, da das Standardvorgehen darin besteht, jedem Angeklagten mit einem hohen Risiko die Kaution zu verweigern. Aber der Algorithmus könnte auch ermöglichen, dass man herausfindet, warum jemand einen Gerichtstermin verpasst. Stehen dem Angeklagten geeignete Verkehrsmittel zur Verfügung? Könnten Probleme mit der Kinderbetreuung die Teilnahme verhindern? Bestehen gesellschaftliche Schieflagen, die ein entsprechend programmierter Algorithmus lindern könnte, statt sie zu verschlimmern?

Die Antworten auf diese Fragen sollten durch öffentliche Debatten und von Regierungen gefunden werden, nicht in den Vorstandsetagen privater Unternehmen. Zum Glück werden die Forderungen nach einer algorithmischen Regulierungsbehörde zur Kontrolle der Industrie zunehmend lauter. Genau wie es die US Food and Drug Administration bei Arzneimitteln macht, würde diese Behörde hinter verschlossenen Türen Algorithmen auf Genauigkeit, Einheitlichkeit und Verzerrungen testen, und sie hätte die Befugnis, die Anwendung eines Produkts bei echten Menschen zu genehmigen oder zu verweigern. Doch bis diese Forderungen Gehör finden, ist es unglaublich wichtig, dass Organisationen wie ProPublica weiterhin Algorithmen zur Verantwortung ziehen, wenigstens solange der Vorwurf der Voreingenommenheit nicht zu Forderungen nach einem vollständigen Verbot dieser Algorithmen führt. Zumindest sollte man vorher sorgfältig darüber nachdenken, wie wir dastünden, wenn sie vollständig verboten würden.

Schwierige Entscheidungen

Dieser Punkt ist wichtig genug, um ihn noch einmal aufzugreifen. Was für ein Justizsystem würde übrig bleiben, wenn wir die Algorithmen ausrangierten? Denn Unbeständigkeit ist nicht der einzige Fehler, unter dem die Richter nachweislich leiden.

Rechtlich gesehen dürfen Rasse, Geschlecht und Klasse die Entscheidung eines Richters nicht beeinflussen. (Justitia ist schließlich blind.) Die überwiegende Mehrheit der Richter will auch so unvoreingenommen wie möglich sein, dennoch wurde wiederholt nachgewiesen, dass sie tatsächlich diskriminieren. Studien in den USA haben gezeigt, dass farbige Angeklagte im Durchschnitt länger ins Gefängnis wandern,[40] seltener auf Kaution freigelassen werden,[41] häufiger die Todesstrafe erhalten[42] und dann auch häufiger hingerichtet werden.[43] Andere Studien haben gezeigt, dass Männer für die gleiche Straftat strenger bestraft werden als Frauen[44] und dass gegen Angeklagte mit niedrigem Einkommens- und Bildungsniveau wesentlich längere Gefängnisstrafen verhängt werden.[45]

Genau wie beim Algorithmus kommt es nicht unbedingt zu diesen verzerrten Ergebnissen, weil die Richter explizite Vorurteile hätten, sondern weil sich die Geschichte wiederholt. Gesellschaftliche und kulturelle Verzerrungen sind manchmal einfach die automatische Folge der Art und Weise, wie Menschen Entscheidungen treffen.

Wer die Gründe dafür begreifen will, muss zuerst ein paar einfache Dinge über die menschliche Intuition verstehen. Daher verlassen wir den Gerichtssaal für einen Moment und beschäftigen uns mit der folgenden Frage:

Ein Schläger und ein Ball kosten zusammen 1,10 Euro.
Der Schläger kostet einen Euro mehr als der Ball.
Wie viel kostet der Ball?

Dieses Rätsel, das der Nobelpreisträger und Psychologe Daniel Kahneman in seinem Bestseller *Schnelles Denken, langsames Denken*[46] anführte, zeigt eine wichtige Falle, in die wir beim Denken alle tappen.

Die korrekte Antwort auf diese Frage findet man mit ein bisschen Nachdenken leicht, aber auch eine falsche Antwort schießt einem sofort durch den Kopf: dass der Ball 10 Cent kostet.*

Machen Sie sich nichts daraus, wenn Sie nicht auf die richtige Antwort (5 Cent) gekommen sind. Auch 71,8 Prozent der Richter, die gefragt wurden, lagen falsch.[47] Selbst diejenigen, die am Ende richtig antworten, müssen dem Drang widerstehen, ihrer ersten Intuition zu folgen.

Bei den Entscheidungen der Richter ist der Wettstreit zwischen Intuition und sorgfältigen Erwägungen das entscheidende Element. Die meisten Psychologen sind sich darüber einig, dass wir Menschen über zwei Denksysteme verfügen. System 1 funktioniert automatisch, instinktiv, ist aber fehleranfällig. (Dieses System ist für die 10-Cent-Antwort im oben angeführten Rätsel verantwortlich.) System 2 arbeitet langsam, analytisch, überlegt, ist aber oft ziemlich faul.[48]

Wenn man jemanden fragt, wie er oder sie zu einer Entscheidung gelangt ist, formuliert System 2 die Antwort – aber, so schreibt Daniel Kahneman, «[System 2] unterstützt oder rationalisiert oftmals Vorstellungen und Gefühle, die von System 1 erzeugt wurden».[49]

In dieser Hinsicht unterscheiden sich Richter nicht von anderen Menschen. Sie sind schließlich genauso Menschen und damit anfällig für dieselben Launen und Schwächen wie wir alle. Unser Verstand ist nicht für eine stabile, rationale Auswertung großer, komplexer Probleme geschaffen. Wir können nicht so ohne Weiteres die verschiedenen Faktoren eines Falles abwägen und alles auf

* Wenn der Ball 10 Cent kostete, dann läge der Preis des Schlägers bei 1,10 Euro, was zu einem Gesamtpreis von 1,20 Euro führen würde.

logische Weise miteinander kombinieren, ohne dass das intuitive System 1 ein paar kognitive Abkürzungen nimmt.

Wenn es zum Beispiel um die Freilassung auf Kaution geht, hofft man vielleicht, dass die Richter den Fall als Ganzes betrachten und alle Vor- und Nachteile sorgfältig abwägen, bevor sie eine Entscheidung treffen. Aber leider sprechen die Fakten eine andere Sprache. Psychologen haben gezeigt, dass Richter dabei im Kopf ganz einfach nur eine Liste mit Warnsignalen durchgehen. Wenn in der Geschichte eines Angeklagten – frühere Verurteilungen, soziale Bindungen, Antrag der Anklage – auch nur eines dieser Warnsignale aufleuchtet, wird der Richter stutzig werden und eine Freilassung auf Kaution verweigern.[50]

Viele dieser Warnsignale korrelieren mit Rasse, Geschlecht und Bildungsniveau. Die Richter können nicht anders, als sich mehr auf ihre Intuition zu verlassen, als sie sollten; und dadurch erhalten sie unwissentlich die Verzerrungen im System aufrecht.

Doch das ist noch nicht alles. Menschen sind noch viel schlechter darin, faire und unvoreingenommene Richter zu sein, als Sie jetzt vielleicht glauben.

Wer sich schon einmal eingeredet hat, ein extrem teures Kleidungsstück sci preiswert, weil es mit 50 Prozent Preisnachlass verkauft wird (wie es mir regelmäßig passiert), der kennt den sogenannten *Ankereffekt* bereits bestens. Den Wert von Dingen ohne Kontext zu beziffern, fällt uns sehr viel schwerer, als zwischen Werten zu vergleichen. Der Handel nutzt den Ankereffekt seit Jahren nicht nur, um zu beeinflussen, welchen Wert wir bestimmten Artikeln zuweisen, sondern auch, um zu kontrollieren, in welchen Stückzahlen wir Artikel kaufen. Ein Beispiel sind die Schilder in den Supermärkten, auf denen steht: «Maximal 12 Dosen Suppe pro Kunde». Sie stehen nicht da, um Suppensüchtige davon abzuhalten, den ganzen Vorrat aufzukaufen, wie man vielleicht glauben könnte. Sic stehen da, um geschickt zu beeinflussen, wie viele Dosen Suppe die Kunden zu brauchen glauben. Das Gehirn speichert die Zahl 12 als Ankerwert ab und passt sich dann an kleinere

Mengen an. Eine Studie aus den 1990er-Jahren zeigte, dass derartige Schilder den durchschnittlichen Verkauf pro Kunde von 3,3 auf 7,51 Dosen Suppe steigern können.[51]

Auch Richter sind anfällig für den Ankereffekt. Sie sprechen eher höhere Schadensersatzsummen zu, wenn die Staatsanwaltschaft einen hohen Betrag fordert,[52] und sie verhängen eher längere Gefängnisstrafen, wenn der Staatsanwalt eine härtere Strafe beantragt.[53] Eine Studie hat sogar gezeigt, dass sich die Länge einer verhängten Gefängnisstrafe in einem hypothetischen Fall signifikant beeinflussen lässt, wenn ein Journalist den Richter während einer Sitzungspause anruft und einen Vorschlag zur Strafzumessung unauffällig in das Gespräch einfließen lässt. («Sind Sie der Meinung, dass der Angeklagte in diesem Fall zu mehr oder zu weniger als drei Jahre Gefängnis verurteilt werden sollte?»)[54] Schlimmer noch, es scheint sogar so zu sein, dass man die Entscheidung eines Richters beeinflussen kann, wenn man ihn vor einer Fallbeurteilung Würfel werfen lässt.[55] Diese Art von Manipulation wirkte selbst bei sehr erfahrenen Richtern.[56]

Menschen begehen, wenn sie Zahlen miteinander vergleichen, noch einen weiteren Denkfehler, der die Urteilsgerechtigkeit beeinflusst. Vielleicht ist Ihnen diese besondere Eigenart des Denkens schon selbst aufgefallen. Jede Stufe, um die man die Lautstärke einer Stereoanlage erhöht, wirkt weniger stark als die Stufe davor; eine Preiserhöhung von 1,20 Euro auf 2,20 Euro fühlt sich an wie ein riesiger Sprung, aber eine Erhöhung von 67 Euro auf 68 Euro spielt gefühlt kaum eine Rolle; und die Zeit scheint immer schneller zu vergehen, je älter man wird. Das ist so, weil die Sinne des Menschen nicht mit absoluten, sondern mit relativen Werten arbeiten. Wir nehmen nicht jedes Jahr als einen festen Zeitraum wahr; wir erleben jedes neue Jahr als einen immer kleineren Teil des Lebens, das wir bereits gelebt haben. Unsere Wahrnehmung davon, wie lang eine Zeitspanne, wie hoch ein Geldbetrag oder wie laut etwas ist, folgt einer sehr einfachen mathematischen Formel, dem sogenannten Weber'schen Gesetz.

Vereinfacht ausgedrückt besagt dieses Gesetz, dass die kleinste wahrnehmbare Veränderung bei einem Reiz, die sogenannte Unterschiedsschwelle, proportional zum Anfangsreiz ist. Diese Entdeckung hat sich natürlich auch der Handel zunutze gemacht. Die Händler wissen genau, wie stark sie einen Schokoriegel verkleinern können, bevor die Kunden es bemerken, oder wie viel sie den Preis eines Artikels erhöhen können, bevor die Kunden auf die Idee kommen, es könnte sich lohnen, zur Konkurrenz zu gehen.

Im Zusammenhang mit der Justiz ist das Weber'sche Gesetz problematisch, weil es die Länge des Strafmaßes beeinflusst, das Richter aussprechen. Die Sprünge zwischen den Strafzumessungen werden mit zunehmender Straflänge immer größer. Wenn ein Verbrechen geringfügig schlimmer ist als etwas, das eine Gefängnisstrafe von 20 Jahren nach sich zieht, dann wirken zusätzliche drei Monate Haft zu wenig: Der Unterschied zwischen 20 Jahren Haft und einer Gefängnisstrafe von 20 Jahren und drei Monaten fühlt sich zu klein an. Das ist natürlich nicht wahr: Drei Monate im Gefängnis sind immer noch drei Monate im Gefängnis, unabhängig davon, was vorher passiert. Trotzdem verhängen die Richter nicht nur ein paar Monate Haft mehr, sondern springen zur nächsten merklich höheren Haftdauer, die in diesem Fall 25 Jahre beträgt.[57]

Dass dies geschieht, lässt sich nachweisen, indem man die tatsächlich verhängten Haftstrafen mit jenen vergleicht, die das Weber'sche Gesetz prognostiziert hätte. Eine Studie aus dem Jahr 2017 verglich mehr als 100 000 Urteile in Großbritannien und Australien und fand so heraus, dass bis zu 99 Prozent der Angeklagten, die für schuldig befunden wurden, eine Strafe gemäß dieser Formel erhielten.[58]

«Welche Art von Vergehen man begangen hat, spielte keine Rolle», sagte Mandeep Dhami, der Hauptautor der Studie, «und ebenso wenig, zu welcher Art von Angeklagten man gehörte oder in welchem Land man verurteilt wurde oder ob man eine Gefängnisstrafe erhielt oder gemeinnützige Arbeit leisten musste.» Entscheidend war nur die Zahl, die dem Richter in den Sinn kam und die sich ungefähr richtig anfühlte.

Leider gäbe es zum Thema voreingenommene Richter noch viel mehr zu sagen. Richter mit Töchtern waren eher geneigt, zugunsten von Frauen zu urteilen.[59] Wenn die örtliche Sportmannschaft kürzlich ein Spiel verloren hatte, neigten Richter weniger dazu, eine Freilassung auf Kaution zu genehmigen. Und eine berühmte Studie legte sogar nahe, dass die Tageszeit die Chancen auf ein günstiges Urteil beeinflusst.[60] Zwar müssen die Forschungen noch bestätigt werden,[61] dennoch gibt es wohl einige Beweise dafür, dass man kurz vor dem Mittagessen schlechtere Chancen hat: Die Richter aus der ursprünglichen Studie waren am ehesten bereit, eine Kaution zu gewähren, wenn sie gerade aus einer Pause zurückkamen, und am wenigsten, wenn es auf eine Essenspause zuging.

Eine andere Studie hat gezeigt, dass ein einzelner Richter es vermeiden wird, zu viele ähnliche Urteile in Folge zu fällen. Wenn in den vier vorherigen Fällen also eine Kaution gewährt wurde, dann sind die Aussichten für den fünften Angeklagten düster.[62]

Einige Forscher behaupten auch, dass sich unsere Wahrnehmung von Fremden je nach der Temperatur des Getränks ändert, das wir zu dem Zeitpunkt in der Hand halten. Wenn man, kurz bevor man jemanden neu kennenlernt, ein warmes Getränk bekommt, so sagen die Forscher, dann nimmt man diese Person eher als warm, großzügig und fürsorglich wahr.[63]

Auf dieser langen Liste steht nur das, was man messen kann. Zweifellos gibt es unzählige weitere Faktoren, die unser Verhalten unmerklich beeinflussen, sich aber nicht für eine Überprüfung im Gerichtssaal eignen.

Zusammenfassung

Ich will ehrlich zu Ihnen sein: Mir gefiel die Vorstellung nicht, dass Algorithmen im Gerichtssaal eingesetzt werden, als ich zum ersten Mal davon hörte. Ein Algorithmus wird Fehler machen, und ich hielt es für verantwortungslos, einer Maschine diese Macht zu geben, da ein Fehler dazu führen kann, dass ein Mensch seine Freiheit verliert.

Mit dieser Meinung stehe ich nicht allein da. Viele Menschen (vielleicht sogar die meisten), die sich auf der falschen Seite der Justiz wiederfinden, empfinden genauso. Mandeep Dhami erzählte, was die Täter, mit denen sie gearbeitet hatte, davon hielten, wie über ihre Zukunft entschieden wurde. «Selbst wenn man weiß, dass menschliche Richter vielleicht mehr Fehler machen, ziehen die Täter immer noch einen Menschen einem Algorithmus vor. Sie wollen diese menschliche Note.»

Die Anwälte sehen das übrigens genauso. Ein Londoner Verteidiger sagte mir, seine Rolle im Gerichtssaal bestehe darin, die Unwägbarkeiten im System auszunutzen. Der Algorithmus würde das erschweren. «Je vorhersehbarer die Entscheidungen werden, umso weniger Raum bleibt für die Kunst der anwaltlichen Verteidigung.»

Doch als ich Mandeep Dhami fragte, was sie sich wünschen würde, wenn ihr eine Gefängnisstrafe drohte, antwortete sie genau gegenteilig:

«Ich möchte nicht, dass jemand intuitiv Entscheidungen über meine Zukunft trifft. Ich will, dass dabei mit einer vernünftigen Strategie vorgegangen wird. Wir wollen die richterliche Ermessensfreiheit bewahren, als wäre sie etwas Heiliges. Als wäre sie etwas Wunderbares. Obwohl die Forschung gezeigt hat, dass sie das nicht ist. Sie ist überhaupt nicht toll.»

Wie alle anderen bin auch ich der Meinung, dass Richter die Entscheidungen so unvoreingenommen wie möglich treffen sollten.

Sie sollten sich an den Fakten über die jeweilige Person orientieren, nicht an der Gruppe, der sie zufällig angehört. In dieser Hinsicht schneidet der Algorithmus nicht gut ab. Aber es reicht nicht, einfach auf die Schwächen des Algorithmus hinzuweisen. Wir haben nicht die Wahl zwischen einem fehlerhaften Algorithmus und einem imaginären perfekten System. Der einzige faire Vergleich, den wir anstellen können, ist zwischen dem Algorithmus und dem, was ohne ihn bliebe.

Je mehr ich lese, mit je mehr Leuten ich mich unterhalte, umso mehr glaube ich, dass wir ein bisschen zu viel von unseren menschlichen Richtern erwarten. Ungerechtigkeit ist integraler Bestandteil unserer menschlichen Systeme. Für jeden Christopher Drew Brooks, der von einem Algorithmus ungerecht behandelt wird, gibt es unzählige Fälle wie den von Nicholas Robinson, in denen sich ein menschlicher Richter irrt. Die oft fehlerhafte Wahrnehmung von Richtern durch einen Algorithmus – sogar einen unvollkommenen Algorithmus – ergänzen zu lassen, ist meiner Ansicht nach ein Schritt in die richtige Richtung. Zumindest ein gut konzipierter und angemessen regulierter Algorithmus kann dazu beitragen, systematische Verzerrungen und Zufallsfehler zu beseitigen. Eine ganze Kohorte von Richtern kann man nicht ändern, vor allem dann nicht, wenn sie nicht in der Lage sind, einem zu sagen, wie sie ihre Entscheidungen treffen.

Bei der Entwicklung eines Algorithmus für den Einsatz in der Strafjustiz muss man sich genau überlegen, wozu das Justizsystem da ist. Algorithmen brauchen ein klares, eindeutiges Bild davon, was sie bewirken sollen, und ein solides Verständnis der menschlichen Schwächen, die sie ersetzen sollen. Nur die Augen zu schließen und das Beste zu hoffen, nützt da nichts. Der Algorithmus erzwingt eine schwierige Debatte darüber, wie Entscheidungen im Gerichtssaal getroffen werden sollten. Das wird keine einfache Aufgabe, aber wir werden sie angehen müssen, wenn wir feststellen wollen, ob der Algorithmus jemals gut genug sein kann.

Spannungen im Justizsystem erschweren die Beantwortung derartiger Fragen erheblich. Aber Algorithmen dringen auch zunehmend in andere Bereiche vor, in denen Entscheidungen weit weniger konfliktträchtig und die Ziele und der positive Beitrag des Algorithmus für die Gesellschaft viel eindeutiger sind.

Medizin

Im Jahr 2015 führte eine Forschergruppe eine ungewöhnliche und bahnbrechende Studie über die Genauigkeit von Krebsdiagnostik durch.[1] Sie gaben 16 Testern einen Touchscreen-Monitor, auf dem diese Bilder von Brustgewebe durchsehen sollten. Die Gewebeproben stammten von echten Frauen, wurden bei einer Biopsie entnommen, in dünne Scheibchen geschnitten und mit Chemikalien angefärbt, sodass Blutgefäße und Milchkanäle sich in Rot, Violett und Blau abzeichneten. Die Probanden sollten beurteilen, ob die Muster im Bild auf versteckte Krebszellen hinwiesen.

Nach einer kurzen Einarbeitungszeit machten sich die Tester an die Arbeit und erzielten eindrucksvolle Ergebnisse. Unabhängig voneinander beurteilten sie 85 Prozent der Proben richtig.

Doch dann bemerkten die Forscher etwas Interessantes. Wenn sie die Antworten bündelten – die Stimmen der einzelnen Probanden also zusammenfassten und so eine Gesamtbeurteilung eines Bildes erstellten –, erhöhte sich die Präzisionsrate auf 99 Prozent.

Wirklich außergewöhnlich an dieser Studie war nicht, wie gut die Tester waren, sondern wer sie waren. Diese tapferen Lebensretter waren keine Onkologen. Es waren keine Pathologen. Sie gehörten nicht zum medizinischen Pflegepersonal. Es waren nicht einmal Medizinstudenten. Es waren Tauben.

Pathologen müssen aber erst einmal noch nicht um ihre Arbeitsplätze fürchten – wahrscheinlich sind auch die Wissenschaftler, die die Studie entworfen haben, dagegen, dass Ärzte durch gewöhnliche Tauben ersetzt werden. Doch das Experiment hat etwas Wichtiges bewiesen: Das Erkennen von Mustern, die sich in Zellhaufen verstecken, ist keine ausschließlich menschliche Fähigkeit. Wenn also eine Taube das schafft, warum dann nicht ein Algorithmus?

Musterjäger

Die gesamte Geschichte und Praxis der modernen Medizin basiert auf dem Aufspüren von Mustern in Daten. Seit Hippokrates vor etwa 2500 Jahren im antiken Griechenland seine Medizinschule gründete, sind Beobachtung, Experimente und die Analyse von Daten von grundlegender Bedeutung für den Kampf um unsere Gesundheit.

Vor Hippokrates war Medizin – zum größten Teil – fast so etwas wie Zauberei. Die Menschen glaubten, dass man krank werde, wenn man irgendeinen Gott verärgert hatte, und dass Krankheiten durch böse Geister verursacht würden, die den Körper besetzten. Folglich beinhaltete die Arbeit eines Arztes viel Sprech- und andere Gesänge sowie Aberglaube, was witzig klingt, aber wahrscheinlich für die Person, die darauf vertraute, dass all das ihr Leben retten würde, nicht besonders witzig war.

Natürlich hat Hippokrates die Welt nicht im Handstreich für alle Zeiten von Irrationalität und Aberglauben geheilt (immerhin heißt es, seine Tochter sei ein 30 Meter großer Drache gewesen),[2] aber er vertrat einen wirklich revolutionären medizinischen Ansatz. Er glaubte, dass die Ursachen einer Krankheit durch rationale Untersuchung und nicht durch Magie aufgedeckt werden sollten. Er legte seinen Schwerpunkt auf Fallberichterstattung und Beobachtung, etablierte damit die Medizin als Wissenschaft und erwarb sich zu Recht den Ruf als «Vater der modernen Medizin».[3]

Zwar halten die wissenschaftlichen Erklärungen, die Hippokrates und seine Kollegen vorlegten, der modernen Prüfung nicht wirklich stand (sie glaubten, Gesundheit bestehe in einem harmonischen Gleichgewicht von Blut, Schleim, gelber und schwarzer Galle),[4] doch die Schlussfolgerungen, die sie aus ihren Daten zogen, entsprechen durchaus modernen Standards.[5] (Auf sie gehen Einsichten zurück wie: «Patienten, die von Natur aus sehr dick sind, sterben tendenziell früher als schlanke.») Dieses Motiv zieht sich durch die Jahrhunderte. Unser Verständnis von Wissenschaft hat zwischenzeitlich viele falsche Wendungen genommen, aber dank unserer Fähigkeit, Muster zu erkennen, Symptome zu klassifizieren und diese Beobachtungen zu nutzen, um vorherzusagen, was die Zukunft für einen Patienten bereithält, wurden Fortschritte erzielt.

Die Medizingeschichte ist voller Beispiele: In China erkannten Heiler im 15. Jahrhundert erstmals, dass man gegen Pocken impfen kann. Nach Jahrhunderten des Experimentierens stießen sie auf ein Muster, das sie nutzen konnten, um das Mortalitätsrisiko dieser Krankheit auf ein Zehntel zu senken. Sie mussten dazu nur eine Person mit einer milden Form dieser Krankheit finden, ihren Schorf sammeln, trocknen, zerreiben und in die Nase eines Gesunden blasen.[6] Im 19. Jahrhundert, dem goldenen Zeitalter der Medizin, begannen Ärzte, zunehmend wissenschaftliche Methoden anzuwenden, die Suche nach Mustern in Daten wurde zu einem integralen Bestandteil des Arztberufs. Einer dieser Ärzte war der Ungar Ignaz Semmelweis, der in den 1840er-Jahren in den Daten über Todesfälle auf Entbindungsstationen etwas Erstaunliches entdeckte: Frauen, die ihre Kinder auf Stationen mit ärztlicher Leitung zur Welt brachten, erkrankten fünfmal häufiger an Blutvergiftung als auf Stationen, die von Hebammen geleitet wurden. Die Daten deuteten auch auf den Grund dafür hin: Die Ärzte sezierten Leichen und behandelten dann sofort im Anschluss schwangere Frauen, ohne sich zwischendurch die Hände zu waschen.[7]

Was für China im 15. Jahrhundert und Europa im 19. Jahrhundert galt, gilt heute für Ärzte auf der ganzen Welt. Nicht nur bei der Erforschung von Krankheiten in der Bevölkerung, sondern auch bei der alltäglichen Arbeit in der medizinischen Grundversorgung. Ist dieser Knochen gebrochen oder nicht? Sind diese Kopfschmerzen völlig normal oder ein Zeichen für ein ernsthaftes Problem? Lohnt es sich, Antibiotika zu verschreiben, damit das Geschwür verschwindet? Zur Beantwortung all dieser Fragen muss man Muster erkennen, klassifizieren und Prognosen erstellen. All diese Fähigkeiten beherrschen Algorithmen zufällig sehr, sehr gut.

Natürlich gibt es viele Aspekte des Arztberufs, die ein Algorithmus wahrscheinlich nie replizieren kann – Einfühlungsvermögen zum Beispiel. Oder die Fähigkeit, Patienten bei sozialen, psychologischen und sogar finanziellen Schwierigkeiten zu unterstützen. Aber es gibt einige Bereiche der Medizin, in denen Algorithmen hilfreich sein können, insbesondere bei Aufgaben, bei denen die medizinische Mustererkennung in ihrer reinsten Form angewendet wird und bei denen die Fähigkeit, klassifizieren und prognostizieren zu können, mehr zählt als alles andere. Vor allem in einer Disziplin wie der Pathologie.

Pathologen sind Ärzte, die ein Patient selten zu Gesicht bekommt. Jedes Mal, wenn eine Blut- oder Gewebeprobe zur Untersuchung weggeschickt wird, untersuchen Pathologen in einem entfernten Labor diese Probe und verfassen einen Bericht darüber. Sie stehen ganz am Ende der Diagnosereihe, wo Kompetenz, Genauigkeit und Zuverlässigkeit von entscheidender Bedeutung sind. Oft stellen Pathologen fest, ob jemand Krebs hat oder nicht. Wenn die Biopsie, die diese Ärzte analysieren, entscheidet, ob einen Patienten Chemotherapie, eine Operation oder Schlimmeres erwartet, will man sicher sein, dass sie sich nicht irren.

Und sie haben keinen einfachen Job. Im Durchschnitt untersucht ein Pathologe pro Tag mehrere Hundert Aufnahmen, jede davon mit Zehntausenden – manchmal Hunderttausenden – von Zellen, eingezwängt zwischen zwei kleinen Glasplatten. Das ist die schwierigste Variante von *Wo ist Walter?*, die man sich vorstellen kann. Die Pathologen suchen dann jede Probe sorgfältig nach winzigen Anomalien ab, die sich überall in den riesigen Zellgalaxien, die die Ärzte unter der Linse des Mikroskops sehen, verstecken könnten.

«Es ist eine unglaublich schwierige Aufgabe», sagt Andy Beck,[8] Pathologe aus Harvard und Gründer von PathAI, einem Unternehmen, das 2016 gegründet wurde und Algorithmen zur Klassifizierung von Biopsiepräparaten entwickelt. Wenn jeder Pathologe fünf Aufnahmen pro Tag genau anschauen würde, dann könnten sie vielleicht perfekte Arbeit leisten. Aber in der realen Welt sind die Bedingungen anders.

Zusätzlich noch wird ihre Arbeit durch die frustrierende Komplexität der Biologie erschwert. Kehren wir zum Beispiel des Brustkrebses zurück, den die Tauben so zuverlässig erkannten. Bei der Entscheidung, ob jemand die Krankheit hat, gibt es kein klares Ja oder Nein. Es gibt ein ganzes Spektrum von Brustkrebsdiagnosen. An einem Ende dieses Spektrums stehen die gutartigen Proben, bei denen normale Zellen genau so aussehen, wie sie aussehen sollen. Am anderen Ende befinden sich die besonders bösartigen Tumore – invasive Karzinome, bei denen die Krebszellen die Milchkanäle bereits verlassen haben und in das umgebende Gewebe hineingewachsen sind. Derart extreme Fälle sind relativ leicht zu erkennen. Eine kürzlich durchgeführte Studie hat gezeigt, dass Pathologen 96 Prozent der eindeutig bösartigen Exemplare korrekt diagnostizieren können, was in etwa der Genauigkeit entspricht, den der Taubenschwarm bei einer ähnlichen Aufgabe erreicht hat.[9]

Aber zwischen diesen Extremen – zwischen völlig normal und offensichtlich furchtbar bösartig – gibt es noch mehrere weitere, nicht so eindeutige Kategorien, wie das folgende Diagramm zeigt. Eine Probe könnte einen Haufen atypischer Zellen enthalten, die verdächtig aussehen, aber nicht unbedingt Anlass zur Sorge geben. Es könnte sich dabei um präkanzeröse Geschwulste handeln, die sich als gefährlich erweisen können oder auch nicht. Oder die Patientin könnte Krebs haben, der sich noch nicht über die Milchkanäle hinaus ausgebreitet hat (ein sogenanntes duktales Karzinom *in situ*).

Die Kategorie, der die Probe zugeordnet wird, hat enormen Einfluss auf die Therapie. Abhängig davon, wo im Spektrum sich die Probe befindet, könnte der Arzt alles vorschlagen, von einer kompletten Brustamputation bis hin zu gar keinem Eingriff.

Leider ist die Unterscheidung zwischen diesen unklaren Katego-

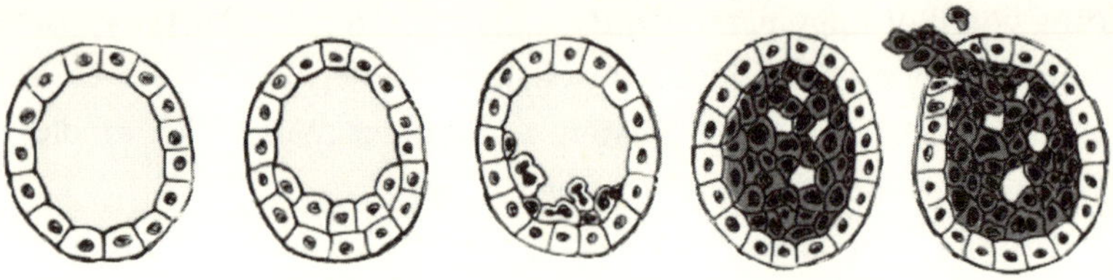

rien womöglich sehr schwierig. Selbst erfahrene Pathologen können bei der korrekten Diagnose einer einzelnen Probe unterschiedlicher Meinung sein. Um zu testen, wie stark die Meinungen der Ärzte voneinander abweichen, wurden im Jahr 2015 bei einer Studie 72 Biopsien von Brustgewebe vorgenommen, die jeweils Zellen mit gutartigen Anomalien enthielten (was einer Kategorie in der Mitte des Spektrums entspricht), und 115 Pathologen um eine Einschätzung gebeten. Beunruhigenderweise stellten die Pathologen nur in 48 Prozent der Fälle die gleiche Diagnose.[10]

Wenn man eine Trefferquote von 50:50 erreicht, kann man bei der Diagnose genauso gut eine Münze werfen. Kopf könnte dazu führen, dass man eine unnötige Brustamputation bekommt (die eine Patientin in den Vereinigten Staaten mehrere Hunderttausend Dollar kostet). Bei Zahl könnte man die Chance verpassen, dass ein Tumor im Frühstadium behandelt wird. So oder so können die Folgen verheerend sein.

Wenn so viel auf dem Spiel steht, ist eine korrekte Diagnose von entscheidender Bedeutung. Kann ein Algorithmus das besser?

Sehende Maschinen

Bis vor Kurzem galt die Entwicklung eines Algorithmus, der überhaupt irgendetwas in einem Bild erkennen konnte, geschweige denn Krebszellen, als notorisch verzwickte Herausforderung. Es spielte keine Rolle, dass die Interpretation von Bildern Menschen so leichtfällt; genau zu erklären, *wie* wir das anstellen, war eine unvorstellbar schwierige Aufgabe.

Um zu verstehen, warum das so ist, stellen Sie sich vor, Sie wollen einem Computer erklären, woran er erkennt, ob auf einem Foto ein Hund zu sehen ist oder nicht. Sie könnten mit dem Offensichtlichen anfangen: wenn es vier Beine hat, Schlappohren, Fell und so weiter. Aber was ist mit den Fotos, auf denen der Hund sitzt? Oder die, in denen man nicht alle Beine sieht? Was ist mit Hunden mit spitzen Ohren? Oder aufgestellten Ohren? Oder Hunden, die nicht in die Kamera schauen? Und inwiefern unterscheidet sich «Fell» von einem flauschigen Teppich? Oder Schafwolle? Oder Gras?

Natürlich könnten Sie all das, jede einzelne Art von Hundeohren, Hundefell, Sitzposition, in zusätzliche Anweisungen packen, aber dann wird Ihr Algorithmus schon so aufgebläht sein, dass er völlig unausführbar wird, bevor Sie auch nur angefangen haben, Hunde von anderen vierbeinigen Tieren mit Fell zu unterscheiden. So funktioniert das nicht. Die Lösung besteht darin, sich vom regelbasierten Paradigma zu lösen und ein sogenanntes neuronales Netz zu verwenden.[11]

Ein neuronales Netz kann man sich als eine riesige mathematische Struktur vorstellen, mit jeder Menge Schaltern und Reglern. Man speist ein Bild an einem Ende ein, es fließt durch die Struktur, und am anderen Ende kommt eine Vermutung heraus, was dieses Bild enthält. Eine Wahrscheinlichkeit für jede Kategorie: Hund oder nicht Hund.

Ganz am Anfang ist ein neuronales Netz kompletter Müll. Es wird ohne Wissen geboren – ohne jede Ahnung, was ein Hund oder kein Hund ist. Alle Regler und Schalter haben willkürliche Einstellungen. Daher liefert das Netz alle möglichen Antworten – es könnte kein Bild genau erkennen, selbst wenn seine Energieversorgung davon abhinge. Aber mit jedem Bild, mit dem man es füttert, stellt man die Regler und Schalter neu ein. Das neuronale Netz lernt langsam.

Also rein mit dem Bild eines Hundes. Nach jeder Vermutung, die das Netz anstellt, werden alle Regler entsprechend mathematischer Regeln so lange nachjustiert, bis sich die Prognose der richtigen Antwort nähert. Dann füttert man das Netz mit einem weiteren Bild und noch einem, und jedes Mal, wenn das Netz falschliegt, wird nachjustiert; auf diese Weise werden die Pfade, die durch die Regler und Schalter zum Erfolg führen, verstärkt und jene, die zu Fehleinschätzungen führen, geschwächt. Informationen darüber, was ein Hundebild einem anderen Hundebild ähnlich macht, breiten sich so rückwärts über das Netz aus. Das geht so lange weiter, bis – nach Hunderten und Tausenden von Fotos – das Netz möglichst wenige Fehler macht. Irgendwann kann man ihm dann ein Bild vorlegen, das es noch nie zuvor gesehen hat, und es wird mit hoher Genauigkeit sagen können, ob darauf ein Hund abgebildet ist oder nicht.

Überraschenderweise verstehen die Benutzer von neuronalen Netzen in der Regel nicht, wie und warum der Algorithmus zu seinen Schlussfolgerungen gelangt. Ein neuronales Netz, das Hundebilder erkennt, tut das nicht, indem es Merkmale erkennt, die ein Mensch vielleicht als hundeähnlich begreifen würde. Es geht nicht darum, wie viel «Chihuahua-artiges» oder «Deutsche-Dogge-artiges» ein Bild enthält – das Ganze ist erheblich abstrakter: Das Netz erkennt Muster aus Kanten, Licht und Dunkelheit in den Fotos, die für einen menschlichen Betrachter nicht viel Sinn ergeben (siehe etwa das Beispiel zur Bilderkennung im Kapitel «Macht»). Da der Prozess für einen Menschen schwierig zu konzipieren ist, wissen die Benutzer nur, ob sie ihren Algorithmus ausreichend angepasst haben, um die richtigen Antworten zu erhalten; was genau da drinnen vor sich geht, wissen sie nicht unbedingt.

Dies ist ein weiterer «selbstlernender Algorithmus» wie die Zufallswälder, die wir im Kapitel «Justiz» kennengelernt haben. Er geht über seine ursprüngliche Programmierung hinaus und lernt selbst aus den Bildern, die man ihm zeigt. Diese Lernfähigkeit verleiht dem Algorithmus «künstliche Intelligenz». Die vielen

Schichten aus Reglern und Schaltern geben dem Netz auch eine Tiefenstruktur, daher der Begriff «Deep Learning», der manchmal dafür verwendet wird.

Neuronale Netze gibt es seit der Mitte des 20. Jahrhunderts, aber bis vor Kurzem fehlte der verbreitete Zugang zu wirklich leistungsfähigen Computern, die die Netze brauchen, um optimale Leistungen zu erzielen. Als der Informatiker Geoffrey Hinton und zwei seiner Studenten im Jahr 2012 ein völlig neuartiges neuronales Netz zu einem Bilderkennungswettbewerb anmeldeten, musste die Welt endlich anfangen, die Netze ernst zu nehmen.[12] Die Aufgabe bestand unter anderem darin, Hunde zu erkennen. Hintons KI-Algorithmus ließ alle Konkurrenten ziemlich alt aussehen und machte Deep Learning erneut sehr populär.

Ein Algorithmus, bei dem wir nicht wissen, wie er seine Entscheidungen trifft, mag wie Hexerei anmuten, aber er lernt womöglich gar nicht so viel anders wie wir selbst. Hier ein Vergleich: Kürzlich trainierte ein Team einen Algorithmus darauf, auf Fotos Wölfe von Huskys zu unterscheiden. Die Forscher zeigten dann anhand der Einstellungen, die der Algorithmus selbst an sich durchgeführt hatte, dass er für seine Einschätzungen nichts verwendete, das mit Hunden zu tun hatte. Er stützte seine Antwort darauf, ob auf dem Bild im Hintergrund Schnee zu erkennen war oder nicht. Schnee: Husky. Kein Schnee: Wolf.[13]

Kurz nach der Veröffentlichung des Berichts, sprach ich mit Frank Kelly, einem Professor für Mathematik an der Universität Cambridge, der mir von einem Gespräch mit seinem Enkel erzählte. Auf dem Weg zum Kindergarten waren er und der Vierjährige an einem Husky vorbeigekommen. Seinem Enkel fiel dabei auf, dass der Hund «wie ein Wolf» aussah. Als Frank den Kleinen fragte, woher er wisse, dass es kein Wolf war, antwortete der Junge: «Weil er an der Leine ist.»

Eine KI-Allianz

Von einem guten Brustkrebs-Screening-Algorithmus erwartet man vor allem zwei Dinge: Er soll *sensitiv* genug sein, um die Anomalien zu erkennen, die in allen Brüsten mit Tumoren vorkommen, und diese Pixel im Bild nicht überspringen und die Aufnahme für krebsfrei erklären. Gleichzeitig soll er aber auch so *spezifisch* sein, dass ganz normales Brustgewebe nicht als verdächtig gekennzeichnet wird.

Die Prinzipien von Sensitivität und Spezifität kamen bereits im «Justiz»-Kapitel vor. Die beiden sind enge Verwandte der *falsch-negativen* und *falsch-positiven Ergebnisse* (oder Darth Vader und Luke Skywalker, wobei ich finde, dass sie in der wissenschaftlichen Literatur offiziell so genannt werden sollten). Im Brustkrebs-Kontext tritt ein falsch-positives Ergebnis auf, wenn eine gesunde Frau gesagt bekommt, sie habe Brustkrebs, und ein falsch-negatives Ergebnis, wenn eine Frau mit Tumoren eine Entwarnung erhält. Bei einem spezifischen Test gibt es nur wenige falsch-negative Ergebnisse. Es ist immer die gleiche Geschichte, egal, in welchem Kontext ein Algorithmus arbeitet – ob bei der Prognose von Strafrückfälligkeit, bei der Diagnose von Brustkrebs oder (wie wir im Kapitel «Kriminalität» sehen werden) bei der Mustererkennung von kriminellen Handlungen. Man will immer so wenig falsch-positive und falsch-negative Ergebnisse wie möglich.

Leider muss man sich häufig zwischen Sensitivität und Spezifität entscheiden, wenn man einen Algorithmus weiterentwickelt. Wenn man sich darauf konzentriert, das eine zu verbessern, führt das oft zu einer Verschlechterung beim anderen. Wenn man etwa falsch-negative Ergebnisse vollständig ausschließen will, dann könnte das dazu führen, dass der Algorithmus daraufhin jede Brust, die er sieht, als verdächtig einstuft. Damit hätte man auf jeden Fall das Ziel von hundertprozentiger Sensitivität erreicht. Aber es würde auch dazu führen, dass jede Menge völlig gesunder Menschen unnötigerweise behandelt würden. Oder man entscheidet sich, falsch-positive Ergebnisse vollständig auszuschließen. Der Algorithmus würde dann alle Patienten durchwinken und so hundertprozentige Spezifität erreichen. Wunderbar! Wenn man nicht gerade eine Frau ist, deren Tumoren der Algorithmus einfach ignoriert hat.

Menschliche Pathologen haben in der Regel keine Probleme mit Spezifität. Sie halten gesunde Zellen fast nie irrtümlicherweise für Krebszellen. Aber Sensitivität fällt Menschen nicht ganz so leicht. Für uns ist es beunruhigend einfach, kleine Tumoren zu übersehen – sogar offensichtlich bösartige.

Diese menschlichen Schwächen wurden kürzlich bei einem Wettbewerb, bei dem Menschen gegen einen Algorithmus antraten, besonders deutlich. Beim CAMELYON16-Wettbewerb sollten auf 400 Bildaufnahmen alle Tumoren erkannt werden. Computerteams aus der ganzen Welt traten dabei gegen menschliche Pathologen an. Bei den Fällen handelte es sich jeweils um einen der beiden Extreme: ganz normales Gewebe oder invasiven Brustkrebs. Das machte die ganze Sache etwas einfacher. Auch für die Pathologen gab es keine Zeitbegrenzung: Sie konnten die Biopsien durcharbeiten, solange sie wollten. Wie zu erwarten, stellten die Pathologen in aller Regel die richtige Gesamtdiagnose (96 Prozent Trefferquote)[14] – ohne ein einziges falsch-positives Ergebnis. Aber sie übersahen auch viele winzige Krebszellen, die sich im Gewebe versteckten, und fanden in 30 Stunden Suchzeit nur 73 Prozent von ihnen.

Die vielen Pixel, die für diese Aufgabe überprüft werden mussten, waren dabei nicht einmal unbedingt das Problem. Menschen übersehen manchmal völlig offensichtliche Anomalien, selbst wenn sie direkt draufschauen. Im Jahr 2013 versteckten Forscher aus Harvard heimlich das Bild eines Gorillas in einer Reihe von Brust-Scans und baten 24 arglose Radiologen, die Bilder auf Anzeichen für Krebs abzusuchen. 83 Prozent der Radiologen bemerkten den Gorilla nicht, obwohl sich per Augentracking beweisen ließ,

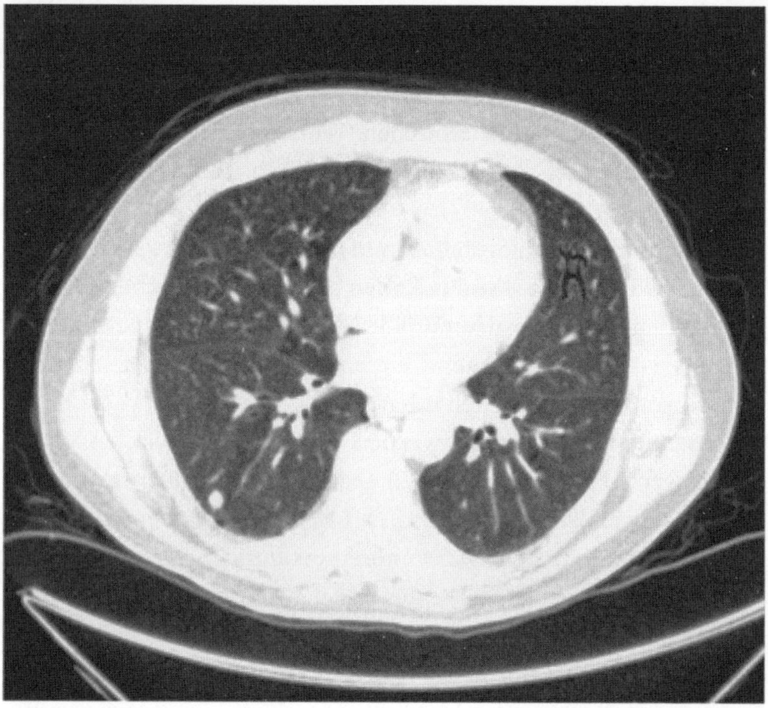

dass die meisten von ihnen direkt auf die Stelle gesehen hatten.[15] Bei dem Bild oben können Sie es selbst ausprobieren.[16]

Algorithmen haben das gegenteilige Problem. Sie finden eifrig anormale Zellgruppen, selbst wenn die Zellen absolut gesund sind. Bei CAMELYON16 zum Beispiel fand das beste neuronale Netz, das teilnahm, beeindruckende 92,4 Prozent der Tumoren,[17] zeigte aber gleichzeitig acht falsch-positive Ergebnisse pro Aufnahme an, weil es normale Zellgruppen als verdächtig identifizierte. Bei dieser niedrigen Spezifität neigen die aktuellen Algorithmen bei ihrer Diagnose eindeutig zur «Alle haben Brustkrebs»-Einstellung und sind damit noch zu schlecht, um eigene Pathologieberichte zu erstellen.

Zum Glück verlangen wir das auch nicht von ihnen. Beabsichtigt ist stattdessen, die Stärken von Mensch und Maschine zu kombinieren. Der Algorithmus macht die Fleißarbeit, durchsucht die riesigen Datenmengen der Bildaufnahmen und markiert ein paar wenige interessante Bereiche. Dann übernimmt der Pathologe. So macht es nichts, wenn die Maschine Zellen markiert, die nicht kanzerös sind, weil der menschliche Experte die Bilder schnell überprüfen und alles verwerfen kann, was normal ist. Durch diese algorithmische Vorauswahl wird nicht nur jede Menge Zeit gespart, sondern der Prozentsatz der zutreffenden Diagnosen steigt auf atemberaubende 99,5 Prozent an.[18]

Das klingt zwar alles toll, aber Tatsache ist, dass menschliche Pathologen schon immer gut darin waren, aggressive Krebstumoren zu diagnostizieren. Schwierig waren die Fälle, die nicht eindeutig waren, in der Mitte der Skala, wo die Unterscheidung zwischen Krebs und Nicht-Krebs weniger offensichtlich ist. Können Algorithmen auch hier helfen? Die Antwort: (wahrscheinlich) ja. Aber nicht, indem sie versuchen, anhand der schwierigen Kategorien, die Pathologen schon immer verwendet haben, eine Diagnose zu erstellen. Stattdessen könnten Algorithmen – die so viel besser Anomalien aufspüren können, die sich in winzigen Datenfragmenten verbergen – eine bessere, völlig andere Diagnosemöglichkeit bieten. Indem sie etwas tun, das menschliche Ärzte nicht können.

Die Nonnen-Studie

Im Jahr 1986 überredete der Epidemiologe David Snowden von der Universität Kentucky 678 Nonnen, ihm nach ihrem Tod ihre Gehirne zu geben. Die Nonnen, alle Arme Schulschwestern von Unserer Lieben Frau, willigten ein, an Snowdens außergewöhnlicher wissenschaftlicher Suche nach den Ursachen der Alzheimer-Krankheit mitzuwirken.

Die Frauen, die zu Beginn der Studie zwischen 75 und 103 Jahre alt waren, sollten für den Rest ihres Lebens jedes Jahr einen Gedächtnistest machen. Nach ihrem Tod sollten die Gehirne für das Projekt gespendet werden. Sie versprachen, Snowdens Team zu erlauben, ihr kostbarstes Organ zu entfernen und nach Anzeichen für die Krankheit abzusuchen, unabhängig davon, ob sie zu Lebzeiten Symptome hatten oder nicht.[19]

Die Großzügigkeit der Nonnen führte zu bemerkenswerten Daten. Da keine von ihnen Kinder hatte, rauchte oder trank, konnten die Wissenschaftler viele äußere Faktoren ausschließen, die im Verdacht stehen, das Risiko einer Alzheimer-Erkrankung zu erhöhen. Und da sie alle einen ähnlichen Lebensstil mit ähnlichem Zugang zu medizinischer Versorgung und sozialem Rückhalt hatten, stellten die Nonnen gleich ihre eigene Kontrollgruppe.

Alles lief gut. Einige Jahre nach Beginn der Studie fand das Team heraus, dass diese Probandengruppe einen weiteren Datenschatz bot, den die Forscher anzapfen konnten. Als junge Frauen hatten viele der inzwischen älteren Nonnen der Schwesternschaft einen handschriftlichen Lebenslauf vorlegen müssen, bevor sie ihr Gelübde ablegen durften. Diese Aufsätze hatten die Frauen im Alter von durchschnittlich 22 Jahren geschrieben, also mehrere Jahrzehnte bevor irgendwelche Symptome von Demenz aufgetreten waren. Dennoch entdeckten die Wissenschaftler in den Texten Hinweise auf das, was mit den Nonnen weit in der Zukunft geschehen würde.

Die Forscher analysierten die Komplexität der Sprache in jedem der Aufsätze und fanden einen Zusammenhang zwischen der sprachlichen Ausdrucksweise der Nonnen als junge Frauen und der Wahrscheinlichkeit, dass sie im Alter an einer Demenz erkrankten.

Hier ein Satzbeispiel einer Nonne, die bis an ihr Lebensende über hervorragende kognitive Fähigkeiten verfügte:

> Nachdem ich 1921 die achte Klasse beendet hatte, wollte ich Aspirantin in Mankato werden, aber ich selbst hatte nicht den Mut, meine Eltern um Erlaubnis zu bitten, also tat Schwester Agreda es für mich, und sie gaben bereitwillig ihre Zustimmung.

Zum Vergleich dazu ein Satz einer Nonne, deren Erinnerungsvermögen in ihren letzten Lebensjahren stetig abnahm:

> Nachdem ich die Schule verlassen hatte, arbeitete ich bei der Post.

Der Zusammenhang war so stark, dass die Forscher schon beim Lesen der Briefe vorhersagen konnten, welche Nonnen wahrscheinlich demenzkrank waren. Neunzig Prozent der Nonnen, die Alzheimer bekamen, hatten als junge Frauen «geringe sprachliche Fähigkeiten», während nur 13 Prozent der Nonnen, die sich ihre kognitiven Fähigkeiten bis ins hohe Alter bewahrten, in ihren Aufsätzen eine «geringe inhaltliche Dichte» aufwiesen.[20]

Diese Studie zeigt vor allem, wie unglaublich viel es über unseren Körper noch zu erforschen gibt. Allein die Erkenntnis, dass eine solche Verbindung existieren könnte, sagt noch nichts über das *Warum* aus. (Verhindert womöglich eine gute Ausbildung Demenz? Oder fühlen sich Menschen mit einer Anfälligkeit für Alzheimer mit einfacher Sprache wohler?) Dieser Zusammenhang könnte allerdings darauf hindeuten, dass die Entwicklung einer Alzheimer-Erkrankung mehrere Jahrzehnte dauern kann.

Im Kontext dieses Buches noch interessanter ist, dass sich unauffällige Hinweise auf unsere zukünftige Gesundheit in den kleinsten Datenfragmenten verbergen können, wo man sie nicht erwartet – und zwar viele Jahre bevor die ersten Symptome einer Krankheit auftreten. Die Studienergebnisse lassen ahnen, wie leistungsfähig zukünftige medizinische Algorithmen, die umfangreiche Daten auswerten, werden könnten. Vielleicht werden sie eines Tages sogar in der Lage sein, Anzeichen für Krebs aufzuspüren, Jahre bevor Ärzte sie wahrnehmen.

Die Macht der Vorhersage

In den späten 1970er-Jahren führten Pathologen im dänischen Ripen an mehreren Leichen Doppelmastektomien durch. Die 83 Frauen waren im Alter von 22 bis 89 Jahren gestorben, sechs von ihnen an invasivem Brustkrebs. Die Forscher präparierten die amputierten Brüste für die Untersuchung durch einen Pathologen – jede Brust wurde geviertelt und das Gewebe dann in dünnen Scheibchen auf Objektträger gelegt –, und tatsächlich wiesen die entsprechenden sechs Proben typische Merkmale der Krankheit auf. Doch auch fast jede Vierte von den anderen 77 Frauen, die an völlig anderen Ursachen gestorben waren, darunter Herzkrankheiten und Autounfälle, zeigten die Warnzeichen für Brustkrebs, auf die Pathologen bei lebenden Patientinnen achten.

Von diesen Frauen hatten 14 «In situ»-Krebszellen, die nie über die Milchkanäle oder -drüsen hinausgewachsen waren, und nie Krankheitssymptome gezeigt. Wären die Frauen noch am Leben, wären diese Zellen als bösartiger Brustkrebs eingestuft worden. Drei Frauen hatten atypische Zellen, die bei einer Biopsie ebenfalls als bedenklich markiert worden wären, und eine Frau hatte tatsächlich invasiven Brustkrebs, von dem sie bei ihrem Tod nichts geahnt hatte.[21]

Diese Zahlen waren überraschend, aber die Studie war kein Einzelfall. Andere Forscher kamen zu ähnlichen Ergebnissen. Tatsächlich schätzen Forscher, dass etwa 9 Prozent aller Frauen unwissentlich mit Tumoren in der Brust herumlaufen könnten[22] – also etwa zehnmal so viele Frauen, wie tatsächlich eine Brustkrebsdiagnose bekommen.[23]

Was ist da los? Haben wir es mit einer lautlosen Epidemie zu tun? Laut Dr. Jonathan Kanevsky, einem Medizin-Innovator und Assistenzarzt an der McGill-Universität im kanadischen Montreal, lautet die Antwort: nein. Zumindest nicht wirklich. Weil das Vorliegen von Krebs nicht unbedingt ein Problem sein muss:

> Wenn jemand eine Krebszelle im Körper hat, besteht die Chance, dass das Immunsystem sie als mutierte Zelle identifiziert und dann einfach angreift und tötet – sodass dieser Krebs nie zu etwas Furchterregendem wird. Aber manchmal versagt das Immunsystem, was dazu führt, dass der Körper das Wachstum des Krebses unterstützt und ihn wachsen lässt. In diesem Fall kann Krebs tödlich sein.[24]

Nicht alle Tumore sind gleich. Manche werden vom Körper unschädlich gemacht, manche bleiben unbehelligt, machen aber ein Leben lang keinerlei Beschwerden, und manche entwickeln sich eben zu aggressivem Krebs. Das Problem ist, dass man im Voraus kaum erkennen kann, wie sich ein Tumor letztendlich entwickeln wird.

Aus diesem Grund ist die diffizile Einteilung von gutartig und furchtbar bösartig manchmal so problematisch. Die Ärzte müssen mit diesen Klassifizierungen arbeiten, weil es keine anderen gibt, aber wenn ein Arzt bei einer Biopsie verdächtige Zellen findet, kann die Einteilung, die er wählt, das, was sich da im Gewebe befindet, lediglich beschreiben. Für eine Zukunftsprognose ist das nur bedingt hilfreich. Und selbstverständlich gilt die größte Sorge der Patienten ihrer Zukunft.

Infolgedessen sind Patienten oft übervorsichtig bei der Wahl ihrer Behandlung. Ein Beispiel: «In situ»-Tumoren befinden sich näher am bedenklichen Ende des Spektrums, wo ein Krebsgeschwür zwar vorliegt, sich aber noch nicht auf das angrenzende Gewebe ausgebreitet hat. Das klingt beunruhigend, aber nur etwa jeder zehnte «In situ»-Tumor entwickelt sich zu etwas Lebensbedrohlichem. Dennoch entscheidet sich ein Viertel der Frauen in den Vereinigten Staaten, die diese Diagnose erhalten, für eine vollständige Brustamputation – eine schwere Operation, die häufig das Leben der Frauen verändert, körperlich wie emotional.[25]

Tatsächlich ist es so, dass ein aggressives Brustkrebs-Screening negative Auswirkungen auf das Leben vieler Frauen haben kann, die ansonsten ihr Leben glücklich weitergelebt hätten, ohne von ihren harmlosen Tumoren zu ahnen. Ein unabhängiges britisches Expertengremium kam zu der Einschätzung, dass pro 10 000 Frauen, die in den nächsten 20 Jahren zu einer Mammographie eingeladen werden, 43 Todesfälle durch Brustkrebs verhindert werden. Und eine im *New England Journal of Medicine* veröffentlichte Studie kam zu dem Schluss, dass bei 30 von 100 000 Frauen, die an regelmäßigen Vorsorgeuntersuchungen teilnehmen, Tumoren entdeckt werden, die lebensbedrohlich werden könnten.[26] Aber je nach Statistik werden drei- bis viermal so viele Frauen falsch diagnostiziert und wegen Tumoren behandelt, die ihr Leben nie gefährdet hätten.[27]

Dieses Problem der Falschdiagnose und unnötiger Behandlungen ist schwer zu lösen, wenn man zwar Anomalien gut erkennen, aber nicht ganz so gut vorhersagen kann, wie sie sich entwickeln werden. Doch es gibt möglicherweise Hoffnung. Vielleicht stellt man irgendwann fest, dass sich – wie bei den Aufsätze schreibenden Nonnen – in Vergangenheit und Gegenwart von Menschen kleine Hinweise darauf finden lassen, wie sich ihre Gesundheit in Zukunft entwickeln wird. In diesem Fall würde sich ein neuronales Netz hervorragend eignen, um die entsprechenden Daten herauszufiltern.

In einem Bereich, in dem Ärzte seit Jahrzehnten vergeblich herauszufinden versuchen, warum eine Anomalie gefährlicher ist als eine andere, könnte ein Algorithmus, dem nicht gesagt wird, wonach er suchen soll, seine volle Wirkung entfalten. Man müsste nur einen ausreichend großen Satz Biopsiebilder zusammenstellen (einschließlich einiger Tumorproben, die metastasiert – sich also auf andere Teile des Körpers ausgebreitet – haben, und anderen, die das nicht taten), und das neuronale Netz damit trainieren, und schon könnte es, frei von jeglichen Vorurteilen, die mit Theorien einhergehen, nach versteckten Hinweisen auf die zukünftige Gesundheit von Menschen suchen. Oder mit den Worten von Jonathan Kanevsky: «Dem Algorithmus wäre es dann selbst überlassen, die einzigartigen Merkmale in jedem Bild zu bestimmen, die darauf hinweisen, ob der Tumor Metastasen bilden wird oder nicht.»[28]

Mit einem solchen Algorithmus würde es weit weniger wichtig werden, in welche Kategorie eine Biopsie passt. Man müsste sich nicht mehr darum kümmern, warum oder wie, sondern könnte zur entscheidenden Frage springen: Braucht ein Patient eine Behandlung oder nicht?

Die gute Nachricht ist, dass bereits an einem solchen Algorithmus gearbeitet wird. Andy Beck, der bereits erwähnte Harvard-Pathologe und CEO von PathAI, ließ kürzlich seinen Algorithmus auf eine Reihe von Gewebeproben niederländischer Patienten los und fand so heraus, dass die besten Indikatoren für das Überleben der Patienten nicht in den Tumoren selbst, sondern in anderen Anomalien im angrenzenden Gewebe zu finden waren.[29] Dies ist eine wichtige Erkenntnis – ein konkretes Beispiel dafür, wie die Algorithmen selbst die Forschung vorantreiben und beweisen, dass sie Muster aufspüren können, die unsere Prognosefähigkeiten verbessern.

Natürlich gibt es inzwischen eine unglaubliche Fülle an Daten, auf die wir zurückgreifen können. Dank routinemäßiger Mammographie-Screenings auf der ganzen Welt haben wir wahrscheinlich mehr Bilder von Brustgewebe als von jedem anderen Organ im menschlichen Körper. Ich bin kein Pathologe, aber all die Experten, mit denen ich gesprochen habe, haben mich davon überzeugt, dass wir bald in der Lage sein werden, sicher vorherzusagen, ob sich aus einer schwer einzuordnenden Probe Krebs entwickeln wird oder nicht. Gut möglich, dass irgendwo auf der Welt diese weltverändernde Vorstellung bereits Wirklichkeit geworden ist, wenn dieses Buch als Taschenbuch erscheint.

Digitale Diagnose

Diese Konzepte lassen sich auf weit mehr anwenden als nur auf Brustkrebs. Den neuronalen Netzen, an denen Andy Beck und andere arbeiten, ist es ziemlich egal, was sie sich ansehen. Man könnte sie bitten, alles Mögliche in Kategorien einzuteilen: Hunde, Hüte, Käse. Solange man ihnen sagt, wann sie es richtig machen und wann falsch, werden sie lernen. Und nun, da diese Familie von Algorithmen so gut geworden ist, dass die Algorithmen eingesetzt werden können, wirken sie sich auf alle möglichen Bereiche der modernen Medizin aus.

Einen großen Erfolg erzielte kürzlich das Team von Google Brain mit einem Algorithmus, der die weltweit häufigste vermeidbare Ursache für Blindheit – die diabetische Retinopathie – untersucht. Diese Erkrankung schädigt die Blutgefäße in den lichtempfindlichen Bereichen des Auges. Wer weiß, dass er diese Krankheit hat, kann sein Sehvermögen durch Injektionen retten lassen, aber wenn sie nicht früh genug erkannt wird, kann sie zu irreversibler Erblindung führen. In Indien, wo der Zugang zu Experten, die diese Krankheit diagnostizieren können, eingeschränkt ist, werden 45 Prozent der Menschen mit diabetischer Retinopathie einen Teil ihres Sehvermögens verlieren, bevor sie überhaupt erfahren, dass sie die Krankheit haben. Der Algorithmus des Google-Teams, der in Zusammenarbeit mit indischen Ärzten entwickelt wurde, kann dieses Krankheitsbild inzwischen genauso gut diagnostizieren wie ein menschlicher Augenarzt.

Es gibt entsprechende Algorithmen, die nach Herz-Kreislauf-Erkrankungen,[30] Lungenemphysemen,[31] Schlaganfällen[32] und Melanomen auf der Haut suchen.[33] Es gibt sogar Systeme, die während einer Darmspiegelung in Echtzeit Polypen diagnostizieren.

Sobald man ein Bild von etwas machen und ein Etikett drankleben kann, kann man auch einen Algorithmus erstellen, der es aufspürt. Und wahrscheinlich gelangt der Algorithmus zu einer genaueren (und möglicherweise früheren) Diagnose, als jeder menschliche Arzt.

Aber was ist mit den medizinischen Daten, die weniger übersichtlich sind? Lässt sich der Erfolg dieser Algorithmen über diese hochspezialisierten, eng begrenzten Aufgaben hinaus übertragen? Könnte eine Maschine zum Beispiel die handschriftlichen Notizen von Ärzten interpretieren? Oder nach Anhaltspunkten in der Art und Weise suchen, wie Patienten den Schmerz beschreiben, den sie erleben?

Oder was ist mit der ultimativen Science-Fiction-Fantasie im Gesundheitswesen, bei der sich eine Maschine in der Arztpraxis aufmerksam anhört, welche Symptome ein Patient hat, und seine Krankengeschichte analysiert? Können wir uns eine Maschine vorstellen, die sich mit allen Bereichen der medizinischen Spitzenforschung auskennt? Eine, die eine genaue Diagnose und einen perfekt abgestimmten Behandlungsplan liefert?

Kurzum: Wie sieht es mit so etwas wie IBMs Watson aus?

Elementar, mein Lieber

Im Jahr 2004 traf sich Charles Lickel abends mit einigen Kollegen in einem New Yorker Restaurant zum Steak-Essen. Während sie die Steaks verzehrten, leerte sich der Gastraum immer mehr. Neugierig folgte Charles den anderen Gästen und fand sie um einen Fernseher gedrängt, wie sie gespannt die beliebte Spielshow *Jeopardy* verfolgten. Für den berühmten *Jeopardy*-Champion Ken Jennings ging es an jenem Abend darum, ob er seine sechsmonatige Rekord-Siegesserie weiter fortsetzen konnte, und die Gäste wollten das nicht verpassen.[34]

Charles Lickel war Vizepräsident für Software bei IBM. Seit Deep Blue Garri Kasparow beim Schach geschlagen hatte, lagen die IBM-Bosse Charles damit in den Ohren, er solle eine neue Herausforderung finden, die der Aufmerksamkeit des Unternehmens würdig war. Beim Anblick der Gäste in jenem New Yorker Restaurant, die fasziniert diesem menschlichen *Jeopardy*-Champion zusahen, fragte sich Lickel, ob es möglich war, eine Maschine zu entwickeln, die diesen Champion schlagen konnte.

Es würde nicht einfach sein. Die Entwicklung von «Watson», dem Computer, den sich Lickel in jenem Restaurant ausmalte, dauerte sieben lange Jahre. Aber am Ende forderte Watson Ken Jennings in einer speziellen Ausgabe von *Jeopardy* heraus und besiegte ihn. Nebenbei hatte IBM die ersten Schritte auf dem Weg zum singenden und tanzenden Diagnosecomputer unternommen. Wir kommen gleich darauf zurück. Zunächst aber möchte ich einige der Kerngedanken hinter dem Computer, der bei *Jeopardy* gewann, erläutern, die später die Grundlage für die medizinischen Diagnose-Algorithmen bildeten. Für alle, die noch nie von der Show gehört haben: *Jeopardy* ist eine bekannte US-amerikanische Gameshow, bei der eine Art umgekehrtes Quiz zur Allgemeinbildung gespielt wird. Die Teilnehmer erhalten Hinweise in Form von Antworten und müssen dann die richtigen Fragen dazu formulieren. Ein Hinweis in der Kategorie «mehrdeutige Wörter» könnte zum Beispiel lauten:

> Ein großes, motorisiertes Transportmittel. Oder: eine schlechte Angewohnheit.

Der algorithmische Quizkandidat muss sich durch mehrere Ebenen zur richtigen Antwort durcharbeiten: «Was bedeutet ‹Laster›?» Zunächst muss Watson die Sprache gut genug verstehen, um aus der Frage einen Sinn abzuleiten und zu erkennen, dass «Transportmittel», «motorisiert», «schlecht» und «Angewohnheit» jeweils getrennte Elemente des Hinweises sind. Dies ist allein schon eine enorme Herausforderung für einen Algorithmus.

Aber das war nur der erste Schritt. Als Nächstes muss Watson nach möglichen Lösungsanwärtern für jeden Anhaltspunkt suchen. «Transportmittel» konnte alle möglichen Antworten abrufen: «Schubkarre», «Tragekorb» oder «Pferdewagen». Watson muss jede Möglichkeit in Betracht ziehen und überprüfen, wie gut sie zu den anderen Hinweisen passt. Während sich kaum Anhaltspunkte finden, die «Schubkarre» mit dem Hinweis «Angewohnheit» in Verbindung bringen würde, gibt es die für das Wort «Laster» sehr wohl, sodass sich für Watson die Wahrscheinlichkeit, dass dies die richtige Antwort ist, erhöht. Wenn am Ende alle Hinweise ausgewertet sind, muss Watson sich schließlich für eine einzige Antwort entscheiden.

Natürlich ist eine Runde *Jeopardy* eine trivialere Herausforderung als die Diagnose von Krankheiten, aber beides erfordert einige derselben logischen Mechanismen. Stellen wir uns einmal vor, Sie gingen zum Arzt und beschwerten sich über unbeabsichtigten Gewichtsverlust und Magenschmerzen sowie leichtes Sodbrennen. Analog zu *Jeopardy* besteht die Herausforderung darin, potenzielle Diagnosen (Lösungsfragen) zu finden, die die Symptome (Hinweise) erklären könnten, nach weiteren Beweisen zu suchen und die Zuversicht, dass eine bestimmte Antwort richtig ist, jedes Mal zu aktualisieren, wenn zusätzliche Informationen verfügbar werden. Die Ärzte bezeichnen das als Differenzialdiagnose. Mathematiker nennen es Bayes-Inferenz.*

Doch auch nachdem Watson, der Quiz-Champion, erfolgreich das Licht der Welt erblickt hatte, war es immer noch keine leichte Aufgabe, Watson, das medizinische Genie, zu bauen. Gleichwohl machte IBM große Versprechungen, als das Unternehmen öffentlich bekannt gab, in das Gesundheitswesen einsteigen zu wollen. IBM verkündete der Welt, Watsons oberste Aufgabe bestehe darin, «Krebs auszurotten»,[35] und engagierte den berühmten Schauspieler Jon Hamm, der Watson daraufhin als «eines der mächtigsten Werkzeuge, die unsere Spezies je geschaffen hat» anpries.

Auf jeden Fall ist Watson die Vision einer medizinischen Utopie, die uns alle inspiriert. Doch leider ist er – wie inzwischen allgemein bekannt ist – dem Hype nicht ganz gerecht geworden.

* Mehr über Bayes gibt es im Kapitel «Auto».

Als Erstes wurde 2016 ein prestigeträchtiger Vertrag mit dem M.D. Anderson Cancer Center der Universität Texas gekündigt. Gerüchten zufolge konnte Watson, auch nachdem 62 Millionen Dollar in die Technologie gesteckt[36] worden waren und man vier Jahre an ihr gearbeitet hatte, immer noch nicht mehr als streng überwachte Pilotversuche durchführen. Ende September 2017 ergab schließlich eine Untersuchung der Gesundheitsnachrichten-Website STAT, dass Watson «noch nicht einmal Grundlagenwissen über die verschiedenen Formen von Krebs beherrscht».[37]

Auweia.

Aber es gab nicht nur schlechte Nachrichten. In Japan gelang es Watson, bei einer Frau eine seltene Form der Leukämie zu diagnostizieren, die die Ärzte nicht erkannt hatten.[38] Und eine Analyse von Watson führte zur Entdeckung von fünf Genen, die mit Motoneuron-Erkrankungen oder ALS in Verbindung gebracht werden.[39] Aber insgesamt haben es die Programmierer von IBM nicht ganz geschafft, die Versprechen ihrer ehrgeizigen Marketingabteilung einzuhalten.

Es ist schwer, mit jemandem, der versucht, eine derartige Maschine zu bauen, nicht mitzufühlen. Theoretisch ist es möglich, einen Computer zu konstruieren, der Krankheiten diagnostiziert (und sogar sinnvolle Behandlungspläne für Patienten anbietet), und das ist ein bewundernswertes Ziel. Es ist möglich, aber auch sehr schwierig. Viel schwieriger als *Jeopardy* und viel, viel schwieriger, als Krebszellen in einem Bild zu erkennen.

Ein universell einsetzbares Diagnosegerät scheint nur einen einfachen logischen Schritt von den bildgebenden Algorithmen, die wir bereits kennengelernt haben, entfernt zu sein, aber diese Algorithmen haben einen wesentlichen Vorteil: Ihnen werden die Zellen zur Untersuchung vorgelegt, die möglicherweise zum Problem werden könnten. Ein Diagnosegerät hingegen erhält nur Informationen, die mehrere Schritte vom zugrunde liegenden Sachverhalt entfernt sind. Möglicherweise verspürt ein Patient ein Taubheitsgefühl, das durch einen Muskelkrampf verursacht wird, der durch einen eingeklemmten Nerv verursacht wird, der durch zu viel schweres Heben verursacht wurde. Oder vielleicht hat jemand Blut im Stuhl, verursacht durch Hämorrhoiden, verursacht durch Verstopfung, verursacht durch schlechte Ernährung. Ein Algorithmus (oder ein Arzt) muss die Ursachenkette von einem einzelnen Symptom zu einer genauen Diagnose zurückverfolgen. Und genau das musste auch Watson schaffen. Eine monumental schwierige Aufgabe.

Und es gibt noch weitere Probleme.

Das neuronale Netz, das Hunde von Wölfen unterscheidet, war einfach zu trainieren. Die Programmierer mussten dazu nur einen Stapel Fotos mit der Aufschrift «Hund» oder «Wolf» finden und die Maschine damit füttern. Die Daten waren einfach und überschaubar. Doch wie der Computerpathologe Thomas Fuchs gegenüber der MIT *Technology Review* sagte: «In einem medizinischen Spezialbereich braucht man womöglich Experten, die jahrzehntelang ausgebildet wurden, um die Informationen, die der Computer bekommt, richtig zu kennzeichnen.»[40]

Das könnte für eine sehr spezifische Fragestellung (etwa die Einteilung von Gewebeproben in «vollkommen gutartig» und «schrecklich bösartig») zum überwindbaren Problem werden. Aber ein allsehendes Diagnosegerät wie Watson müsste sich mit so gut wie jeder infrage kommenden Krankheit auskennen. In diesem Fall bräuchte es eine ganze Armee von unglaublich hochqualifizierten Menschen, die bereit sind, in langwieriger Arbeit Daten über verschiedene Patienten und ihre spezifischen Eigenschaften in den Computer einzugeben. Im Allgemeinen haben diese Leute aber meist anderes zu tun – zum Beispiel Leben zu retten.

Und damit kommen wir zum letzten Problem. Dem schwierigsten von allen.

Das Datenproblem

Tamara Mills war noch ein Baby, als ihren Eltern auffiel, dass irgendetwas mit ihrer Atmung nicht stimmte. Mit neun Monaten hatten Ärzte bei ihr Asthma diagnostiziert – eine Krankheit, an der in Großbritannien 5,4 Millionen und in Deutschland zwischen 6 und 8 Millionen Menschen leiden.[41] Tamara war jünger als die meisten Betroffenen, aber ihre Symptome waren in den ersten Lebensjahren hervorragend beherrschbar. Sie wuchs auf wie jedes andere Kind mit ihrer Krankheit und spielte häufig am Meer im Norden Englands (immer mit einem Inhalator in greifbarer Nähe).

Mit acht Jahren erkrankte Tamara schwer an Schweinegrippe. Das erwies sich als Wendepunkt für ihre Gesundheit. Von diesem Zeitpunkt an folgte eine Atemwegsinfektion der nächsten. Manchmal wurden ihre Lippen bei einem Asthmaanfall blau. Tamara und ihre Mutter gingen von Arzt zu Arzt und häufig ins örtliche Krankenhaus, ihre Eltern klagten, sie verbrauche Inhalatoren schneller, als neue verschrieben werden konnten,[42] dennoch überwies kein Arzt sie an einen Spezialisten.

Aber ihre Familie und Lehrer erkannten, dass die Lage ernst wurde. Nach zwei fast tödlichen Anfällen, bei denen sie jeweils im Krankenhaus landete, wurde sie vom Sportunterricht in der Schule freigestellt. Als sie die Treppen im Haus ihrer Eltern nicht mehr hinaufschaffte, zog sie zu ihren Großeltern in deren Bungalow.

Am 10. April 2014 zog sich Tamara eine weitere Atemwegsinfektion zu. An jenem Abend fand ihr Großvater sie nach Atem ringend. Er rief einen Krankenwagen und half ihr, so gut er konnte, mit zwei Inhalatoren und einer Sauerstoffmaske. Ihr Zustand verschlechterte sich weiter. In jener Nacht starb Tamara im Alter von gerade einmal 13 Jahren.

Asthma ist normalerweise keine tödliche Erkrankung, dennoch sterben in Großbritannien jedes Jahr 1200 Menschen daran, darunter 26 Kinder.[43] Es wird geschätzt, dass zwei Drittel dieser Todesfälle vermeidbar wären – wie es auch Tamaras Tod gewesen wäre. Aber welche Präventionsmaßnahmen getroffen werden, hängt völlig davon ab, ob Warnzeichen erkannt werden und dann auch gehandelt wird.

In den letzten vier Jahren vor ihrem letzten und tödlichen Anfall war Tamara ganze 47-mal bei Ärzten und im Krankenhaus gewesen. Ihr Behandlungsplan schlug ganz offensichtlich nicht an, trotzdem wurde bei jedem Besuch in einer Praxis oder im Krankenhaus immer nur das akute Problem behandelt. Niemand beschäftigte sich mit dem Gesamtbild. Niemandem fiel das Muster auf, dem ihre Besuche folgten; niemandem fiel auf, dass sich ihr Zustand immer weiter verschlechterte; niemand schlug vor, etwas Neues auszuprobieren.[44]

Dafür gab es einen Grund: Es klingt unglaublich (auch wenn jeder, der in Großbritannien lebt, es glaubt), aber der britische National Health Service verknüpft die Patientenakten nicht routinemäßig. Bei einem Besuch in einem NHS-Krankenhaus wissen die Ärzte nichts über frühere Besuche des Patienten bei seinem Hausarzt. Viele Akten liegen immer noch nur in Papierform vor, was bedeutet, dass sich die Art und Weise, wie Ärzte die Informationen miteinander teilen, seit Jahrzehnten nicht geändert hat. Dies ist einer der Gründe, warum der NHS den zweifelhaften Titel des weltgrößten Einkäufers von Faxgeräten trägt.[45]

Doch auch wenn es verrückt klingen mag: Das ist nicht nur in Großbritannien so. In den Vereinigten Staaten gibt es eine Vielzahl von Privatärzten und großen Krankenhaus-Netzwerken, die nicht miteinander verbunden sind; und während man in anderen Ländern, auch in Deutschland, damit begonnen hat, elektronische Patientenakten zu erstellen, ist das weltweit noch lange nicht die Norm. Für Tamara Mills bedeutete das Fehlen einer einzigen zusammenhängenden Krankengeschichte, dass kein einzelner Arzt erkennen konnte, wie ernst ihr Zustand war. Für Tamara kommt leider jede Lösung für diesen gravierenden Mangel zu spät, aber für die Zukunft des Gesundheitswesens bleibt diese enorme Herausforderung nach wie vor bestehen. Ein Computer wie Watson könnte helfen, viele Tamaras zu retten, aber er kann nur dann nach Mustern in Daten suchen, wenn diese Daten gesammelt, zusammengeführt und miteinander verknüpft werden.

Zwischen den umfangreichen und detaillierten Datensätzen, die sich im Besitz von Datenhändlern befinden, und den spärlichen und unzusammenhängenden Datensätzen, die im Gesundheitswesen zu finden sind, besteht ein gewaltiger Unterschied. Derzeit herrscht bei den medizinischen Daten völliges Chaos. Selbst wenn die detaillierten Patientendaten an einem einzigen Ort gespeichert sind (was häufig nicht der Fall ist), liegen sie oft in unterschiedlichen Formaten vor, sodass es praktisch unmöglich ist, die Daten so zu verknüpfen, dass sie für einen Algorithmus verwendbar sind. Dafür müssen Scans, Berichte, Diagramme, Verschreibungen und Notizen berücksichtigt werden, und das ist nur ein Teil der Liste. Auch die Art, wie die schriftlichen Daten aufgezeichnet werden, stellt ein Problem dar. Man muss alle Akronyme und Abkürzungen verstehen, die Handschriften entziffern und feststellen, wo möglicherweise menschliches Versagen vorliegen könnte. Und dann sind da ja noch die Symptome an sich. Ist dieser Person einfach «kalt»? Oder ist sie «unterkühlt»? Bringen die Magenschmerzen den Patienten tatsächlich um? Oder tut es nur ein bisschen weh? Medizin ist einfach furchtbar kompliziert, und jede Komplexitätsstufe macht die Daten für eine Maschine noch weniger durchschaubar.[46]

IBM ist nicht der einzige Branchenriese, der sich mit dem Problem der unübersichtlichen, unstrukturierten Gesundheitsdaten herumschlägt. Im Jahr 2016 unterzeichnete die Abteilung für künstliche Intelligenz von Google, DeepMind, einen Vertrag mit dem Royal Free NHS Trust in London. DeepMind erhielt Zugang zu den medizinischen Daten von drei städtischen Krankenhäusern als Gegenleistung für eine App, die Ärzte dabei unterstützen sollte, akute Nierenverletzungen zu diagnostizieren. Ursprünglich wollten die Forscher mit cleveren Lernalgorithmen im Gesundheitswesen helfen, aber dazu reichten die Daten nicht aus, sodass die Entwickler ihre Ansprüche herunterschrauben und ein deutlich weniger anspruchsvolles Ziel anstreben mussten.

Abgesehen von diesen rein praktischen Schwierigkeiten kam durch die Zusammenarbeit von DeepMind mit dem NHS ein umstrittenes Thema auf. Die Forscher hatten von Anfang an nur zugesagt, ihre App werde Ärzte auf Nierenverletzungen aufmerksam machen, aber der Royal Free NHS Trust verfügte über keinen Datensatz ausschließlich mit Nierenerkrankungen, den die Entwickler hätten nutzen können. Stattdessen erhielt DeepMind Zugriff auf alle Patientendaten von insgesamt 1,6 Millionen Patienten der vergangenen fünf Jahre. Theoretisch könnte man mit dieser unglaublichen Informationsfülle unzählige Leben retten. Jeden Monat sterben 1000 Menschen an akuten Nierenverletzungen, und Daten, die so weit zurückreichen, könnten DeepMind helfen, wichtige Trends in der Vergangenheit zu erkennen. Da Nierenverletzungen häufiger bei Menschen mit weiteren Krankheiten auftreten, wäre es auf der Basis eines umfangreichen Datenschatzes erheblich einfacher, nach Hinweisen und Zusammenhängen zu suchen, die sich zukünftig nutzen lassen.

Statt Begeisterung löste die Ankündigung des Projekts jedoch Empörung aus. Und das nicht ohne Grund. DeepMind bekam tatsächlich Zugriff auf alles, was in den Aufzeichnungen der Kliniken stand. Das Unternehmen erfuhr, wer wann im Krankenhaus aufgenommen worden war. Es erfuhr, wer die Patienten während ihres Aufenthaltes besuchte. Es bekam Einblick in Pathologieberichte und radiologische Untersuchungen. Wer Abtreibungen vornehmen ließ, wer Depressionen hatte und sogar wer als HIV-positiv diagnostiziert worden war. Vor allem aber wurden die Patienten nie um ihre Einwilligung gebeten, erhielten nie die Möglichkeit, die Nutzung ihrer Daten zu verweigern, und erfuhren nicht einmal, dass sie Teil der Studie waren.[47]

Man sollte erwähnen, dass es Google untersagt war, die Daten in irgendeinem anderen Teil des Unternehmens zu verwenden. Und in Sachen Datensicherheit hat Google dabei eine viel bessere Erfolgsbilanz als der NHS, dessen Krankenhäuser 2017 durch einen nordkoreanischen Computervirus zum Stillstand gebracht wurden, weil die Kliniken noch mit Windows XP arbeiteten.[48] Dennoch ist es beunruhigend, dass ein ohnehin schon unglaublich leistungsfähiges, weltweit führendes Technologieunternehmen Zugang zu solchen Informationen über Menschen hat.

Datenschutzprobleme

Seien wir mal ehrlich: Google besitzt ohnehin schon jede Menge private oder sogar intime Informationen über uns alle. Aber bei medizinischen Daten fühlt sich das instinktiv noch einmal anders – besonders vertraulich – an.

Allen kerngesunden Menschen ist vielleicht nicht sofort klar, warum das so ist: Denn was sähen Sie lieber veröffentlicht – Ihre medizinischen Daten oder Ihren Browserverlauf? Ich würde mich für das Erstere entscheiden und vermute, dass viele andere das genauso machen würden. Ich habe nichts besonders Interessantes zu verbergen. Das eine ist nur eine Momentaufnahme meines biologischen Ichs, während das andere einen direkten Blick auf meinen Charakter eröffnet.

Timandra Harkness, Autorin von *Big Data: Does Size Matter?* und Moderatorin der Sendung *Future Proofing* im BBC Radio 4, argumentiert, Gesundheitsdaten seien ein Sonderfall, auch wenn ein Browserverlauf mehr Potenzial für Peinlichkeiten bietet.

«Zunächst einmal erzählen die Gesundheitsdaten vieler Menschen ihre Lebensgeschichte», sagte sie mir. «Zum Beispiel hat jede dritte Frau in Großbritannien schon einmal einen Schwangerschaftsabbruch vornehmen lassen – doch es könnte Menschen in ihrem Leben geben, die nichts davon wissen.» Timandra weist auch darauf hin, dass Patientendaten nicht nur für den Patienten selbst relevant sind. «Wenn jemand die genetischen Daten eines

Menschen hat, dann weiß er auch etwas über dessen Eltern, Geschwister, Kinder.» Und wenn die Daten einmal verbreitet sind, gibt es kein Entkommen mehr. Man kann seine Biologie nicht ändern oder leugnen. Wenn jemand Ihre DNS analysiert, dann können Sie sie nicht ändern. Sie können plastische Operationen an Ihrem Gesicht durchführen lassen, Sie können Handschuhe tragen, um Ihre Fingerabdrücke zu verschleiern, aber Ihre DNS ist immer da. Sie ist immer mit Ihnen verbunden.»

Warum das wichtig ist? Timandra erzählte mir von einer Fokusgruppe, die sie im Jahr 2013 geleitet hatte und in der normale Menschen gefragt wurden, was sie in Bezug auf ihre medizinischen Daten am meisten beschäftigte: «Die meisten Menschen machten sich kaum Sorgen, dass ihre Daten gehackt oder gestohlen werden könnten. Aber sie befürchteten, dass Vermutungen über sie als Gruppe getroffen und dann auf die Einzelnen projiziert werden könnten.»

Vor allem aber befürchteten sie, ihre Daten könnten gegen sie verwendet werden. «Mal angenommen, jemand hätte seine Supermarkt-Kundenkarte mit seinen Patientendaten verlinkt. Wenn diese Person dann eine Hüftoperation vornehmen lassen will, könnte der Arzt sagen: ‹Oh, es tut mir leid, wir sehen hier, dass Sie viele Pizzen gekauft haben, oder Zigaretten, und deshalb müssen wir Sie leider wieder auf die Warteliste setzen.›»

In Großbritannien, wo einige NHS-Krankenhäuser bereits Nichtraucher bei Knie- und Hüftoperationen bevorzugen, ist diese Befürchtung durchaus berechtigt.[49] Und in vielen Ländern auf der ganzen Welt kann adipösen Patienten eine Versicherung oder Behandlung verweigert werden.[50]

Das ist ein Dilemma. Die Menschheit als Spezies könnte enorm davon profitieren, wenn unsere Patientenakten für Algorithmen geöffnet werden würden. Watson muss keine Fantasievorstellung bleiben. Aber wenn er Realität werden soll, müssen wir unsere Unterlagen Unternehmen anvertrauen, die reich genug sind, um uns über den hohen Berg von Herausforderungen zu führen, der zwischen uns und diesem magischen elektronischen Arzt liegt. Und wenn wir unsere Privatsphäre aufgeben, werden wir immer Gefahr laufen, dass unsere Daten manipuliert, gestohlen oder gegen uns verwendet werden. Sind wir bereit, dieses Risiko einzugehen? Glauben wir, dass diese Algorithmen genügend Vorteile bieten, um unsere Privatsphäre für sie zu opfern?

Oder ist es uns am Ende sogar egal?

Verräterische Gene

Francis Galton lebte im 19. Jahrhundert, war Statistiker, Humangenetiker, einer der bemerkenswertesten Männer seiner Generation – und der Halbcousin von Charles Darwin. Viele seiner Ideen hatten profunden Einfluss auf die moderne Wissenschaft, nicht zuletzt seine Arbeit, die den Grundstein für die moderne Statistik legte. Dafür sind wir Galton aufrichtig zu Dank verpflichtet. (Leider war er auch in der entstehenden Eugenik-Bewegung aktiv, wofür wir ihm ganz sicher nicht dankbar sind.)

Galton sah 1884 seine Chance gekommen, als in London eine große Ausstellung unter der Schirmherrschaft von Königin Victoria stattfand, bei der die Fortschritte Großbritanniens im Gesundheitswesen gefeiert werden sollten. Auf eigene Kosten richtete Galton in der Ausstellung einen Stand ein – sein «Anthropometrisches Labor» – in der Hoffnung, unter den vielen Millionen Besuchern ein paar Leute zu finden, die sich vermessen ließen und auch noch Geld dafür bezahlten.

Er fand mehr als nur ein paar Leute. Die Kunden standen vor dem Stand Schlange, drängten sich am Eingang und konnten es gar nicht erwarten, ihm drei Pennys in die Hand zu drücken, um ins Labor eingelassen zu werden. Drinnen konnten sie sich mit einer Reihe speziell entwickelter Instrumente messen und unter anderem ihre Sehschärfe, ihr Augenmaß sowie ihre Zug-, Druck- und Schlagkraft testen.[51] Galtons Labor war so beliebt, dass er zwei

Leute gleichzeitig durchschleusen musste. (Er merkte bald, dass es am besten war, Eltern und Kinder getrennt zu testen, um keine Zeit mit gekränkten Egos zu verschwenden. Nach der Veranstaltung schrieb er in einem Zeitschriftenartikel: «Den Älteren gefiel es nicht, wenn die Jüngeren bessere Ergebnisse erzielten, und sie bestanden darauf, mehrere Versuche zu bekommen.»)[52]

Die Ergebnisse jedes Probanden, egal, wie gut oder schlecht sie auch waren, wurden auf einer weißen Karte notiert, die die Leute als Souvenir mitnehmen durften. Aber der eigentliche Gewinner war Galton. Er verließ die Ausstellung mit einer vollständigen Kopie von allem – einem wertvollen Satz biometrischer Messdaten von 9337 Menschen und einem ordentlichen Haufen Geld.

130 Jahre später erkennt man die eine oder andere Parallele zu den aktuell beliebten Gentests. Für den Schnäppchenpreis von 149 britischen Pfund (etwa 165 Euro) kann man dem Gen- und Biotechnikunternehmen 23andMe eine Speichelprobe schicken und bekommt dafür einen Bericht über die genetischen Eigenschaften, darunter auch Antworten auf Fragen wie: Welche Art von Ohrenschmalz hat dieser Mensch? Hat er die genetische Veranlagung für zusammengewachsene Augenbrauen?[53] Oder das Gen, dessentwegen man niesen muss, wenn man in die Sonne schaut?[54] Aber auch eher ernsthafte Fragen: Ist man anfällig für Brustkrebs? Gibt es eine genetische Veranlagung für Alzheimer?[55]

Das Unternehmen hat inzwischen eine gigantische Datenbank mit genetischen Daten aufgebaut, die mehrere Millionen Proben umfasst. Genau dasselbe haben die Internetriesen gemacht, nur übergibt man mit der DNA bei diesem Handel die persönlichsten Daten, die man überhaupt hat. Das Ergebnis ist eine Datenbank, von der wir alle profitieren können. Es ist ein äußerst wertvolles Gut, das die Erforschung des menschlichen Genoms voranbringen kann. Wissenschaftler, Pharmaunternehmen und gemeinnützige Organisationen aus der ganzen Welt stehen Schlange, um gemeinsam mit 23andMe nach Mustern in den Daten zu suchen – mit und ohne die Unterstützung von Algorithmen – in der Hoffnung, Antworten auf große Fragen zu finden, die uns alle betreffen: Was sind die genetischen Ursachen verschiedener Krankheiten? Könnte man neue Medikamente entwickeln, um Menschen mit speziellen Erkrankungen zu behandeln? Gibt es eine bessere Behandlungsmöglichkeit für Parkinson?

Die Daten sind auch wortwörtlich wertvoll. Die Forschungen, die durchgeführt werden, bringen der Gesellschaft immensen Nutzen, aber 23andMe macht das nicht aus reiner Herzensgüte. Wenn die Kunden ihr Einverständnis geben (und 80 Prozent tun es), verkauft das Unternehmen die genetischen Daten in anonymisierter Form an die oben genannten Forschungspartner und macht ordentlich Gewinn dabei.[56] Dieser Verdienst ist nicht etwa ein nettes Zubrot für das Unternehmen; er ist der Kern des Geschäftsplans. Ein Vorstandsmitglied von 23andMe sagte gegenüber der Zeitschrift *Fast Company:* «Langfristig wollen wir unser Geld nicht mit dem Verkauf von Gentests verdienen, auch wenn wir diese Tests brauchen, um an die Grunddaten zu kommen.» Eines sollte man bedenken, wenn man eine Probe für einen kommerziellen Gentest einschickt: Man benutzt das Produkt nicht, sondern ist *selbst* das Produkt.[57]

Aber Vorsicht: Auch bezüglich der Zusicherung, dass die Kunden anonym bleiben, wäre ich misstrauisch. Im Jahr 2005 gelang es einem jungen Mann,[58] der durch einen anonymen Samenspender gezeugt wurde, seinen biologischen Vater aufzuspüren und zu identifizieren, indem er einen Speichelabstrich zur Analyse einschickte und dann Spuren in der eigenen DNS weiterverfolgte.[59] Im Jahr 2013 bewies eine Forschergruppe in einem berühmten Artikel,[60] dass Millionen von Menschen anhand ihrer Gene identifiziert werden könnten, mit nichts weiter als einem Heimcomputer und ein paar geschickten Nachforschungen im Internet.

Und es gibt noch einen anderen Grund, warum man möglicherweise seine DNS in keinem Datensatz haben will. Zwar gibt es Gesetze, die die Menschen vor den schlimmsten Formen genetischer Diskriminierung schützen – wir steuern also nicht auf geradem Weg in eine Zukunft, in der ein Beethoven oder ein Stephen

Hawking mehr nach ihren genetischen Veranlagungen als nach ihrem Talent beurteilt werden –, aber diese Regeln gelten nicht für Lebensversicherungen. Man kann niemanden zwingen, einen DNS-Test machen zu lassen, aber in den Vereinigten Staaten dürfen Versicherungen Bewerber fragen, ob bereits ein Test durchgeführt wurde, der das Risiko ermittelt, an einer bestimmten Krankheit wie Parkinson, Alzheimer oder Brustkrebs zu erkranken, und den Bewerbern dann gegebenenfalls eine Lebensversicherung verweigern, wenn das Ergebnis der Versicherung nicht gefällt. Und in Großbritannien dürfen die Versicherungsgesellschaften die Ergebnisse von Gentests auf Chorea Huntington berücksichtigen (wenn die Deckung mehr als 500 000 Pfund beträgt).[61] Natürlich kann man lügen und so tun, als hätte man den Test nie gemacht, aber dadurch würde der Versicherungsabschluss ungültig. Man kann diese Art von Diskriminierung nur vermeiden, indem man den Test gar nicht erst machen lässt. Manchmal ist Unwissenheit wirklich ein Segen.

Es gibt keine Daten, die für das Wissen um unsere Gesundheit wertvoller wären als die sequenzierten Genome von Millionen Menschen. Trotzdem werde ich in nächster Zeit wohl keinen Gentest machen lassen. Und doch geben Millionen von Menschen freiwillig ihre Daten preis (was für die Gesellschaft ein Glücksfall ist). Bei der letzten Zählung hatte 23andMe mehr als zwei Millionen genotypisierte Kunden,[62] MyHeritage, Ancestry.com – und sogar das National-Geographic-Genographic-Projekt – haben weitere Millionen. Also vielleicht ist das gar kein Dilemma. Schließlich hat der Markt gesprochen: Im direkten Tausch gegen den Datenschutz ist die Möglichkeit, einen Beitrag zum Wohl der Allgemeinheit zu leisten, vielleicht keine angemessene Gegenleistung, aber die Entdeckung, dass man zu 25 Prozent Wikinger ist, schon.*

* Ob jemand Wikinger ist, lässt sich nicht wirklich feststellen, wie mir mein guter Freund, der Genetiker Adam Rutherford, ausführlich erklärte. Ich habe das hier nur hingeschrieben, um ihn zu ärgern. Wer mehr über die Wissenschaft, die dahintersteht, erfahren will, sollte sein Buch *Eine kurze Geschichte von jedem, der jemals gelebt hat. Was unsere Gene über uns verraten* lesen.

Das oberste Wohl?

Okay, ich meine das nicht ganz ernst. Aber seien wir realistisch: Bei der Entscheidung, ob man einen Gentest durchführen lassen soll, wird niemand die großen zukünftigen Herausforderungen der menschlichen Gesundheitsversorgung in die Überlegungen mit einbeziehen. Das ist völlig nachvollziehbar – für uns selbst haben wir andere Prioritäten als für die Menschheit insgesamt.

Aber das bringt uns zu einem letzten wichtigen Punkt. Wenn ein Diagnosegerät gebaut werden *kann,* das in der Lage ist, Behandlungen zu empfehlen, wem soll es dienen? Dem Einzelnen oder der gesamten Bevölkerung? Denn es wird Zeiten geben, in denen es sich zwischen beidem entscheiden muss.

Stellen Sie sich zum Beispiel vor, Sie gehen mit einem besonders lästigen Husten zum Arzt. Wahrscheinlich würden Sie von ganz alleine wieder gesund werden, aber wenn ein Computer in erster Linie Ihnen – dem Patienten – dienen würde, dann würde er Sie vielleicht zum Röntgen oder zur Blutabnahme schicken wollen, nur um auf Nummer sicher zu gehen. Und er würde Ihnen wahrscheinlich auch Antibiotika verschreiben, wenn Sie darum bitten. Wenn das alleinige Ziel Ihre Gesundheit und Ihr Wohlbefinden wären, würde der Algorithmus wahrscheinlich befinden, dass es die Verschreibung wert ist, selbst wenn das Ihr Leiden nur um ein paar wenige Tage verkürzen würde.

Aber wenn ein Computer darauf ausgelegt wäre, der gesamten Bevölkerung zu dienen, dann würde er viel stärker auf Probleme im Zusammenhang mit Antibiotikaresistenzen achten. Solange Sie nicht in unmittelbarer Lebensgefahr schweben, wäre ihr vorübergehendes Unwohlsein bedeutungslos und der Algorithmus würde nur Medikamente ausgeben, wenn es absolut notwendig wäre. Ein solcher Algorithmus könnte auch darauf bedacht sein, keine Ressourcen zu verschwenden, oder an die langen Wartelisten denken und Sie daher nicht zu weiteren Tests schicken, solange Sie keine anderen Symptome haben, die auf eine ernsthafte Erkrankung hinweisen. Wahrscheinlich würde er Ihnen sagen, dass Sie eine Schmerztablette nehmen und nicht so wehleidig sein sollen.

Ebenso könnte ein Computer, der für alle arbeitet, dann auch bei der Entscheidung, wer ein Organtransplantat bekommen soll, nach der Zielvorgabe «so viele Leben retten wie möglich» vorgehen. Das könnte zu einem völlig anderen Behandlungsplan führen, als ihn ein Computer aufstellen würde, der nur die Interessen eines Patienten verfolgt.

Ein Computer, der für den NHS oder eine Versicherung arbeitet, könnte eine Minimierung der Kosten anstreben, während ein anderer, der einem Pharmaunternehmen dient, ein bestimmtes Medikament vermehrt einsetzen könnte.

Im medizinischen Bereich drohen weniger Spannungen als bei den Beispielen aus der Strafjustiz. Im Gesundheitssystem gibt es keine Verteidigung und keine Anklage. Dort wollen alle dasselbe – dass es den Patienten besser geht. Aber auch hier unterscheiden sich die Zielsetzungen der Beteiligten geringfügig.

In jedem Lebensbereich, in dem Algorithmen eingesetzt werden, muss ein Gleichgewicht erreicht werden – zwischen Datenschutz und öffentlichem Wohl; zwischen den Einzelnen und der Gesamtbevölkerung; zwischen Herausforderungen und Prioritäten. Einen Weg durch das Gewirr der Motivationen zu finden ist nicht einfach, selbst wenn am Ende des Wegs für alle eindeutig eine bessere Gesundheitsversorgung steht.

Doch noch schwieriger wird es, wenn auch noch verborgene Motive hineinspielen – wenn die Vorteile von Algorithmen überbewertet und ihre Risiken verschleiert werden. Wenn man sich fragen muss: Was davon wird mir nur weisgemacht und wer profitiert davon, wenn ich daran glaube?

Autos

Die Sonne lugte am Morgen des 13. März 2004 gerade erst über den Horizont, aber in der Slash-X-Bar mitten in der Mojave-Wüste drängten sich schon die Menschen.[1] Die Bar liegt am Stadtrand von Barstow, einer Kleinstadt zwischen Los Angeles und Las Vegas. Ganz in der Nähe wurde für den Film *Kill Bill Vol. 2* eine Szene mit Uma Thurman gedreht, wie sie aus einem Sarg kriecht.[2] Der Ort ist bei Cowboys und Offroadern beliebt, aber an jenem Frühlingstag hatte es ein anderes Publikum hierhergezogen. Im provisorischen Stadion, das in den Wüstenstaub gestampft worden war, tummelten sich verrückte Ingenieure, begeisterte Zuschauer und tollkühne Motorsportfans, die alle einen ähnlichen Traum hatten: Sie wollten als erste Menschen weltweit sehen, wie ein selbstfahrendes Auto ein Rennen gewinnt.

Organisiert hatte das Rennen die US Defence Advanced Research Projects Agency, DARPA (die Abteilung der «verrückten Wissenschaftler» des US-Verteidigungsministeriums).[3] Die Behörde interessierte sich schon seit geraumer Zeit für unbemannte Fahrzeuge, und das aus gutem Grund: Sprengstofffallen und gezielte Angriffe auf Militärfahrzeuge forderten in Kriegsgebieten viele Todesopfer. Anfang des Jahres hatte die DARPA angekündigt, bis zum Jahr 2015 solle ein Drittel aller Fahrzeuge der US-Bodenstreitkräfte fahrerlos sein.[4]

Bis zu diesem Zeitpunkt hatte es in dieser Angelegenheit aber bei enormen Kosten nur langsam Fortschritte gegeben. Die DARPA hatte in zwei Jahrzehnten rund eine halbe Milliarde US-Dollar (etwa 433 Millionen Euro) für Forschungsarbeiten an Universitäten und Unternehmen ausgegeben in der Hoffnung, ihr ehrgeiziges Ziel zu erreichen.[5] Aber dann hatte jemand in der Behörde eine geniale Idee: ein Wettbewerb. Alle Interessierten im ganzen Land konnten dabei ihre selbstentwickelten selbstfahrenden Autos auf einer Langstrecke gegeneinander antreten lassen. Dem Gewinner winkte ein Preisgeld von einer Million Dollar.[6] Eine solche Veranstaltung hatte es noch nie gegeben, und sie bot der DARPA eine schnelle und kostengünstige Möglichkeit, sich einen Vorsprung bei der Verfolgung ihres Ziels zu verschaffen.

Die Rennstrecke war 228 Kilometer lang, und die DARPA machte es den Teilnehmern unterwegs nicht leicht. Es gab steile Anstiege, Felsen, Mulden, Schluchten, unwegsames Gelände und den einen oder anderen Kaktus zu bewältigen. Die fahrerlosen Autos mussten auf unbefestigten Wegen fahren, die manchmal kaum zwei Meter breit waren. Zwei Stunden vor dem Start gaben die Organisatoren jedem Team eine CD mit GPS-Koordinaten.[7] Diese Koordinaten markierten 2000 Streckenpunkte, die wie Brotkrumen über die Strecke verstreut waren – gerade genug, um den Autos eine grobe Orientierung zu geben, aber nicht so viele, dass sie den Fahrzeugen geholfen hätten, die Hindernisse zu überwinden, die vor ihnen lagen.

Die Herausforderung war gewaltig, dennoch bewarben sich in jenem ersten Jahr 106 mutige Teams. Fünfzehn Teilnehmer schafften es durch die Qualifikationsrunden und galten als sicher genug, um auf die Strecke zu gehen. Darunter waren Autos, die wie Strandbuggys aussahen, andere, die Monstertrucks ähnelten, und wieder andere, die an Panzer erinnerten. Es gab Gerüchte, dass ein Teilnehmer sogar sein Haus verpfändet hatte, um sein Auto bauen zu können, ein anderer hatte zwei Surfbretter auf dem Dach seines Fahrzeugs angebracht, damit es herausstach. Sogar ein selbstbalancierendes Motorrad war dabei.[8]

Am Morgen des Rennens standen eine Reihe zusammengeschusterter Fahrzeuge und ein paar Tausend Zuschauer vor dem Slash X. Die Fahrzeuge ohne Fahrer im Innern fuhren eines nach dem anderen an den Start, und jedes Einzelne hätte vom Aussehen her ohne Weiteres in die *Mad-Max*-Filme oder die Zeichentrickserie *Wacky*

Races – Autorennen total gepasst. Aber das Aussehen spielte an diesem Tag keine Rolle. Hauptsache, die Fahrzeuge würden in weniger als zehn Stunden ohne menschliche Hilfe ans Ziel der Rennstrecke gelangen.

Doch es lief nicht ganz nach Plan. Ein Auto überschlug sich bereits im Startbereich und musste aus dem Rennen genommen werden.[9] Das Motorrad kippte kurz hinter der Startlinie um und durfte nicht weiter teilnehmen. Ein Auto fuhr nach 50 Metern gegen eine Betonwand. Ein anderes verhedderte sich in einem Stacheldrahtzaun. Ein weiteres blieb auf der Strecke zwischen zwei Steppenläuferpflanzen stecken, weil es sie für unbezwingbare Objekte hielt, und versuchte, sich durch ständiges Vor- und Zurückfahren an ihnen vorbeizumanövrieren, bis endlich jemand eingriff.[10] Wieder andere rammten Felsen oder stürzten in Gräben. Radachsen brachen, Reifen platzten, Karosserieteile flogen durch die Gegend.[11] Die Szenerie um die Slash-X-Bar glich bald einem Roboterfriedhof.

Die beste Leistung erbrachte ein Fahrzeug der Carnegie-Mellon-Universität mit beeindruckenden 11 Kilometern, bevor es einen Anstieg unterschätzte – am Hang drehten die Räder durch, bis sie in Flammen aufgingen.[12] Um 11 Uhr war alles vorbei. Ein DARPA-Organisator stieg in einen Hubschrauber und flog zur Ziellinie, um den wartenden Journalisten zu sagen, dass kein Auto es so weit schaffen würde.[13]

Es war ein öliges, staubiges, lärmendes und zerstörerisches Rennen gewesen, das ohne Sieger endete. Alle teilnehmenden Teams hatten ein Jahr lang an einer Konstruktion gearbeitet, die bestenfalls einige wenige Minuten durchgehalten hatte. Aber der Wettbewerb war keineswegs ein Fehlschlag. Die Konkurrenz sorgte für eine Fülle neuer Ideen, und bei der Grand Challenge 2005 im folgenden Jahr war die Technologie kaum wiederzuerkennen.

Beim zweiten Rennen schafften mit einer Ausnahme alle Teilnehmer die Bestleistung von 11 Kilometern aus dem vorigen Jahr.

Fünf Autos schafften es sogar ohne menschliches Zutun über die volle Renndistanz von 228 Kilometern.[14]

Etwas mehr als ein Jahrzehnt später ist man sich weitgehend einig, dass fahrerlose Verkehrsmittel die Zukunft sind. Ende 2017 kündigte der britische Finanzminister Philip Hammond an, die Regierung beabsichtige, bis 2021 vollständig selbstfahrende Autos – ohne Sicherheitspersonal an Bord – auf britische Straßen zu bringen. Daimler versprach fahrerlose Autos bis 2020,[15] Ford bis 2021,[16] und andere Autoproduzenten haben Ähnliches in Aussicht gestellt.

In der Presse geht es heute weniger um die Frage, ob selbstfahrende Autos kommen werden, sondern mehr um die Herausforderungen, vor denen wir stehen, wenn sie da sind. «Sollte ein fahrerloses Auto einen Fußgänger überfahren, um das Leben der Insassen zu retten?», fragte die *New York Times* im Juni 2016;[17] und im November 2017: «Was wird aus Verkehrstoten oder Strafzetteln, wenn die Fahrzeuge das Steuer selbst in der Hand halten?»[18] Unterdessen warnte die *Financial Times* im Januar 2018: «Lkws auf dem Weg in eine fahrerlose Zukunft: Gewerkschaften befürchten, dass die Arbeitsplätze von Millionen Berufsfahrern in Gefahr sind.»[19]

Was hat sich geändert? Wie konnte sich diese Technologie in wenigen Jahren von windschiefer Inkompetenz zu revolutionärem Selbstvertrauen weiterentwickeln? Und kann der Fortschritt in diesem rasanten Tempo weitergehen?

Was ist um mich herum?

Der Traum von einem perfekt autonomen Fahrzeug entstand bereits in der Science-Fiction-Ära der Jetpacks, Raketenschiffe, Aluminium-Raumanzüge und Strahlenpistolen. Auf der Weltausstellung 1939 in New York präsentierte der Autohersteller General Motors seine Zukunftsvision. Die Besucher der Ausstellung setzten sich in einen Stuhl mit eingebauten Lautsprechern, der auf ein Förderband montiert war, und wurden so in einer 16-minütigen

Rundfahrt durch eine imaginäre Welt geführt.[20] Hinter einer Glaswand sahen sie ein Modell des GM-Traums: Autobahnen, die das ganze Land durchzogen; Straßen, die ländliche Gebiete mit Städten verbanden, Landstraßen und Kreuzungen – und überall fuhren automatisierte, funkgesteuerte Autos, die bis zu 160 Kilometer pro Stunde schnell sicher zurücklegen konnten. «Verrückt?», fragte eine Stimme aus den Lautsprechern. «Fantastisch? Unglaublich? Vergessen Sie nicht: Das ist die Welt des Jahres 1960!»[21]

Im Laufe der Jahre gab es zahlreiche Anläufe, diesen Traum zu verwirklichen. General Motors probierte es in den 1950er-Jahren mit dem Firebird II.[22] Britische Forscher versuchten in den Sechzigerjahren, einen Citroën DS19 so umzubauen, dass er mit der Straße kommunizieren konnte. (Irgendwo zwischen Slough und Reading liegt immer noch ein 14 Kilometer langes Stromkabel, das von diesem Experiment übrig geblieben ist.)[23] Das Navlab-Projekt der Carnegie-Mellon-Universität in den Achtzigerjahren, das 749 Millionen Euro teure EU-Projekt «Eureka Prometheus» in den Neunzigerjahren[24]... mit jedem neuen Projekt schien der Traum vom fahrerlosen Auto in verlockend greifbare Nähe zu rücken.

Oberflächlich betrachtet könnte man glauben, der Bau eines selbstfahrenden Autos müsse relativ einfach sein. Die meisten Menschen sind in der Lage, die notwendigen Fähigkeiten zu erlernen, die man zum Fahren braucht. Außerdem gibt es nur zwei mögliche Ausgabewerte: Geschwindigkeit und Richtung. Es geht darum, wie viel Gas man geben und wie weit man das Lenkrad drehen muss. Wie schwer kann das schon sein?

Doch wie die erste DARPA Grand Challenge gezeigt hat, ist der Bau eines autonomen Fahrzeugs sehr viel schwieriger, als es aussieht. Die Angelegenheit wird schnell kompliziert, wenn man versucht, einen Algorithmus zu erstellen, mit dem sich ein großer Metallbrocken bei einer Geschwindigkeit von 100 Stundenkilometern kontrollieren lässt.

Neuronale Netze werden erfolgreich zur Erkennung von Tumoren im Brustgewebe eingesetzt, und man sollte denken, dass sie auch perfekt geeignet sind, um einer fahrerlosen Automobiltechnik zu helfen, ihre Umgebung zu «sehen». Im Jahr 2004 waren neuronale Netze (wenn auch in etwas rudimentärerer Form als die heutigen Versionen) bereits in Prototypen selbstfahrender Fahrzeuge eifrig am Werk und bemühten sich, die Bilder der auf den Wagen montierten Kameras zu deuten.[25] Eine Kamera liefert jede Menge wertvolle Informationen: Ein neuronales Netz kann darin Farben, Textur und sogar die physikalischen Eigenschaften der Umgebung ausmachen – Linien, Wölbungen, Kanten und Winkel. Die Frage ist: Was fängt man mit diesen Informationen an, wenn man sie einmal hat?

Man konnte das Auto anweisen: «Fahre nur auf etwas, das wie Asphalt aussieht.» Aber das wird in der Wüste, wo die Straßen staubig sind, nicht viel nützen. Man könnte ihm sagen: «Fahre auf dem glattesten Ding im Bild» –, aber leider ist das glatteste Ding fast immer der Himmel oder ein Gebäude mit Glasfassade. Man könnte die Form einer Straße auch ganz abstrakt beschreiben: «Suche nach einem Objekt mit zwei einigermaßen geraden Rändern. Die Linien sollten am unteren Bildrand weit auseinanderliegen und nach oben hin zusammenlaufen.» Das wirkt zunächst einmal vernünftig. Nur leider sehen auf einem Foto auch Bäume so aus. Im Allgemeinen gilt es nicht als clever, ein Auto dazu aufzufordern, einen Baumstamm hochzufahren.

Das Problem ist, dass Kameras keinen Eindruck von Größe oder Entfernung vermitteln können. Filmregisseure nutzen das immer wieder zu ihrem Vorteil: etwa in der Eröffnungsszene von *Star Wars,* in der ein Sternenzerstörer langsam vor der tiefen Schwärze des Weltalls auftaucht und dramatisch über den oberen Rand des Bildes ragt. So bekommt man das Gefühl, der Sternenzerstörer sei eine riesige, gewaltige Bestie, obwohl in Wirklichkeit ein vielleicht knapp einen Meter langes Modell gefilmt wurde. Dieser Trick funktioniert auf der großen Leinwand gut. Aber in einem fahrerlosen Auto, wenn zwei dünne parallele Linien entweder eine Straße am Horizont oder der Stamm eines nahen Baumes sein können, wird die akkurate Einschätzung von Entfernung zu einer Frage von Leben und Tod.

Selbst wenn man mehr als eine Kamera verwendet und die Bilder geschickt kombiniert, um so ein 3-D-Bild der Umgebung zu erstellen, gibt es ein weiteres potenzielles Problem, das dadurch entsteht, dass man sich zu sehr auf neuronale Netze verlässt, wie Dean Pomerleau, ein Wissenschaftler der Carnegie-Mellon-Universität, bereits in den Neunzigerjahren entdeckte. Er arbeitete damals an einem Auto namens ALVINN, dem Autonomen Landfahrzeug in einem neuronalen Netz (Autonomous Land Vehicle In a Neural Network), das darauf trainiert wurde, seine Umgebung durch die Handlungen eines menschlichen Fahrers zu erkennen. Pomerleau und andere saßen am Steuer, unternahmen lange Fahrten mit ALVINN und nahmen alles auf, was sie dabei taten. Dies bildete den Trainingsdatensatz für die neuronalen Netze: Fahre überall dort, wo ein Mensch fahren würde, meide alles andere.[26]

Anfangs funktionierte das hervorragend. Nach dem Training war ALVINN in der Lage, eine einfache Straße problemlos alleine zu befahren. Aber dann fuhr ALVINN über eine Brücke, und von da an lief alles schief. Plötzlich geriet das Auto ins Schlingern, und Pomerleau musste das Lenkrad ergreifen, um das Fahrzeug vor dem Absturz zu bewahren.

Wochenlang ackerte sich Pomerleau durch die Daten des Vorfalls und fand schließlich heraus, wo das Problem lag: Entlang aller Straßen, auf denen ALVINN trainiert worden war, war auf beiden Seiten Gras gewachsen. Genau wie die neuronalen Netze, um die es im Kapitel «Medizin» ging und die Huskys auf der Grundlage des Schnees in den Bildern erkannten, hatte das neuronale Netz von ALVINN das Gras als Schlüsselindikator dafür benutzt, wo man fahren konnte. Als kein Gras da war, wusste die Maschine nicht mehr, was sie tun sollte.

Im Gegensatz zu Kameras *können* Laser Entfernungen messen. Fahrzeuge, die ein System namens LiDAR (Light Detection and Ranging, auf Deutsch etwa: Objekterkennung und Entfernungsmessung durch Licht, erstmals eingesetzt bei der zweiten DARPA Grand Challenge 2005) verwenden, feuern ein Photon aus einem Laser ab, messen dann, wie lange es dauert, bis es von einem Hindernis abprallt und zurückkommt, und erhalten so eine gute Schätzung, wie weit dieses Hindernis entfernt ist. Doch das System hat nicht nur Vorteile: LiDAR hilft weder bei Textur noch bei Farbe, beim Lesen von Verkehrsschildern bringt es gar nichts, und über lange Strecken ist es nicht sehr genau. Mit Radar – das gleiche Prinzip, aber mit Radiowellen – erzielt man hingegen bei allen Wetterbedingungen gute Ergebnisse, es erkennt weit entfernte Hindernisse und kann sogar durch verschiedene Materialien hindurchsehen. Es bringt aber überhaupt nichts, wenn man etwas über die genaue Form oder Struktur eines Hindernisses wissen will.

Für sich genommen liefert keine dieser Datenquellen – weder Kamera noch LiDAR oder Radar – genügend Informationen, um zu erkennen, was um ein Fahrzeug herum geschieht. Die Lösung für ein funktionierendes fahrerloses Auto besteht darin, die Datenquellen zu kombinieren. Das wäre eine relativ einfache Aufgabe, wenn sie alle einheitlich dasselbe sehen würden, aber wenn sie es nicht tun, wird die Sache sehr viel schwieriger.

Nehmen wir als Beispiel die Steppenläuferpflanze, die eines der Fahrzeuge in der ersten DARPA Grand Challenge außer Gefecht setzte, und stellen wir uns vor, unser selbstfahrendes Auto befindet sich in der gleichen Situation. Das LiDAR-System sagt uns, dass ein Hindernis vor uns liegt. Die Kamera stimmt dieser Einschätzung zu. Das Radar, das die fadenscheinige Steppenpflanze durchdringen kann, meldet allerdings, dass kein Grund zur Sorge besteht. Welchem Sensor sollte der Algorithmus in diesem Fall vertrauen?

Was geschieht, wenn die Kamera Vorrang hat? Wenn dann an einem bewölkten Tag ein großer weißer Lastwagen den Weg des Fahrzeugs kreuzt, wären sich LiDAR und Radar einig, dass man auf die Bremse treten muss, aber vor dem Hintergrund des wolkenverhangenen weißen Himmels erkennt die Kamera keine Gefahr.

Und als wäre dieses Problem nicht schon schwer genug zu lösen, gibt es noch ein weiteres: Man muss nicht nur daran denken, dass die Sensoren die Umgebung falsch interpretieren könnten, sie messen womöglich auch noch falsch.

Sie haben bestimmt schon den blauen Kreis bei Google Maps bemerkt, der Ihren Standort markiert – er ist da, um auf eine potenzielle Abweichung in der GPS-Anzeige hinzuweisen. Manchmal ist der blaue Kreis klein und markiert die Position des Nutzers präzise, manchmal deckt er einen deutlich größeren Bereich ab und hat seinen Mittelpunkt an der falschen Stelle. In den meisten Fällen spielt das keine Rolle. Wir wissen, wo wir sind, und können falsche Informationen ignorieren. Aber ein selbstfahrendes Auto hat kein Basiswissen über seine Position. Wenn es auf einer weniger als vier Meter breiten Fahrspur auf der Autobahn fährt, kann es sich für eine genaue Positionsbestimmung nicht allein auf GPS verlassen.

GPS ist nicht der einzige Messwert, der zu Ungenauigkeiten neigt. Bei jeder Messung, die das Fahrzeug vornimmt, gibt es eine gewisse Fehlertoleranz: Radarmessungen, Beschleunigung, Neigung und Trägheit des Fahrzeugs, die Drehgeschwindigkeit der Räder. Nichts davon ist jemals zu 100 Prozent verlässlich. Außerdem erschweren verschiedene Bedingungen die Situation zusätzlich: Regen wirkt sich auf LiDAR aus;[27] grelles Sonnenlicht kann die Kameras beeinträchtigen;[28] und lange, holprige Fahrtstrecken bringen die Beschleunigungssensoren durcheinander.[29]

Am Ende steht man mit einem riesigen Wirrwarr von Signalen da. Fragen, die einfach schienen – Wo bin ich? Was ist um mich herum? Was soll ich tun? –, sind plötzlich erstaunlich schwer zu beantworten. Es ist fast unmöglich zu wissen, was man glauben soll.

Fast unmöglich. Aber nicht völlig.

Denn zum Glück gibt es einen Weg aus diesem ganzen Chaos heraus – eine Möglichkeit, wie man in einer chaotischen Welt sinnvolle Vermutungen anstellen kann. Und sie basiert auf einer phänomenal mächtigen mathematischen Formel: dem Satz von Bayes.

Die große Gemeinde von Pfarrer Bayes

Der Satz von Bayes gehört zu den einflussreichsten Ideen der Menschheitsgeschichte, das kann man ohne Übertreibung behaupten. Bei Wissenschaftlern, Experten für maschinelles Lernen und Statistikern löst er beinahe kultische Begeisterung aus. Sein Kern ist eine außergewöhnlich einfache Idee. Sie ist so einfach, dass man erst einmal denkt, das sei doch offensichtlich.

Ich möchte das an einem besonders trivialen Beispiel illustrieren.

Stellen Sie sich vor, Sie säßen beim Abendessen in einem Restaurant. Während der Mahlzeit beugt sich Ihre Begleitung zu Ihnen herüber und flüstert, sie habe am Tisch hinter Ihnen Lady Gaga entdeckt.

Bevor Sie sich umdrehen und nachsehen, werden Sie zweifellos ein Gefühl dafür haben, ob Sie der Theorie Ihrer Begleitung glauben können. Dabei werden Sie alles, was Sie bereits wissen, berücksichtigen: vielleicht die Qualität des Restaurants; die Entfernung zu Malibu, wo Lady Gaga wohnt; die Sehkraft Ihrer Begleitung. Solche Dinge. Wenn Sie müssten, könnten Sie beziffern, wie sehr Sie diese Behauptung glauben. Mit einer Art Wahrscheinlichkeit.

Wenn Sie sich dann umdrehen, um sich die Frau anzusehen, werden Sie automatisch alles, was Sie sehen, nutzen, um zu aktualisieren, wie sehr Sie der Hypothese Ihrer Begleitung glauben. Vielleicht stimmt das platinblonde Haar mit dem überein, was Sie bei Lady Gaga erwarten würden, also steigt die Glaubwürdigkeit. Aber die Tatsache, dass sie ganz allein dasitzt, ohne Leibwächter, senkt sie wiederum. Entscheidend ist, dass jede neue Beobachtung zu Ihrer Gesamtbeurteilung beiträgt.

Mehr macht der Satz von Bayes nicht: Er bietet eine systematische Möglichkeit, um Ihre Zuversicht, dass eine Hypothese stimmt, auf Grundlage der vorliegenden Beweise zu aktualisieren.[30] Er anerkennt, dass man sich nie ganz sicher sein kann, ob die fragliche Theorie stimmt, aber er erlaubt Ihnen, aus den verfügbaren Informationen die bestmögliche Einschätzung abzuleiten. Wenn Sie also sehen, dass die Frau am Tisch gegenüber ein Kleid aus Fleischlappen trägt – eine Kleiderwahl, die in der Nicht-Gaga-Bevölkerung eher unwahrscheinlich ist –, könnte das ausreichen, um die Glaubwürdigkeit der Theorie so weit zu erhöhen, dass Sie zu dem Schluss kommen, dass die Frau in diesem Restaurant tatsächlich Lady Gaga ist.

Aber der Satz von Bayes beschreibt nicht nur formelhaft die Art und Weise, wie Menschen heute schon Entscheidungen treffen. Er ist wesentlich bedeutender. Oder wie Sharon Bertsch McGrayne, Autorin von *Die Theorie, die nicht sterben wollte,* es ausdrückte: «Bayes widerspricht der tiefen Überzeugung, dass die moderne Wissenschaft Objektivität und Präzision erfordert.»[31] Bayes stellt einen Mechanismus zur Verfügung, mit dem man den Glauben an etwas messen kann, und erlaubt es, aus skizzenhaften Beobachtungen, aus chaotischen, unvollständigen und näherungsweisen Daten – sogar aus Unwissenheit – vernünftige Schlüsse zu ziehen.

Doch mit Bayes lassen sich nicht nur bereits bestehende Vermutungen bestätigen. Wie sich zeigte, gelangt man oft zu kontraintuitiven Schlussfolgerungen, wenn man gezwungen wird, seinen Glauben an etwas zu quantifizieren. Der Satz von Bayes erklärt, warum im Beispiel von Seite 84 im Kapitel «Justiz» mehr Männer als Frauen irrtümlich als zukünftige Mörder identifiziert werden. Und er erklärt, warum man wegen der Fehlerquote bei den Tests auch dann wahrscheinlich keinen Brustkrebs hat, wenn man eine positive Diagnose bekommt (siehe Kapitel «Medizin», Seite 114 f.). Bayes ist für alle wissenschaftlichen Bereiche ein mächtiges Werkzeug, um zusammenzufassen und zu verstehen, was man tatsächlich weiß.

Aber so richtig zur Geltung kommt die Bayes'sche Denkweise erst, wenn man versucht, mehr als eine Hypothese gleichzeitig zu überprüfen – wenn man beispielsweise versucht, anhand der Symptome eines Patienten zu diagnostizieren, was ihm fehlt,* oder wenn man anhand von Sensorwerten die Position eines selbstfahrenden Autos ermitteln will. Theoretisch könnte jede Krankheit, jeder Punkt auf der Karte der gesuchten Lösung entsprechen. Man muss nur die Beweise gegeneinander abwägen, um herauszufinden, was am wahrscheinlichsten das Richtige ist.

Und in dieser Hinsicht ähnelt die Suche nach dem Standort eines fahrerlosen Autos dem Problem, das Thomas Bayes, den britischen presbyterianischen Pastor und talentierten Mathematiker, nach dem die Formel benannt ist, vor ein Rätsel stellte. Mitte des 18. Jahrhunderts schrieb er eine Abhandlung, in der er detailliert ein Spiel beschrieb, das er sich ausgedacht hatte, um das Problem zu erklären. Und zwar ungefähr so:[32]

Stellen Sie sich vor, Sie sitzen mit dem Rücken zu einem quadratischen Tisch. Ohne dass Sie es sehen, werfe ich einen roten Ball auf den Tisch. Sie sollen jetzt auf einer Tafel die Stelle markieren, wo der Ball auf dem Tisch Ihrer Vermutung nach gelandet ist. Das ist keine einfache Aufgabe, denn ohne jegliche Informationen, die Ihnen weiterhelfen würden, können Sie nicht wirklich wissen, wo der Ball auf dem Tisch liegt.

Um Ihnen die Vermutung zu erleichtern, werfe ich einen zweiten Ball mit einer anderen Farbe auf denselben Tisch. Sie sollen immer noch die Position des ersten, roten Balls bestimmen, aber dieses Mal sage ich Ihnen, wo der zweite Ball im Verhältnis zum ersten auf dem Tisch landet: ob vor, hinter, links oder rechts vom roten Ball. Sie dürfen Ihre Kreidemarkierung wegwischen und Ihre Vermutung aktualisieren.

Dann wiederholen wir das Ganze. Ich werfe einen dritten, vierten und fünften Ball auf den Tisch, und jedes Mal sage ich Ihnen,

* Der IBM-Computer Watson im Kapitel «Medizin» wendet die sogenannte Bayes-Inferenz in großem Umfang an. Siehe https://www.ibm.com/developerworks/library/os-ind-watson/index.html.

wo der Ball jeweils im Verhältnis zum allerersten roten landet – dessen Position Sie zu erraten versuchen.

Je mehr Bälle ich werfe und je mehr Informationen ich Ihnen gebe, umso klarer sollten Sie die Position des roten Balls vor Ihrem inneren Auge sehen. Sie werden nie mit absoluter Sicherheit wissen, wo er sich befindet, aber Sie können Ihre Vermutungen über seine Position so lange aktualisieren, bis Sie von einer Antwort überzeugt sind.

In gewissem Sinne ist die wahre Position des fahrerlosen Autos vergleichbar mit der Position des roten Balles. Statt einer Person, die mit dem Rücken zum Tisch sitzt, versucht ein Algorithmus genau zu ermitteln, wo sich das Auto in diesem Moment befindet, und statt der anderen Bälle, die auf den Tisch geworfen werden, gibt es Datenquellen: das GPS, die Trägheitsmessungen und so weiter. Keine dieser Messungen zeigt dem Algorithmus an, wo sich das Auto befindet, aber jede trägt ein kleines Stückchen Information bei, anhand dessen der Algorithmus seine Vermutung aktualisieren kann. Dieser Trick wird als «probabilistische Inferenz» bezeichnet, und dabei wird die wahre Position des Objekts anhand der Daten (mit Unterstützung von Bayes) hergeleitet. Richtig zusammengepackt, steckt dahinter einfach ein weiterer selbstlernender Algorithmus.

Bis zur Jahrtausendwende hatten die Ingenieure genug Übung mit Marschflugkörpern, Raketenkreuzern und Flugzeugen gesammelt, um zu wissen, wie sie das Positionsproblem angehen konnten. Es war immer noch keine triviale Aufgabe, ein selbstfahrendes Auto die Frage «Wo bin ich?» beantworten zu lassen, aber mit ein wenig Überlegung à la Bayes war es zumindest lösbar.

Zwischen dem Roboterfriedhof der Grand Challenge 2004 und dem beeindruckenden technologischen Triumph bei der Grand Challenge 2005 – bei der fünf verschiedene Fahrzeuge ohne menschliches Eingreifen mehr als 150 Kilometer zurücklegten – waren viele große Entwicklungssprünge Bayes zu verdanken. Algorithmen, die auf Ideen von Bayes basierten, hatten zur Lösung weiterer Fragen, die die Fahrzeuge beantworten mussten, beigetragen: «Was ist um mich herum?» und «Was soll ich tun?»

Sollte ein selbststeuerndes Auto einen Fußgänger überfahren, um das Leben der Insassen zu retten?

Beschäftigen wir uns zunächst mit der zweiten Frage. Denn zu genau diesem Thema sagte ein Sprecher von Mercedes-Benz im Frühherbst 2016 in einer ruhigen Ecke einer ansonsten geschäftigen Messehalle beim Pariser Autosalon etwas Bemerkenswertes. Der Leiter der Abteilung für Fahrerassistenzsysteme und aktive Sicherheit des Konzerns, Christoph von Hugo, wurde in einem Interview gefragt, wie sich ein fahrerloser Mercedes bei einem Zusammenstoß verhalten würde.

«Wenn man das Leben zumindest einer Person retten kann, rettet man wenigstens das eine», antwortete er.[33]

Das klingt zunächst einmal vernünftig und logisch. Keine Schlagzeile wert.

Nur wurde Hugo nicht nach einem zurückliegenden Unfall gefragt. Man wollte mit der Frage seine Reaktion auf ein altbekanntes Gedankenexperiment aus den Sechzigerjahren testen, bei dem man zwischen zwei Übeln wählen muss. Ursprünglich ging es bei dem «Weichenstellerproblem» um eine Straßenbahn, die außer Kontrolle gerät. An selbstfahrende Autos angepasst, klingt das Problem etwa so:

Stellen Sie sich vor, Sie sitzen wenige Jahre in der Zukunft als Passagier in einem autonomen Fahrzeug und fahren sorglos durch eine Stadt. Vor Ihnen schaltet eine Ampel auf Rot, aber aufgrund eines mechanischen Versagens im Auto können Sie nicht anhalten. Eine Kollision ist unvermeidbar, aber das Auto hat eine Wahlmöglichkeit: Entweder es verlässt die Straße und fährt gegen eine Betonwand. Dabei sterben alle Fahrzeuginsassen. Oder es fährt geradeaus weiter und rettet damit alle Menschen im Auto, tötet aber die Fußgänger, die gerade die Straße überqueren. Was sollte das Auto gemäß seiner Programmierung in diesem Fall tun? Wie entscheidet man, wer sterben soll?

Zweifellos haben Sie dazu Ihre eigene Meinung. Vielleicht finden Sie, das Auto sollte einfach versuchen, so viele Leben wie möglich zu retten. Oder vielleicht sind Sie der Ansicht, dass «Du sollst nicht töten» alle anderen Überlegungen außer Kraft setzen und der Mensch, der in der Maschine sitzt, die Folgen tragen sollte.

Hugo machte die Position von Mercedes zu dieser Frage deutlich: «Rette die Person im Auto.» Er fügte hinzu: «Wenn man mit Sicherheit nur weiß, dass ein Tod verhindert werden kann, dann hat das oberste Priorität.»

In den Tagen nach dem Interview schimpfte das ganze Internet über die Haltung von Mercedes. «Die Autos von Mercedes werden sich genauso verhalten wie das typische Klischee eines Fahrers europäischer Luxuskarossen», schrieb jemand.[34] Bei einer Umfrage, die die Zeitschrift *Science* in jenem Sommer veröffentlichte, gaben 76 Prozent der Befragten an, es wäre moralischer, wenn selbstfahrende Fahrzeuge möglichst viele Leben retten, also die Fahrzeuginsassen töten würden.[35] Mercedes stand damit gegen die Meinung der Mehrheit.

Oder doch nicht? Denn als die Teilnehmer derselben Studie gefragt wurden, ob sie ein Auto *kaufen* würden, das sie unter diesen Umständen töten würde, waren die Menschen plötzlich nicht mehr ganz so willens, sich selbst für das Wohl anderer zu opfern.

An diesem Dilemma scheiden sich die Geister – und nicht nur im Hinblick darauf, was die Menschen für die richtige Antwort halten. Technikreporter und andere Journalisten stellen die Frage nach wie vor gerne, aber alle Experten für autonomes Fahren, die ich befragt habe, verdrehten die Augen, wenn ich das Weichenstellerproblem ansprach. Ich persönlich mag es immer noch. Seine Einfachheit zwingt uns, einen wichtigen Aspekt selbstfahrender Autos anzuerkennen und uns zu fragen, wie wir zu einem Algorithmus stehen, der ein Werturteil über unser eigenes und das Leben anderer Menschen fällt. Im Zentrum dieser neuen Technologie stehen – wie bei fast allen Algorithmen – Fragen zu den Themen Macht, Erwartungen, Kontrolle und das Übertragen von Verantwortung. Und wir müssen uns fragen, ob wir erwarten können, dass sich Technologie an uns anpasst und nicht wir uns an die Technologie. Aber ich habe auch Verständnis für die reservierten Reaktionen der Experten. Sie wissen besser als jeder andere, wie lang der Weg noch ist, bevor wir uns in der Praxis mit dem Weichenstellerproblem befassen müssen.

Gegen die Straßenverkehrsordnung verstoßen

Seit dem DARPA-Wettbewerb gab es, dank dem Satz von Bayes und der Macht der Wahrscheinlichkeit, viele Innovationen bei den autonomen Fahrzeugen. Ich fragte Paul Newman, Professor für Robotik an der Universität Oxford und Gründer von Oxbotica, einem Unternehmen, das fahrerlose Autos baut und sie auf den Straßen Großbritanniens testet, wie seine neuesten autonomen Fahrzeuge funktionieren, und er erklärte: «Da gibt es viele, viele Millionen Zeilen Programmcode, aber man könnte das Ganze als eine einzige probabilistische Inferenz bezeichnen. Das ganze Ding.»[36]

Aber die Bayes-Inferenz erklärt nicht nur in weiten Teilen, wie selbstfahrende Autos möglich sind, sondern sie zeigt auch, dass vollständige Autonomie, ohne jegliches Eingreifen eines menschlichen Fahrers, eine extrem schwer zu knackende Nuss ist.

Paul Newman führt ein Beispiel an: «Stellen Sie sich vor, zwei Fahrzeuge fahren mit hoher Geschwindigkeit aufeinander zu» – und zwar auf einer leicht kurvigen Bundesstraße. Ein menschlicher Fahrer hat mit dieser Situation kein Problem, da er weiß, dass das andere Auto auf seiner eigenen Spur bleiben und mit ein paar Metern Sicherheitsabstand seitlich vorbeifahren wird. «Aber eine ganze Zeit lang sieht es so aus, als würden die beiden zusammenstoßen», erklärt Newman. Wie bringt man einem fahrerlosen Auto bei, in dieser Situation nicht in Panik zu geraten? Das Fahrzeug soll ja nicht von der Straße abkommen, um eine Kollision zu vermeiden, zu der es ohnehin nicht gekommen wäre. Aber es soll auch nicht unvorsichtig werden, wenn tatsächlich ein Frontalzusammenstoß droht. Immerhin stellen diese Autos immer nur begründete Vermutungen darüber an, was sie tun sollen. Wie bringt man ein solches Auto dazu, wirklich jedes Mal richtig zu raten? «Das ist ein unglaublich schwieriges Problem», sagt Newman.

An diesem Problem haben sich die Experten lange Zeit die Zähne ausgebissen, aber es gibt tatsächlich eine Lösung. Sie besteht darin, dass man ein Modell des Verhaltens anderer – vernünftiger – Fahrer erstellt. Bei anderen, leicht abgewandelten Fahrsituationen funktioniert das leider nicht.

Newman erklärt: «Schwierig sind alle Probleme beim Autofahren, die gar nichts mit dem Fahren selbst zu tun haben.» Zum Beispiel, wenn man einem Algorithmus beibringen will, dass man besonders vorsichtig fahren muss, wenn man die Klingelmelodie eines Eiswagens hört oder an Kindern vorbeifährt, die auf dem Gehweg Ball spielen. Oder wenn der Algorithmus das verwirrende Hüpfen eines Kängurus erkennen soll, ein Problem, mit dem der Autohersteller Volvo nach eigener Aussage zu kämpfen hat.[37] Im ländlichen Großbritannien ist das vermutlich kein besonders ernstes Problem, aber in Australien muss ein verkehrstaugliches Auto das beherrschen.

Oder noch schwieriger: Wie bringt man einem Auto bei, dass es manchmal gegen die Straßenverkehrsordnung verstoßen muss? Was, wenn Sie an einer roten Ampel stehen und jemand Sie hektisch dazu zu bewegen versucht, ein Stück vorzusetzen? Oder wenn ein Krankenwagen mit Blaulicht auf einer schmalen Straße vorbeifahren will und man auf den Bürgersteig fahren muss, um ihn durchzulassen? Oder wenn ein Tanklaster auf einer Landstraße quer steht und man irgendwie da vorbeikommen muss?

«Keiner dieser Fälle steht in der Straßenverkehrsordnung», sagt Newman völlig richtig. Und doch muss ein wirklich autonomes Auto wissen, was es in diesen Fällen zu tun hat, wenn es ohne jedes menschliche Eingreifen funktionieren soll. Auch in Notfällen.

Das heißt nicht, dass diese Probleme unüberwindbar sind. «Ich glaube, dass wir Maschinen auf jedes Intelligenzniveau bringen können», sagte Newman. «Die Frage ist nur, wann.»

Leider lautet die Antwort auf diese Frage: Wahrscheinlich nicht in absehbarer Zeit. Dieser Traum vom autonomen Fahren, den wir alle herbeisehnen, könnte noch sehr viel weiter entfernt sein, als wir denken.

Denn da wartet noch eine weitere Problemschicht, mit der man sich herumschlagen muss, wenn man diese Sci-Fi-Fantasie eines fahrerlosen, lenkradfreien Autos, mit dem man überall hinfahren und alles machen kann, realisieren will, und diese Probleme gehen weit über die rein technischen Herausforderungen hinaus. Ein vollständig autonomes Auto wird sich auch mit dem kniffligen Problem der Menschen auseinandersetzen müssen.

Der Soziologe Jack Stilgoe vom University College London ist ein Experte für die gesellschaftlichen Auswirkungen von Technologie und erklärt: «Menschen sind Störfaktoren. Sie sind aktive Handelnde und nicht einfach passive Bestandteile der Landschaft.»[38]

Stellen Sie sich für einen Augenblick eine Welt vor, in der es wirklich vollkommen autonome Fahrzeuge gibt. Die oberste Regel der Algorithmen im Auto wird besagen, dass Kollisionen, wenn irgend möglich, zu vermeiden sind. Und das verändert die Dynamik der Straße. Wenn ein Mensch vor dem fahrerlosen Auto steht, muss es anhalten. Wenn man an einer Kreuzung vor einem solchen Auto ausschert, muss es sich nachgiebig verhalten.

Ein Teilnehmer einer Fokusgruppe der London School of Economics drückte es so aus: «Man kann echt alles mit denen machen. Man kann ihnen den Weg abschneiden, und sie halten einfach an.» Übersetzung: Diese Autos können schikaniert werden.

Stilgoe bestätigt das: «Menschen, die bisher auf der Straße relativ machtlos sind, wie Radfahrer zum Beispiel, könnten dann sehr langsam vor selbstfahrenden Autos herfahren, weil sie wissen, dass das Auto nie aggressiv werden wird.»

Umgehen könnte man dieses Problem, indem man strengere Bestimmungen für Menschen einführt, die ihre Macht als Radfahrer oder Fußgänger missbrauchen. Natürlich gab es das schon einmal: Man denke nur an die Strafen, wenn man an einer Ampel bei Rot über die Straße geht. Oder man könnte alle anderen von den Straßen verbannen – wie es bei der Einführung des Autos gemacht wurde, weswegen man heute auf Autobahnen keine Fahrräder, Pferde, Karren, Kutschen oder Fußgänger sieht.

Wenn wir völlig autonome Autos wollen, müssen wir höchstwahrscheinlich wieder ähnliche Maßnahmen ergreifen und die Zahl der aggressiven Fahrer, Eiswagen, auf der Straße spielenden Kinder, Baustellenschilder, schwierigen Fußgänger, Einsatzfahrzeuge, Radfahrer, Elektromobile und alles andere, was Autonomie so erschwert, begrenzen. Das ist in Ordnung, aber derzeit wird uns diese Idee völlig anders verkauft.

«Immer wenn über Autonomie und Transport geredet wird, geht es nur darum, dass die Welt nicht verändert werden soll», sagt Stilgoe. «Es wird darüber geredet, dass die Welt so erhalten werden soll, wie sie ist, und dass die Roboter erst so gut wie und dann besser als ein Mensch fahren können sollen. Ich halte das für dumm.»

Aber ist dieses Problem nicht schon gelöst? Hat Waymo, das autonome Auto von Google, nicht schon Millionen von Kilometern zurückgelegt? Sind nicht derzeit schon völlig autonome (oder zumindest nahezu völlig autonome) Waymo-Autos auf den Straßen von Phoenix im US-Bundesstaat Arizona unterwegs?

Nun ja, das ist schon richtig. Aber nicht alle Straßenkilometer sind gleich. Die meisten sind so einfach zu fahren, dass man dabei tagträumen kann. Andere sind weitaus anspruchsvoller. Aktuell, während ich dies schreibe, dürfen Waymo-Autos nicht einfach überall herumfahren: Sie sind auf einen kleinen, geografisch begrenzten Bereich eingeschränkt. Dasselbe gilt für die fahrerlosen Autos, die Daimler und Ford bis 2020 bzw. 2021 auf die Straßen bringen wollen. Dort fährt man nur in Autos mit, die auf eine vorher festgelegte Strecke beschränkt sind. Das vereinfacht das Problem der Autonomie erheblich.

Paul Newman sieht darin die erwartbare Zukunft der fahrerlosen Autos: «Am Anfang werden sie in gut bekannten Gebieten fahren, wo die Besitzer davon ausgehen können, dass sie funktionieren. Das könnte ein Stadtteil sein, aber nicht irgendein Ort mit ungewöhnlichen Straßen oder wo Kühe im Weg stehen. Vielleicht werden sie zu bestimmten Tageszeiten und bei bestimmten Wetterbedingungen fahren. Sie werden für Beförderungsdienste eingesetzt werden.»

Das ist nicht ganz dasselbe wie vollständige Autonomie. Jack Stilgoe sagt über den notwendigen Kompromiss: «Was wie ein autonomes System aussieht, ist in Wahrheit nur ein System, bei dem die Welt eingeschränkt wird, damit es autonom wirkt.»

Die Vision, die uns mittlerweile vorschwebt, ist nur eine optische Täuschung. Eine Fata Morgana, die einen luxuriösen Privatchauffeur für alle verspricht, in Wahrheit aber nur ein Minibus für die Nachbarschaft ist.

Das letzte Wort zum Thema überlasse ich einer der größten Automobilzeitschriften der Vereinigten Staaten – *Car and Driver:*

> Kein Autokonzern rechnet damit, dass die futuristische, unfallfreie Utopie mit Straßen voller autonomer Fahrzeuge in absehbarer Zeit Realität wird. Das wird noch Jahrzehnte dauern. Aber sie wollen an den Wertpapierbörsen ernst genommen werden und die Fantasie einer Öffentlichkeit, die sich immer weniger fürs Autofahren interessiert, anregen. Und bis es so weit ist, wollen sie viele Fahrzeuge mit der modernsten Fahrerassistenztechnologie verkaufen.[39]

Die Technologie des autonomen Fahrens wird in sechs Stufen eingeteilt: von Stufe 0 – keinerlei Automatisierung – bis Stufe 5 – der Traum vom völlig autonomen Fahrzeug. Dazwischen gibt es noch eine Bandbreite, die von automatischer Geschwindigkeitsregelung (Stufe 2) bis zu Fahrzeugen reicht, die in geografisch begrenzten Gebieten autonom fahren können (Stufe 4). Umgangssprachlich gilt folgende Abstufung: Stufe 1 – ohne Füße; Stufe 2 – ohne Hände; Stufe 3 – ohne Augen; Stufe 4 – ohne Gehirn.

Nun gut, Stufe 5 ist also noch nicht in Sicht, und Stufe 4 wird nicht ganz die Erwartungen erfüllen, aber die Automatisierung bietet viele Möglichkeiten, bevor wir das Ziel endgültig erreichen. Warum sollten wir das Niveau in unseren Privatautos nicht langsam erhöhen? Wir können Autos mit Lenkrädern, Bremspedalen und Fahrern auf Fahrersitzen bauen, bei denen Menschen im Notfall eingreifen und übernehmen. Das reicht doch, bis die Technologie ausgereift ist.

Leider ist die Sache nicht ganz so einfach. Denn die Geschichte nimmt noch eine letzte unerwartete Wendung in Form einer ganzen Reihe weiterer Probleme. Eine unvermeidbare Hürde bei allen autonomen Fahrformen, bei denen der Mensch noch eine gewisse Rolle spielt.

Das Firmen-Baby

Die Piloten der Air France nannten Pierre-Cédric Bonin nur das «Firmen-Baby».[40] Er hatte bereits im zarten Alter von 26 Jahren als Pilot bei der Fluggesellschaft angefangen. Damals hatte er erst wenige Hundert Flugstunden absolviert gehabt. Als er den Schicksalsflug Air France 447 antrat, war er 32 Jahre alt und hatte respektable 2936 Stunden in der Luft absolviert, war damit aber immer noch der mit Abstand unerfahrenste der drei Piloten an Bord.[41]

Das Flugzeug, das am 31. Mai 2009 mit Bonin am Steuer vom Rollfeld des Flughafens Galeão International in Rio de Janeiro mit dem Ziel Paris abhob,[42] war ein Airbus A330, eines der technisch ausgereiftesten Flugzeuge, die für die zivile Luftfahrt je gebaut wurden. Abgesehen von Start und Landung, war der Autopilot technisch in der Lage, den gesamten Flug praktisch allein durchzuführen. Und für den Fall, dass der Pilot das Flugzeug selbst steuerte, war eine Vielzahl an Sicherungen eingebaut, um die Gefahr menschlichen Versagens zu minimieren.

Doch automatisierte Systeme, die im Grunde mit jedem Problem, das die Entwickler voraussahen, sicher umgehen können, bergen eine versteckte Gefahr. Wenn Piloten nur noch dazu da sind, bei außergewöhnlichen Umständen zu übernehmen, verlernen sie die notwendigen Fertigkeiten, die sie brauchen, um das System selbst zu steuern. Sie können dann nur auf wenig Erfahrung zurückgreifen, um in einem unerwarteten Notfall zu reagieren.

Und genau das geschah bei dem Air-France-Flug 447. Zwar hatte Bonin mehrere Tausend Flugstunden im Cockpit eines Airbus angehäuft, aber seine tatsächliche Erfahrung im Steuern einer A330 von Hand war minimal. Als Pilot hatte er vor allem das automatische System überwacht. Das führte dazu, dass Bonin nicht wusste, wie er das Flugzeug sicher steuern musste, als sich der Autopilot an jenem Abend abschaltete.[43]

Die Schwierigkeiten begannen, als sich auf den Fluggeschwindigkeitssensoren im Rumpf Eiskristalle bildeten. Dadurch bekam der Autopilot keine sinnvollen Daten mehr, löste in der Kabine Alarm aus und übergab die Verantwortung an die menschliche Besatzung. Das war an sich noch kein Grund zur Besorgnis. Als das Flugzeug aber in kleine Turbulenzen geriet, überreagierte der unerfahrene Bonin. Das Flugzeug neigte sich sanft nach rechts, und Bonin zog das Steuerruder links. Gleichzeitig zog er das Ruder auch noch nach hinten, sodass das Flugzeug steil nach oben stieg.[44]

Die Luft um das Flugzeug herum wurde immer dünner, doch Bonin hielt das Steuerruder weiter nach hinten gezogen, bis die Nase des Flugzeugs so steil nach oben ragte, dass die Flügel den Luftstrom nicht mehr nutzten, sondern behinderten. Das Flugzeug verlor schlagartig jeden Auftrieb und stürzte im freien Fall, mit der Nase nach oben, vom Himmel.

Im Cockpit dröhnten Alarmsignale. Der Kapitän stürmte aus der

Ruhekabine herein. Der AF447 fiel mit 3000 Kilometern pro Minute Richtung Ozean.

Inzwischen waren die Eiskristalle geschmolzen, das mechanische System funktionierte wieder einwandfrei, und der Ozean war noch weit genug entfernt, dass die Piloten das Flugzeug noch rechtzeitig hätten abfangen können. Bonin und sein Copilot hätten jeden an Bord in nur 10 bis 15 Sekunden retten können, wenn sie einfach das Steuerruder nach vorne gedrückt und so die Nase des Flugzeugs gesenkt hätten, damit der Luftstrom wieder über die Flügel fließen konnte.[45]

Doch Bonin zog das Steuerruder in seiner Panik unverändert zu sich her. Niemand merkte, dass er das eigentliche Problem verursachte. Wertvolle Sekunden verstrichen. Der Kapitän schlug vor, das Flugzeug in die Waagrechte zu bringen. Sie diskutierten kurz, ob sie stiegen oder sanken. Schließlich, auf zweieinhalbtausend Metern Höhe, übernahm der Copilot das Steuer.[46]

«Hoch ... hoch ... hoch ... hoch ...», hört man den Copiloten rufen.

«Aber ich habe das Steuerruder die ganze Zeit zurückgezogen», antwortete Bonin.

Endlich fiel beim Kapitän der Groschen. Er erkannte, dass sie sich seit mehr als drei Minuten mit Strömungsabriss im freien Fall befanden, und befahl, die Nase des Flugzeugs zu senken. Zu spät. Sie befanden sich inzwischen zu weit unten. Bonin schrie: «Verdammt! Wir werden aufprallen. Das kann doch nicht wahr sein!»[47] Wenige Augenblicke später stürzte das Flugzeug in den Atlantik. Alle 228 Menschen an Bord kamen dabei ums Leben.

Paradoxe der Automatisierung

Im Jahr 1983, 26 Jahre vor dem Absturz der Air-France-Maschine, verfasste die Psychologin Lisanne Bainbridge eine wegweisende Abhandlung über die versteckten Gefahren, wenn man sich zu sehr auf automatische Systeme verlässt.[48] Wenn man eine Maschine baue, um die Leistung von Menschen zu verbessern, führe das – paradoxerweise – zu einer Reduzierung menschlicher Fähigkeiten.

Heute hat das jeder schon auf die eine oder andere Art erlebt. Aus diesem Grund können sich viele Menschen heute keine Telefonnummern mehr merken, ihre eigene Handschrift kaum noch lesen und finden sich ohne GPS nicht mehr zurecht. Wenn die Technik all das für uns übernimmt, haben wir keine Gelegenheit mehr, unsere Fähigkeiten zu trainieren.

Es gibt Befürchtungen, dass das Gleiche auch bei autonomen Fahrzeugen geschehen könnte – wo die Folgen womöglich sehr viel schwerwiegender sind als bei der Handschrift. Solange die Fahrzeuge noch nicht vollständig autonom funktionieren, werden sie immer wieder unerwartet die Kontrolle an den Fahrer übergeben. Werden wir uns dann instinktiv daran erinnern, was wir tun müssen? Werden junge Fahranfänger in Zukunft überhaupt die Möglichkeit bekommen, sich die notwendigen Fähigkeiten anzueignen?

Aber es gibt noch ein weiteres Problem, das man bedenken muss, selbst wenn alle Fahrer kompetent bleiben (wobei das «bleiben» großzügig ausgelegt wird).* Denn was der menschliche Fahrer tut, bevor der Autopilot sich ausschaltet, ist ebenfalls wichtig.

* Es gibt Möglichkeiten, wie man das Problem der mangelnden Übung lösen kann. Seit dem Absturz der Air-France-Maschine wird bei der Ausbildung neuer Piloten stärker darauf geachtet, dass sie lernen, ein Flugzeug zu fliegen, wenn der Autopilot ausfällt. Außerdem werden alle Piloten aufgefordert, den Autopiloten regelmäßig auszuschalten, um in Übung zu bleiben.

Dabei gibt es nur zwei Möglichkeiten, die beide nicht besonders ansprechend sind – wie Bainbridge schreibt.

Bei einem Auto der Automatisierungsstufe 2 muss der Fahrer die Straße die ganze Zeit aufmerksam beobachten.[49] Das System muss noch sorgfältig überwacht werden, weil es allein noch nicht verlässlich genug ist. Die Zeitschrift *Wired* schrieb über diese Stufe: «Das ist so, als wollte man ein Kleinkind dazu bringen, dass es beim Abwaschen hilft.»[50]

Der Autopilot von Tesla ist ein aktuelles Beispiel für diesen Ansatz.[51] Im Moment ist es nur ein schickes Geschwindigkeitsregelungssystem – es lenkt, bremst und beschleunigt auf der Autobahn, aber der Fahrer muss die ganze Zeit über aufmerksam sein und jederzeit übernehmen können. Um das sicherzustellen, erklingt ein Alarmton, wenn man die Hände zu lange nicht am Lenkrad hat.

Doch dieser Ansatz wird letztendlich nicht erfolgreich sein, wie Bainbridge in ihrer Abhandlung schreibt. Es ist ganz einfach unrealistisch, von Menschen zu erwarten, dass sie wachsam sind: «Selbst hoch motivierte Menschen können sich nur etwa eine halbe Stunde auf eine visuelle Informationsquelle konzentrieren, bei der kaum etwas passiert.»[52]

Es gibt Hinweise, dass es Fahrern schwerfiel, Teslas Forderung umzusetzen, sich weiterhin ständig auf die Straße zu konzentrieren. Joshua Brown, der 2016 am Steuer seines Tesla starb, hatte den Autopiloten-Modus 37 ½ Minuten lang benutzt, als sein Auto mit einem Lastwagen zusammenstieß, der seine Spur querte. Laut einer Untersuchung der National Highway Traffic Safety Administration (US-Bundesbehörde für Straßen- und Fahrzeugsicherheit) hatte Brown zum Zeitpunkt des Zusammenstoßes nicht auf die Straße geschaut.[53] Der Unfall machte weltweit Schlagzeilen, doch dieses Aufsehen hielt keinen einzigen irrwitzigen YouTube-Nutzer davon ab, eifrig weitere Videos zu veröffentlichen, die zeigen, wie ein Fahrer seinem Auto vortäuschen kann, dass er aufpasst. Angeblich kann man die lästigen Alarmsignale, die an die Verantwortung erinnern, stoppen, indem man eine Dose Red Bull[54] auf das Lenkrad klebt oder eine Orange hineinklemmt.[55]

Andere Programme stoßen auf die gleichen Probleme. Auch bei den fahrerlosen Autos von Uber hat man Schwierigkeiten, die Fahrer dazu zu bringen, dass sie aufmerksam bleiben, obwohl diese Autos alle 20 Kilometer den Eingriff eines Menschen erfordern.[56] Am 18. März 2018 hatte ein autonomes Auto von Uber einen tödlichen Zusammenstoß mit einer Fußgängerin. Videoaufnahmen aus dem Inneren des Autos zeigten, dass der «menschliche Monitor», der hinter dem Lenkrad saß, kurz vor der Kollision nicht auf die Straße gesehen hatte.[57]

Das ist ein ernstes Problem, aber es gibt eine Alternative. Die Autohersteller könnten akzeptieren, dass Menschen menschlich sind, und anerkennen, dass ihre Aufmerksamkeit abschweift. Immerhin wird für das autonome Fahren auch damit *geworben*, dass man beim Fahren ein Buch lesen könne. Das macht den Hauptunterschied aus zwischen den Automatisierungsstufen 1 («ohne Hände») und 3 («ohne Augen»).

Letztere stellt sicherlich eine größere technische Herausforderung dar als Stufe 2, aber einige Hersteller haben bereits damit begonnen, ihre Autos auf unaufmerksame Menschen hin auszurichten. Der Staupilot von Audi ist ein solches Beispiel.[58] Er kann das Fahren komplett übernehmen, wenn man auf der Autobahn in zäh fließendem Verkehr steckt, sodass sich der Fahrer zurücklehnen und die Fahrt genießen kann. Man muss nur bereit sein einzugreifen, wenn etwas schiefgeht.*

Es gibt einen Grund, warum Audi sein System auf langsamen Verkehr und wenig befahrene Straßen beschränkt hat. Das Unfall-

* Fahrzeuge mit Automatisierungsstufe 3 wie jener Audi mit Staupilot, also dem nächsten Schritt nach der Teilautomatisierung, können unter gewissen Bedingungen die Kontrolle übernehmen. Dennoch muss der Fahrer bereit sein einzugreifen, wenn das Auto in eine Situation gerät, die es nicht versteht, aber er muss nicht mehr ständig die Straße und das Auto überwachen. Diese Stufe entspricht in etwa der Situation, die entsteht, wenn ich einen Teenager dazu gebracht habe, den Abwasch zu machen.

risiko ist bei einem Stau auf der Autobahn geringer. Und das ist wichtig. Denn wenn ein Mensch nicht mehr auf die Straße achtet, sind die Bedingungen im Notfall denkbar ungünstig.

Ein Fahrer, der nicht aufpasst, hat nur sehr wenig Zeit, seine Umgebung einzuschätzen und zu entscheiden, was zu tun ist. Stellen Sie sich vor, Sie sitzen in einem selbstfahrenden Auto und hören einen Alarm. Sie blicken von Ihrem Buch auf und sehen gerade noch, wie von einem Lastwagen vor Ihnen Ladung auf die Straße fällt. In einem Augenblick müssen Sie alle Informationen um sich herum verarbeiten: das Motorrad auf der linken Spur, den scharf bremsenden Transporter vor Ihnen, das Auto im toten Winkel auf der rechten Seite. Sie sind genau in dem Moment am wenigsten vertraut mit der Situation auf der Straße, in dem Sie den besten Überblick haben müssten; berücksichtigt man noch die mangelnde Fahrpraxis, dann bedeutet das, dass Sie denkbar schlecht darauf vorbereitet sind, mit Situationen umzugehen, die ein Höchstmaß an Geschicklichkeit erfordern.

Diese Tatsache ließ sich auch bei Simulationen bestätigen. Bei einer Studie, bei der Fahrer ein Buch lesen oder am Smartphone spielen durften, während das Auto selbstständig fuhr, stellte sich heraus, dass es nach einem Alarm bis zu 40 Sekunden dauerte, bis die Fahrer wieder vollständige Kontrolle über das Fahrzeug hatten.[59] Genau das geschah auch beim Air-France-Flug 447. Captain Dubois, von dem man erwartet hätte, dass er das Flugzeug im Handumdrehen rettet, brauchte etwa eine Minute zu lange, um zu begreifen, was vor sich ging, und eine einfache Lösung zu finden, die das Problem gelöst hätte.[60]

Paradoxerweise werden diese Probleme umso schlimmer, je besser die automatisierte Fahrzeugtechnik wird. Ein schlampiger Autopilot, der alle 15 Minuten Alarm auslöst, sorgt dafür, dass der Fahrer aufmerksam bleibt und regelmäßig übt. Wirklich aufpassen muss man bei den intelligenten automatischen Systemen, die reibungslos und fast immer zuverlässig funktionieren.

Gill Pratt, der die Forschungsabteilung von Toyota leitet, sagte deshalb:

> Der schlimmste Fall wäre ein Auto, das nur alle 200 000 Kilometer ein Eingreifen des Fahrers erfordert … Ein normaler Mensch, der alle 100 000 Kilometer ein [neues] Auto kauft, würde es nie erleben [dass die Automatik die Kontrolle abgibt]. Aber ab und zu, vielleicht einmal bei jedem zweiten Auto, käme es vor, dass plötzlich ein Piepsen ertönt und das Auto sagt: «Jetzt bist du dran!» Und der Fahrer, der das meist seit Jahren nicht mehr erlebt hat, wäre nicht darauf vorbereitet, wenn es geschieht.[61]

Hohe Erwartungen

Trotzdem gibt es gute Gründe, auf eine selbstfahrende Zukunft hinzuarbeiten. Die Vorteile überwiegen immer noch alle Nachteile. Autofahren ist nach wie vor weltweit eine der Hauptursachen für vermeidbare Todesfälle. Wenn die Technologie die Zahl der Verkehrstoten reduzieren kann, könnte man argumentieren, dass es unethisch wäre, sie *nicht* einzuführen.

Und es gibt zahlreiche weitere Vorteile: Schon einfache Fahrsysteme können den Kraftstoffverbrauch senken[62] und den Verkehr auflockern.[63] Außerdem ist die Vorstellung, mit 100 Kilometern pro Stunde fahren und die Hände auch nur für einen Moment vom Lenkrad nehmen zu können, ehrlich gesagt cool.

Die Warnungen von Bainbridge aber weisen auf ein weiteres Problem hin; es betrifft die heute gebräuchliche Darstellung von autonomer Fahrzeugtechnologie.

Ein Beispiel ist Tesla, einer der ersten Automobilhersteller, der einen Autopiloten auf den Markt gebracht hat. Das System hatte insgesamt zweifellos einen positiven Einfluss auf die Fahrsicherheit der Nutzer: Online-Videos vom «Notbremsassistenten», der erkennt, wenn ein Zusammenstoß droht, den Fahrer warnt und den Unfall verhindert, gibt es zuhauf.[64]

Aber die Sprache, mit der diese Autos beschrieben werden, entspricht nicht dem, was sie können – effektiv sind sie nur ein ausgefallener, nach vorne gerichteter Parksensor, kombiniert mit einem cleveren Tempomat. So gab Tesla im Oktober 2016 bekannt, dass «alle derzeit produzierten Tesla-Fahrzeuge über die vollständige Hardware für autonomes Fahren verfügen».* In einem Artikel in *The Verge* ergänzte Elon Musk, der Produktarchitekt von Tesla: «Das Update für vollständige Autonomie wird ab sofort Standard bei allen Tesla-Fahrzeugen sein.»[65] Diese Formulierung von der «umfassenden Autonomie» steht im Widerspruch zu dem Warnhinweis, die der Nutzer vor der Verwendung des aktuellen Autopiloten akzeptieren muss: «Sie dürfen die Kontrolle und Verantwortung für Ihr Fahrzeug nicht abgeben.»[66]

Erwartungen sind wichtig. Man kann darüber geteilter Meinung sein, aber ich halte Menschen, die Orangen in ihre Lenkräder klemmen – oder, schlimmer noch, wie ich in den dunklen Ecken des Internets entdecken musste, sogar Geräte entwickeln und verkaufen, die es Frühanwendern erlauben, beim Fahren die Aufmerksamkeitswarnungen des Autopiloten zu reduzieren oder auszuschalten** –, für eine unvermeidliche Folge der irreführenden Verwendung von Sprache durch eine an sich vertrauenswürdige Marke. Natürlich ist Tesla nicht der einzige Automobilkonzern, dem man das vorwerfen kann. Und jedes Unternehmen auf der Welt appelliert an unsere Vorstellungskraft, um seine Produkte zu verkaufen. Aber für mich ist es etwas völlig anderes, ob ich ein Parfum kaufe, weil ich glaube, dass es mich attraktiver macht, oder ob

* Im Februar 2018 war das «volle Potenzial für autonomes Fahren» eine Zusatzoption, die beim Kauf gegen Aufpreis gewählt werden kann, obwohl das Auto derzeit nicht über die Software für vollständig autonome Fahrten verfügt. Auf der Website von Tesla steht: «Wir können noch nicht präzise vorhersagen, wann die einzelnen Elemente der oben beschriebenen Funktionalität verfügbar sein werden» (Quelle: https://www.tesla.com/de_DE/models/design).

** Ein solches Produkt gibt es wirklich. Es heißt «Autopilot-Buddy» und kann für den Schnäppchenpreis von 179 US-Dollar erworben werden. Allerdings sollte man auf das Kleingedruckte auf der Website achten: «Der ‹Autopilot-Buddy› darf auf öffentlichen Straßen nicht verwendet werden.» (Quelle: https://www.autopilotbuddy.com/).

ich ein Auto kaufe, weil ich glaube, dass seine umfassenden Autonomiefunktionen meine Sicherheit erhöhen.

Aber auch von den Marketingstrategien abgesehen, frage ich mich ernsthaft, ob wir nicht insgesamt eine falsche Einstellung zu fahrerlosen Autos haben.

Inzwischen weiß man, dass Menschen wirklich gut darin sind, Feinheiten zu verstehen, Zusammenhänge zu analysieren, Erfahrungen anzuwenden und Muster zu erkennen. Richtig schlecht sind wir allerdings, wenn es auf Aufmerksamkeit, Präzision oder Beständigkeit ankommt oder wenn es darum geht, unsere Umgebung vollständig zu erfassen. Wir verfügen also über die genau gegenteiligen Fähigkeiten wie Algorithmen.

Warum orientiert man sich dann nicht am Beispiel der Tumorsuchsoftware in der Medizin, ergänzt die Fähigkeiten der Menschen durch die Fähigkeiten der Maschine und verbessert so die Leistung von beiden? Warum dreht man die Gleichung nicht einfach um und strebt ein selbstfahrendes System an, das den Fahrer unterstützt, statt umgekehrt – jedenfalls so lange, bis vollständige Autonomie erreichbar ist? Ein Sicherheitsnetz also wie ABS oder die Antriebsschlupfregelung, das die Straße geduldig überwacht und auf Gefahren achtet, die der Fahrer nicht bemerkt hat. Weniger Chauffeur und mehr Schutzengel.

Nach diesem Prinzip arbeitet man in der Forschungsabteilung von Toyota. Das Unternehmen baut zwei Modi in seine Autos ein. Es gibt den «Chauffeur»-Modus, der – wie der Staupilot von Audi – bei starkem Stau übernehmen kann, und den Guardian-, den «Schutzengel»-Modus, der im Hintergrund läuft, während ein Mensch fährt, und als Sicherheitsnetz fungiert, das das Unfallrisiko senkt, wenn der Fahrer etwas übersehen hat.[67]

Volvo verfolgt einen ähnlichen Ansatz. Die beeindruckende Sicherheit des Volvo XC90 wird im Allgemeinen auf das «automatische Notbremssystem» des Autobauers zurückgeführt, das ein Fahrzeug automatisch verlangsamt, wenn es zu dicht an ein vorausfahrendes Fahrzeug heranfährt. Seit dem britischen Verkaufsstart des Modells im Jahr 2002 wurden mehr als 50 000 Fahrzeuge dieses Typs gekauft, und in diesen Wagen ist bisher kein einziger Fahrer oder Mitfahrer bei einem Unfall ums Leben gekommen.[68]

Wie bei einem Großteil der fahrerlosen Technologie, die so heftig diskutiert wird, wird man auch hier abwarten müssen, wie sich die Dinge entwickeln. Aber eines ist sicher – mit der Zeit wird uns das autonome Fahren einige Lektionen erteilen, die weit über das Autofahren allein hinausgehen. Nicht nur in Bezug auf die Schwierigkeiten, wenn man Kontrolle abgibt, sondern was die realistischen Erwartungen bezüglich der Leistungsfähigkeit von Algorithmen betrifft.

Wenn das funktionieren soll, müssen wir unsere Denkweise anpassen. Wir werden die Vorstellung, dass Autos jedes Mal perfekt funktionieren sollten, über Bord werfen und akzeptieren, dass ein mechanisches Versagen ein seltenes Ereignis ist, dies auf algorithmisches Versagen aber in naher Zukunft fast mit Sicherheit nicht zutrifft.

Wenn wir also wissen, dass Fehler unvermeidlich sind, und auch wissen, dass wir keine andere Wahl haben, als uns der Unsicherheit zu stellen, werden uns die Dilemmas rund um das autonome Fahren zwingen zu entscheiden, wie gut etwas sein muss, bevor wir bereit sind, es auf unsere Straßen loszulassen. Das ist eine wichtige Frage, die auch für andere Bereiche gilt. Wie gut ist gut genug? Wenn man einen fehlerhaften Algorithmus entwickelt hat, der etwas berechnen *kann,* sollen wir es ihm dann erlauben?

Kriminalität

An einem warmen Sommertag im Juli 1995 packte eine 22-jährige Studentin ihre Bücher zusammen, verließ die Universitätsbibliothek in Leeds und ging zu ihrem Auto. Sie hatte den Tag über ihrer Abschlussarbeit den letzten Schliff gegeben und konnte nun den Rest des Sommers genießen. Sie setzte sich auf den Fahrersitz und wollte gerade losfahren, als sie hörte, wie jemand durch das mehrstöckige Parkhaus auf sie zurannte. Bevor sie reagieren konnte, hatte sich schon ein Mann durch das offene Fenster in den Wagen gebeugt und hielt ihr ein Messer an den Hals. Er drängte sie auf den Rücksitz, fesselte sie, klebte ihre Augenlider mit Superkleber zu, setzte sich ans Steuer und fuhr los.

Nach einer schrecklichen Fahrt hielt er an einer grasbewachsenen Böschung an. Sie hörte, wie er den Sitz zurückklappte und dann anfing, seine Kleider auszuziehen. Er wollte sie vergewaltigen. Sie wehrte sich blind, zog ihre Knie an die Brust und drängte ihn mit kräftigen Tritten zurück. Durch ihre Gegenwehr schnitt er sich mit dem Messer in seiner Hand in die Finger, und Blut tropfte auf die Sitze. Er schlug ihr zweimal ins Gesicht, stieg dann aber zu ihrer großen Erleichterung aus dem Auto und ging davon. Zwei Stunden nachdem ihre Qual begonnen hatte, wurde die Studentin auf der Globe Road in Leeds gefunden, wo sie verstört, mit zerzausten Haaren und zugeklebten Augenlidern umherirrte, ihr T-Shirt war zerrissen und das Gesicht rot, wo der Mann sie geschlagen hatte.[1]

Derartige sexuelle Angriffe auf Fremde sind unglaublich selten, aber wenn sie auftreten, gehören sie meist zu einer Vergewaltigungsserie. Und tatsächlich war dies nicht das erste Mal gewesen, dass dieser Mann zugeschlagen hatte. Als die Polizei das Blut aus dem Auto analysierte, fand sie heraus, dass seine DNA mit einer Probe von einer Vergewaltigung übereinstimmte, die sich zwei Jahre zuvor in einem anderen Parkhaus ereignet hatte. Dieser Angriff hatte etwa 100 Kilometer weiter südlich, in Nottingham, stattgefunden. Und nach einem Aufruf in der Sendung *BBC Crimewatch* (dem britischen *Aktenzeichen XY … ungelöst*) gelang es der Polizei außerdem, den Fall mit drei weiteren, zehn Jahre alten Vorfällen in Bradford, Leeds und Leicester in Verbindung zu bringen.[2]

Aber diesen speziellen Serienvergewaltiger aufzuspüren war nicht einfach. Die Tatorte waren über eine Fläche von 7046 Quadratkilometern verteilt – einen großen Teil des Landes. Die Polizei stand außerdem vor einer enormen Zahl potenzieller Verdächtiger – insgesamt waren es 33 628 –, von denen jeder Einzelne als Täter ausgeschlossen oder überprüft werden musste.[3]

Die Polizei startete eine riesige Suchaktion, und das nicht zum ersten Mal. Die Angriffe zehn Jahre zuvor hatten zu einer massiven Menschenjagd geführt; aber obwohl dabei an 14 153 Haustüren geklopft worden war und zahlreiche Haarproben und andere Beweise gesammelt worden waren, hatte die polizeiliche Untersuchung letztendlich nichts Neues ergeben. Es bestand die ernsthafte Gefahr, dass auch diese erneute Suche so enden würde, bis der kanadische Ex-Polizist Kim Rossmo und sein neu entwickelter Algorithmus zu Hilfe gerufen wurden.[4]

Rossmo hatte eine kühne Idee. Statt die riesigen Mengen bereits gesammelter Beweise zu berücksichtigen, würde sein Algorithmus praktisch alles ignorieren. Stattdessen würde er seine Aufmerksamkeit auf einen einzigen Faktor richten: die Geografie.

Rossmo dachte, der Täter wähle seine Tatorte möglicherweise nicht zufällig. Zwar hatten die Angriffe im ganzen Land stattgefunden, doch Rossmo fragte sich, ob es ein unbeabsichtigtes Muster geben könnte, das sich in der Geografie der Verbrechen verbarg – ein Muster, das einfach genug war, um es nutzen zu können. Er sah eine Möglichkeit, dass die Orte, an denen die Verbrechen stattfanden, Hinweise darauf liefern konnten, woher der Verbrecher tatsächlich kam. Der Fall des Serienvergewaltigers war eine Gelegenheit, seine Theorie auf die Probe zu stellen.

Operation Luchs und der Rasensprenger

Rossmo vermutete nicht als Erster, dass Kriminelle unwissentlich geografische Muster erzeugen. Zum ersten Mal kam diese Idee in den 1820er-Jahren auf. Damals begann André-Michel Guerry, ein Rechtsanwalt und Statistiker, der für das französische Justizministerium arbeitete, Daten über Vergewaltigungen, Morde und Raubüberfälle in den verschiedenen Regionen Frankreichs zu sammeln.[5]

Heute werden diese Daten fast routinemäßig gesammelt, aber damals wurden Mathematik und Statistik nur in den Natur- und Ingenieurwissenschaften angewendet, um mit eleganten Gleichungen die physikalischen Gesetze des Universums zu beschreiben, etwa um den Weg eines Planeten über das Firmament nachzuvollziehen oder die Kräfte im Inneren einer Dampfmaschine zu berechnen. Die Mühe, Daten über Verbrechen zu sammeln, hatte sich bis dahin niemand gemacht. Niemand wusste, was, wie oder wie oft er zählen sollte. Und vor allem fragten sich die Leute damals, wozu das Ganze überhaupt gut sein sollte. Der Mensch galt als stark, von Natur aus unabhängig, und wohin er ging, werde von seinem freien Willen bestimmt. Sein Verhalten könne unmöglich mit den armseligen Methoden der Statistik erfasst werden.[6]

Aber Guerrys Analyse seiner landesweiten Datensammlung über Kriminelle schien etwas anderes zu belegen. Er entdeckte in allen Teilen Frankreichs erkennbare Muster darüber, welche Verbrechen wie begangen wurden – und von wem. Junge Menschen begingen mehr Verbrechen als alte, Männer mehr als Frauen, Arme mehr als Reiche. Interessanterweise zeigte sich bald, dass diese Muster über die Zeit hinweg konstant blieben. Jede Region hatte ihre eigene Kriminalstatistik, die sich von Jahr zu Jahr kaum veränderte. Mit einer beinahe erschreckenden Genauigkeit wiederholte sich die Anzahl der Raubüberfälle, Vergewaltigungen und Morde von Jahr zu Jahr. Sogar die Vorgehensweise der Mörder war vorhersehbar. Das bedeutete, dass Guerry und seine Kollegen für jede beliebige Region vorhersagen konnten, wie viele Menschen durch Messer, Schwert, Stein, Erdrosselung oder Ertrinken in einem Jahr ermordet wurden.[7]

Also trafen Verbrecher vielleicht doch keine völlig freien Entscheidungen. Straftaten geschehen nicht zufällig, Menschen sind vorhersehbar. Und genau diese Vorhersehbarkeit wollte Kim Rossmo fast zwei Jahrhunderte nach Guerrys Entdeckung ausnutzen.

Guerry beschäftigte sich bei seiner Arbeit vor allem mit den Mustern auf nationaler und regionaler Ebene, aber wie sich herausstellte, hinterlassen auch individuelle Straftäter immer noch verlässliche geografische Muster bei ihren Taten. Wie alle Menschen bleiben auch Kriminelle gern in Bereichen, die ihnen vertraut sind. Sie werden heimatnah aktiv. Das bedeutet, dass Täter auch schwerste Verbrechen mit hoher Wahrscheinlichkeit in der Nähe ihres Wohnortes begehen. Die Chance, das Haus des Täters zu finden, sinkt, je weiter man sich vom Tatort entfernt.[8] Diesen Effekt bezeichnen Kriminologen als «distance decay».

Andererseits ist es unwahrscheinlich, dass Serienstraftäter sich Opfer suchen, die in unmittelbarer Nähe wohnen, um zu vermeiden, dass die Polizei bei ihren Ermittlungen vor der Haustür des Täters auftaucht oder er von Nachbarn erkannt wird. Dadurch ergibt sich eine «Sicherheitszone» um das Haus des Täters, ein Bereich, in dem er höchstwahrscheinlich keine Verbrechen begeht.[9]

Diese beiden wichtigen Muster – «distance decay» und Sicherheitszone –, die sich in der Geografie der schwersten Verbrechen verbergen, bildeten das Herzstück von Rossmos Algorithmus. Rossmo erkannte, dass er, ausgehend von einem auf einer Karte markierten Tatort, anhand dieser beiden Faktoren mathematisch berechnen konnte, wo der Täter wahrscheinlich lebte.

Diese Berechnung ist nicht besonders aussagekräftig, wenn nur ein einziges Verbrechen begangen wurde: Ohne ausreichende Informationen wird der sogenannte Geoprofiling-Algorithmus nicht viel mehr verraten als der gute alte gesunde Menschenverstand. Aber je mehr Verbrechensdaten hinzugefügt werden, umso mehr verdichtet sich das Bild und umso besser wird die Karte mit den markierten Bereichen, in denen der Täter am ehesten zu schnappen ist.

Ein Serienstraftäter ist wie ein rotierender Rasensprenger. Man kann genauso wenig vorhersagen, wo ein Verbrecher als Nächstes zuschlägt, wie den genauen Ort kennen, an dem der nächste Wassertropfen hinfällt. Aber wenn der Rasensprenger eine Weile Wasser gesprüht hat und viele Tropfen gefallen sind, ist es relativ einfach, aus dem Muster der Tropfen zu schließen, wo sich der Rasensprenger wahrscheinlich befindet.

Entsprechend verhielt es sich mit Rossmos Algorithmus für die Operation Luchs – die Jagd nach dem Serienvergewaltiger. Das Team kannte inzwischen fünf verschiedene Tatorte und mehrere weitere Stellen, an denen der Täter mit einer gestohlenen Kreditkarte Alkohol, Zigaretten und ein Videospiel gekauft hatte. Ausgehend von diesen Orten berechnete der Algorithmus zwei Gebiete, in denen der Täter möglicherweise lebte: Millgarth und Killingbeck, beide in Vororten von Leeds gelegen.[10]

Am Tatort hatte die Polizei noch ein weiteres wichtiges Beweisstück gefunden: einen teilweisen Fingerabdruck, den der Angreifer am Tatort hinterlassen hatte. Für das automatische Fingerabdruckerkennungssystem, das eine Datenbank mit den Fingerabdrücken verurteilter Krimineller auf eine Übereinstimmung absuchen konnte, reichte er nicht aus, sodass Experten mit einer Lupe die Spur mit den gespeicherten Abdrücken von Straftätern in akribischer Handarbeit abgleichen mussten. Inzwischen lief die Operation schon seit fast drei Jahren, und trotz der Bemühungen von 180 verschiedenen Ermittlern aus fünf verschiedenen Behörden lief sie sich langsam tot. Jede Spur endete in einer weiteren Sackgasse.

Beamte begannen damit, alle Fingerabdrücke an den beiden Orten, die der Algorithmus identifiziert hatte, manuell zu überprüfen. Sie begannen mit Millgarth, aber die Suche in der lokalen Polizeidatenbank aus gespeicherten Fingerabdrücken endete ergebnislos. Dann kam Killingbeck an die Reihe – und nach 940 Stunden mühsamer Suche in den Aufzeichnungen hatten die Polizisten endlich einen Namen: Clive Barwell.

Barwell war 42 Jahre alt, verheiratet und Vater von vier Kindern. In der Zeit, in der keine Überfälle stattgefunden hatten, hatte er wegen bewaffneten Raubüberfalls im Gefängnis gesessen. Er arbeitete inzwischen als Lkw-Fahrer und legte im Rahmen seiner Tätigkeit regelmäßig lange Fahrten kreuz und quer durchs Land zurück. Er lebte aber in Killingbeck und besuchte oft seine Mutter in Millgarth, was zu den beiden durch den Algorithmus hervorgehobenen Gebieten passte.[11] Der Teilabdruck allein reichte nicht aus, um ihn eindeutig zu identifizieren, aber ein anschließender DNA-Test bewies, dass er diese schrecklichen Verbrechen begangen hatte. Die Polizei hatte ihren Schuldigen. Barwell legte im Oktober 1999 vor Gericht ein Geständnis ab. Der Richter verurteilte ihn zu achtmal lebenslänglich.[12]

Im Nachhinein konnte Rossmo Bilanz ziehen, wie gut sein Algorithmus funktioniert hatte. Er hatte Barwell nicht namentlich identifiziert, aber er hatte auf einer Karte die Bereiche gekennzeichnet, auf die sich die Polizei konzentrieren sollte. Hätte die Polizei den Algorithmus verwendet, um die Liste der Verdächtigen nach Wohnorten zu sortieren, hätte man sehr viel weniger unschuldige Menschen mit der Überprüfung ihres Fingerabdrucks und der Entnahme von DNA-Abstrichen belästigen müssen. Die Polizei hätte nur drei Prozent der Fläche absuchen müssen, um Clive Barwell zu finden.[13]

Dieser Algorithmus hatte sich zweifellos bewährt. Und er hatte noch weitere Vorteile. Da er nur mit einer bereits bestehenden Liste von Verdächtigen arbeitet, leidet er nicht unter Vorurteilen, wie sie im Kapitel «Justiz» beschrieben wurden. Außerdem ersetzt er keine sorgfältige Polizeiarbeit, sondern macht die Ermittlungen nur effizienter, sodass es sehr unwahrscheinlich ist, dass die Anwender sich zu sehr auf den Algorithmus verlassen.

Der Algorithmus ist außerdem unglaublich flexibel. Seit der Operation Luchs wurde er von mehr als 350 Strafverfolgungsbehörden weltweit eingesetzt, unter anderem dem US-amerikanischen FBI und der Royal Canadian Mounted Police. Aber er liefert auch auf anderen Gebieten als der Verbrechensbekämpfung Ergebnisse. Der Algorithmus wurde eingesetzt, um auf der Basis von Malariafällen in Ägypten stehende Gewässer aufzuspüren, die Moskitos als Brutstätten nutzen.[14] Einer meiner Doktoranden am University College London sagt derzeit versuchsweise mithilfe des Algorithmus voraus, wo Bomben hergestellt werden, und geht dabei von Orten aus, an denen improvisierte Sprengsätze zum Einsatz kommen. Und eine Gruppe von Londoner Mathematikern hat sogar versucht, mithilfe des Algorithmus den öffentlichkeitsscheuen Straßenkünstler Banksy anhand der Fundorte seiner Kunstwerke aufzuspüren.[15]

Zum Glück sind die Straftaten, bei denen Geoprofiling am besten funktioniert – Serienvergewaltigungen, Morde und gewalttätige Angriffe –, selten. In Wirklichkeit rechtfertigt die überwiegende Mehrheit der Rechtsverstöße keine Menschenjagd, wie sie im Fall Clive Barwell notwendig war. Wenn Algorithmen über diese extremen Fälle hinaus bei der Bekämpfung von Kriminalität wirkungsvoll eingesetzt werden sollen, brauchen sie andere geografische Muster, mit denen sie arbeiten können. Ein Algorithmus könnte auf eine ganze Stadt angewendet werden. Ein anderer könnte Muster und Rhythmen einer Straße oder eines Viertels verarbeiten, die jeder Streifenpolizist instinktiv kennt. Glücklicherweise tat Jack Maple genau das Richtige.

Eine Karte für die Zukunft

In den Achtzigerjahren überlegten viele Leute zweimal, bevor sie mit der New Yorker U-Bahn fuhren. Es war kein schöner Ort: Alle Oberflächen waren mit Graffitis übersät, in den Wagen stank es nach Urin, und auf den Bahnsteigen waren Drogenkonsum, Diebstahl und Raub an der Tagesordnung. Jedes Jahr wurden dort unter der Erde um die 20 unschuldige Menschen ermordet. Damit gehörte die U-Bahn zu den gefährlichsten Orten der Welt.

Vor diesem Hintergrund arbeitete Jack Maple als Polizist. Er war erst kürzlich zum Lieutenant der Transit Police, der Polizeieinheit, die speziell für die U-Bahn zuständig ist, befördert worden, und mit den Dienstjahren war er es leid geworden, immer nur auf Straftaten zu reagieren, statt dafür zu kämpfen, dass weniger begangen wurden. Aus dieser Frustration heraus entstand eine geniale Idee.

«Auf gut 16 Meter Wandfläche habe ich jeden Bahnhof in New York City und jeden Zug kartiert», erzählte Maple 1999 einem Interviewer. «Dann markierte ich darin mit Stiften die Tatorte jedes Gewaltverbrechens, jedes Raubs und jedes schweren Diebstahls, die gelösten ebenso wie die ungelösten Fälle.»[16]

Das klingt erst mal nicht nach viel, aber seine mit Buntstift auf braunes Papier gekritzelten Karten wurden als «Karte der Zukunft» bekannt und waren damals revolutionär. Noch nie zuvor war jemand auf die Idee gekommen, Verbrechen auf diese Weise zu betrachten. Aber als Maple einen Schritt zurücktrat und alle Verbrechen einer ganzen Stadt auf einen Blick vor sich hatte, wurde ihm klar, dass dies eine völlig neue Perspektive war.

«Da stellt sich die Frage: Warum ist das so?», sagte er. «Woran liegt es, dass an einem bestimmten Ort gewisse Straftaten gehäuft auftreten?» Zu jener Zeit wurde jeder Anruf bei der Polizei als Einzelfall behandelt. Wenn also jemand anrief, um eine aggressive Drogenbande zu melden, die an einer Straßenecke herumhing, sich aber verzog, sobald die Polizei auftauchte, dann gab es keinerlei Aufzeichnungen, die diese Beschwerde mit weiteren Notrufen in Verbindung hätte bringen können, die eingingen, nachdem die Bande wieder zurückgekehrt war. Im Gegensatz dazu konnte Maple mit seinen Karten genau feststellen, wo Straftaten ein chronisches Problem darstellten, und das bedeutete, dass er anfangen konnte, den Ursachen auf den Grund zu gehen. «Gibt es hier ein Einkaufszentrum? Gibt es deshalb so viele Taschendiebstähle und Raubüberfälle? Gibt es hier eine Schule? Gibt es deshalb um drei Uhr Probleme? Gibt es in der Nähe ein leer stehendes Haus? Wird deswegen an der Ecke mit Crack gedealt?»[17]

Mit der Beantwortung dieser Fragen hatte man schon den ersten Schritt zur Lösung der Probleme in der Stadt getan. Als der aufgeschlossene Bill Bratton 1990 die Leitung der New Yorker Transit Police übernahm, zeigte Maple ihm seine Karte der Zukunft. Gemeinsam machten sie sich daran, die U-Bahn zu einem sichereren Ort für alle zu machen.[18]

Bratton hatte auch selbst eine gute Idee. Er wusste, dass das Betteln, Urinieren und die Schwarzfahrer, die über die Drehkreuze am Eingang sprangen, große Probleme in den U-Bahnhöfen darstellten. Er beschloss, die Polizeiarbeit auf diese kleinen Vergehen zu konzentrieren und nicht auf die viel schwereren Verbrechen wie Raub und Mord, die unter der Erde ebenfalls in epidemischem Ausmaß begangen wurden.

Dabei verfolgte er eine Doppelstrategie. Erstens konnte man ein starkes Signal aussenden, dass kriminelle Aktivitäten in jeglicher Form nicht akzeptabel waren, indem man hart gegen antisoziales Verhalten jeder Art an den kriminellen Hotspots vorging und so hoffentlich schrittweise veränderte, was die Leute als «normal» ansahen. Zweitens waren unter den Schwarzfahrern unverhältnismäßig viele Kriminelle, die dann zu schwereren Straftaten übergingen. Wenn sie wegen Schwarzfahrens verhaftet wurden, hatten sie dazu keine Gelegenheit mehr. «Indem wir gegen Schwarzfahrer vorgingen, konnten wir Schwerkriminelle, die an den Eingangssperren Waffen trugen, aufhalten, bevor sie in den U-Bahnen Unheil anrichten konnten», sagte Bratton 1991 gegenüber *Newsday*.[19]

Die Strategie funktionierte: Die Polizei sammelte neue Erfahrungen, und die U-Bahnen wurden sicherer. Zwischen 1990 und 1992 reduzierten Maples Karten und Brattons Taktik die Straftaten in der U-Bahn um 27 Prozent und die Raubüberfälle um ein Drittel.[20]

Als Bratton Chef der New Yorker Polizei wurde, brachte er Maples Karte der Zukunft in seinen neuen Job mit. Dort wurde sie zu CompStat weiterentwickelt, einem Datenverfolgungssystem, das heute von vielen Polizeidienststellen in den USA und in anderen Ländern eingesetzt wird. Im Kern folgt es immer noch Jack Maples einfachem Prinzip: Es wird aufgezeichnet, wo Verbrechen stattgefunden haben, um aufzuzeigen, wo sich die größten kriminellen Hotspots in einer Stadt befinden.

Diese Hotspots konzentrieren sich in der Regel auf wenige Stellen: In Boston wurde bei einer Studie, die sich über einen Zeitraum von 28 Jahren erstreckte, festgestellt, dass 66 Prozent aller Fälle von Straßenraub auf nur 8 Prozent der Straßen stattfanden.[21] Für eine andere Studie wurden 300 000 Notrufe erfasst, die bei der Polizei von Minneapolis eingingen: Die Hälfte davon kam aus nur 3 Prozent des Stadtgebiets.[22]

Aber diese Hotspots verändern sich mit der Zeit. Sie verlagern sich an immer neue Orte, verändern und verwandeln sich wie Öltropfen auf einer Wasseroberfläche, manchmal sogar von einem Tag auf den anderen. Nach seinem Umzug nach Los Angeles im Jahr 2002 fragte sich Bratton, ob es noch andere Muster gab, die nicht nur verrieten, *wo* Verbrechen stattfanden, sondern auch *wann*. Gab es eine Möglichkeit, über bereits geschehene Verbrechen hinauszublicken? Konnte man Straftaten auch vorhersagen, statt nur auf sie zu reagieren, was Maple so geärgert hatte, oder sie zu bekämpfen, wenn sie geschahen?

Signal und Verstärker

Einbrüche sind ein guter Ausgangspunkt, wenn man Straftaten vorhersagen will. Sie finden an einer bestimmten Adresse statt, sodass sich der Tatort genau feststellen lässt – im Gegensatz etwa zu Taschendiebstahl. Immerhin ist es durchaus möglich, dass ein Opfer erst bemerkt, dass das Mobiltelefon fehlt, wenn es wieder zu Hause ist. Außerdem erstatten die meisten Leute Anzeige, wenn bei ihnen eingebrochen wurde, daher gibt es wirklich gute, umfangreiche Daten, die zum Beispiel bei Drogendelikten sehr viel schwerer zu sammeln sind. Zusätzlich wissen Menschen häufig ziemlich genau, wann in ihr Haus eingebrochen wurde (wenn sie etwa bei der Arbeit oder abends ausgegangen waren). Diese Informationen sind bei Straftaten wie Vandalismus nicht bekannt.

Einbrecher und die Serienmörder und -vergewaltiger, die Rossmo untersuchte, haben etwas gemeinsam: Sie bleiben meist in Gegenden, die sie kennen. Mein Doktorand Michael Frith und ich haben herausgefunden, dass die Wahrscheinlichkeit, dass in einem Haus eingebrochen wird, höher ist, wenn das Haus an einer Straße steht, die ein Einbrecher regelmäßig benutzt, zum Beispiel auf dem Weg zur Arbeit oder Schule.[23] Bekannt ist auch, dass Einbrecher Vorlieben haben, wie geschäftig eine Straße sein darf: Sie meiden meist Straßen mit viel Verkehr und suchen dennoch gezielt Straßen mit vielen sorglosen ortsfremden Passanten auf, zwischen denen sie untertauchen können (solange es nicht zu viele neugierige Einheimische gibt, die Aufpasser spielen).[24]

Aber das ist nur eine von zwei Komponenten, die die Attraktivität eines Hauses für Einbrecher bestimmen. Natürlich gibt es Faktoren, die sich im Laufe der Zeit nicht ändern, wie zum Beispiel, wo es steht oder wie stark befahren die Anliegerstraße ist, und die so etwas wie konstante «Signale» für die Attraktivität sind, die eine Immobilie für einen Einbrecher hat. Aber bevor Sie jetzt Ihr Haus übereilt verkaufen und in eine ruhige Sackgasse mit einer guten Überwachung durch die Nachbarschaft ziehen, sollten Sie sich auch darüber im Klaren sein, dass Kriminalitätshotspots nicht statisch sind. Die zweite Komponente, die die Attraktivität eines Hauses für Einbrecher bestimmt, ist wohl die wichtigere. Dieser Faktor ist davon abhängig, was genau gerade in der unmittelbaren Nachbarschaft passiert. Er wird als «Verstärker» bezeichnet.

Jeder, bei dem schon einmal innerhalb kürzester Zeit zweimal hintereinander eingebrochen wurde, ist mit diesem Verstärkereffekt vertraut. Die Polizei informiert die Betroffenen nach einem ersten Einbruch darüber, dass Kriminelle gerne ein weiteres Mal am selben Ort auftauchen – und das bedeutet, dass Sie, egal wo Sie wohnen, in den Tagen nach einem Einbruch am meisten gefährdet sind. Tatsächlich kann die Wahrscheinlichkeit, dass man ein weiteres Mal zum Opfer wird, zu diesem Zeitpunkt um das Zwölffache erhöht sein.[25]

Gründe, warum Einbrecher sich entscheiden, in ein Haus zurückzukehren, gibt es mehrere. Vielleicht kennen sie sich im Inneren aus oder wissen, wo die Wertsachen aufbewahrt werden (Dinge wie Fernseher und Computer werden oft auch ziemlich schnell ersetzt), oder sie kennen die Schlösser an den Türen oder die Fluchtwege vor Ort; möglicherweise haben sie auch eine hochpreisige Beute entdeckt, die sie beim ersten Mal nicht mitnehmen konnten. Dieser Verstärkereffekt ist unabhängig davon, welche Motive die Einbrecher hatten, und bezieht sich nicht nur auf das ursprüngliche Einbruchsopfer. Forscher haben herausgefunden, dass auch für die unmittelbaren Nachbarn eines Hauses, in das eingebrochen wurde, die Wahrscheinlichkeit, dass unmittelbar danach bei ihnen das Gleiche passiert, erhöht ist – und ebenso bei den Nachbarn dieser Nachbarn und den Nachbarn der Nachbarn dieser Nachbarn und so weiter, die ganze Straße entlang.

Man kann sich leicht vorstellen, wie dieser Verstärkereffekt aus einem Funken entsteht und sich dann wie ein Feuerwerk über die ganze Stadt ausbreitet. Je weiter man sich vom ursprünglichen Funken entfernt, umso schwächer wird der Verstärkereffekt; und er verblasst auch mit der Zeit, bis er nach zwei Monaten vollständig verschwindet – wenn keine erneute Straftat in derselben Straße ihn wieder anfacht.[26]

Unter den Naturphänomenen gibt es einen Verwandten dieses Signal-und-Verstärker-Prinzips im Fall der Kriminalität: ein Erdbeben. Natürlich kann man nicht genau vorhersagen, wo und wann ein erstes Beben stattfinden wird (obwohl man weiß, dass manche Orte anfälliger sind als andere). Aber sobald die ersten Erschütterungen zu spüren sind, kann man durchaus sinnvoll darüber reden, wo und wie oft man mit Nachbeben rechnet. Dabei ist das Risiko am Ort des ursprünglichen Bebens am höchsten und nimmt mit zunehmender Entfernung und mit der Zeit ab.

Unter Brattons Leitung wurde dieser Zusammenhang zwischen Erdbebenmuster und Einbrüchen das erste Mal festgestellt. Die Polizei von Los Angeles suchte nach einer Möglichkeit, um Straftaten vorherzusagen, ging zu diesem Zweck eine Partnerschaft mit Mathematikern von der Universität Kalifornien in Los Angeles (UCLA) ein und ließ sie alle Daten durchsuchen, an die die Polizei herankam: 13 Millionen Straftaten aus 80 Jahren. Kriminologen wussten zwar schon seit einigen Jahren über den Signal- und den Verstärkereffekt Bescheid, doch bei der Suche nach Mustern in den Daten erkannten die Mathematiker von der UCLA-Gruppe als Erste, dass die mathematischen Gleichungen, mit denen sich das Risiko von seismischen Stoßwellen und Nachbeben so schön vorhersagen ließ, auch dazu verwendet werden konnten, um Straftaten und «Nach-Straftaten» zu prognostizieren. Und das funktionierte nicht nur für Einbrüche. Die Formeln boten eine Möglichkeit, um alles Mögliche vorherzusagen, von Autodiebstahl bis hin zu Gewalt und Vandalismus.

Die Folgen glichen in der Tat einem Erdbeben. Mithilfe dieser Gleichungen konnte man bis hin zu einzelnen Straßen genau das Ausmaß des Risikos bestimmen, dass ein kürzlich von Straftaten heimgesuchtes Stadtgebiet erneut gefährdet war, statt einfach nur von einem erhöhten Risiko zu sprechen. Und mit dem (statistisch berechneten) Wissen, dass ein bestimmtes Stadtgebiet in einer bestimmten Nacht im Fokus der Einbrecher stehen würde, war es einfach, einen Algorithmus zu schreiben, der der Polizei sagen konnte, worauf sie ihre Aufmerksamkeit richten sollte. PredPol (oder PREDictive POLicing [prognostische Polizeiarbeit]) war geboren.

Der kriminalistische Tippgeber

Vielleicht sind Sie PredPol sogar schon begegnet. Tausende von Artikeln wurden seit der Produkteinführung 2011 über das Programm geschrieben, meist mit einer Schlagzeile, die auf den Tom-Cruise-Film *Minority Report* verwies. Es ist fast so etwas wie die Kim Kardashian der Algorithmen geworden: extrem berühmt, in den Medien heftig kritisiert, obwohl niemand wirklich versteht, was es tut.

Doch wer sich jetzt Hellseher vorstellt, die in Wasserbecken liegen und ihre Zukunftsahnungen herausschreien, dessen Erwartungen muss ich ein wenig dämpfen. PredPol spürt Menschen nicht auf, bevor sie Verbrechen begehen. Der Algorithmus ist nicht auf einzelne Menschen ausgerichtet, sondern nur auf Geografie. Und auch wenn ich das Wort «Vorhersage» verwendet habe, kann der Algorithmus die Zukunft nicht wirklich vorhersagen. Er ist keine magische Kristallkugel. Er kann nur die Wahrscheinlichkeit zukünftiger Ereignisse prognostizieren, nicht die Ereignisse selbst – und das ist ein kleiner, aber wichtiger Unterschied.

Man kann sich den Algorithmus wie einen Buchmacher vorstellen. Wenn sich Polizisten um einen Stadtplan drängen und Wetten darauf abschließen, wo in dieser Nacht Straftaten begangen werden, dann berechnet PredPol die Quoten. Er fungiert als Tippgeber, der die Straßen und Plätze, die an diesem Abend «Favoriten» sind, durch kleine rote Quadrate auf einer Karte hervorhebt.

Die entscheidende Frage ist, ob es sich auszahlt, der Empfehlung des Tippgebers zu folgen. Um die Fähigkeiten des Algorithmus zu testen,[27] ließ man ihn bei zwei unterschiedlichen Experimenten gegen die besten menschlichen Kriminalanalytiker antreten. Eines der Experimente fand in der Grafschaft Kent in Südengland statt, das andere bei der Southwest Division der Polizei von Los Angeles. Der Test war ein direkter Vergleich. Der Algorithmus und der Experte mussten lediglich 20 Quadrate, die jeweils eine Fläche von 150 Quadratmetern repräsentierten, an den Stellen auf einer Landkarte platzieren, wo sie glaubten, dass in den nächsten zwölf Stunden die meisten Straftaten stattfinden würden.

Bevor wir zu den Ergebnissen kommen, möchte ich noch deutlich machen, wie schwierig diese Aufgabe ist. Wenn jemand ohne umfassende Kenntnisse der Verbrechenslandschaften von Kent oder Kalifornien die gleiche Aufgabe bekäme, würde diese Person wahrscheinlich keine besseren Ergebnisse erzielen, als wenn man die Quadrate nach dem Zufallsprinzip auf die Karte werfen würde. Die Quadrate würden nur einen winzigen Teil der Gesamtfläche abdecken – im Fall von Kent nur ein Tausendstel[28] –, und alle zwölf Stunden müsste man die bisherigen Vermutungen abräumen und von vorne anfangen. Mit dieser zufälligen Streuung würde man wohl weniger als eine von hundert Straftaten zutreffend «vorhersagen».[29]

Die Experten schafften viel mehr. In Los Angeles sagte der Analyst zutreffend vorher, wo 2,1 Prozent der Straftaten begangen wurden,[30] und die britischen Experten waren mit durchschnittlich 5,4 Prozent sogar noch besser,[31] was umso beeindruckender ist, als ihre Landkarte etwa zehnmal so groß war wie die von Los Angeles.

Aber der Algorithmus stellte sie alle in den Schatten. In Los Angeles prognostizierte er mehr als doppelt so viele Straftaten korrekt wie die Menschen, und in einer Phase des britischen Tests ereignete sich fast jede fünfte Straftat innerhalb der automatisch berechneten roten Quadrate.[32] PredPol ist keine magische Kristallkugel, aber noch nie zuvor wurde so erfolgreich in die Zukunft des Verbrechens geblickt.

Praktische Umsetzung der Prognosen

Doch es gibt ein Problem: Der Algorithmus kann relativ gut *vorhersagen,* wo in den nächsten zwölf Stunden Straftaten stattfinden werden, aber die Polizei hat ein etwas anderes Ziel: Sie will die Anzahl der Straftaten in den nächsten zwölf Stunden *reduzieren.* Wenn der Algorithmus seine Prognosen getroffen hat, ist immer noch nicht ganz klar, was als Nächstes zu tun ist.

Natürlich gibt es verschiedene Möglichkeiten: Man könnte Überwachungskameras installieren oder Polizisten in Zivil losschicken und die Straftäter so auf frischer Tat ertappen. Aber vielleicht wäre es besser für alle, wenn man sich bemühen würde, Straftaten zu verhindern, bevor sie geschehen. Was wäre Ihnen denn lieber? Opfer einer Straftat zu sein, bei der der Täter geschnappt wird? Oder gar nicht erst Opfer einer Straftat zu werden?

Man könnte die Anwohner warnen, dass ihre Häuser gefährdet sind, und ihnen anbieten, bessere Schlösser in ihre Türen einzubauen, Alarmanlagen zu installieren oder ihre Beleuchtung mit Zeitschaltuhren zu versehen, um allen zweifelhaften Passanten vorzutäuschen, dass jemand zu Hause ist. Genau das machte eine Studie in Manchester im Jahr 2012[33] und schaffte es so, die Zahl der Einbrüche um mehr als ein Viertel zu senken. Einen kleinen Haken hat die Sache allerdings: Die Forscher errechneten, dass dieser Einbruchschutz circa 3925 britische Pfund (etwa 4415 Euro) pro Einbruch kostet, den er verhindert.[34] Davon die Polizei von Los Angeles zu überzeugen, die über 15 000 Einbrüche im Jahr bearbeitet, könnte schwierig werden.[35]

Eine weitere Möglichkeit, die möglichst wenig von der traditionellen Polizeiarbeit abweicht, ist eine Taktik, die als «Cops on the Dots» (sinngemäß: Polizisten zur rechten Zeit am rechten Ort) bekannt ist.

«Früher», so sagte mir Steyve Colgan, ein pensionierter Polizist von der Metropolitan Police, «wurden [Patrouillen] rein geografisch eingeteilt. Man bekam die Karte, unterteilte sie in einzelne Streifenreviere und vergab diese dann. Sie gehen da auf Streife und Sie dort. Ganz einfach.» Das Problem war nur, dass ein Polizist, der zu Fuß in dem ihm zugewiesenen Revier Streife ging, laut Berechnungen einer britischen Studie nur alle acht Jahre einmal in die Nähe eines Einbruchs kam.[36]

Bei Cops on the Dots schickt man einfach die Patrouillen zu den vom Algorithmus markierten Hotspots. (Eigentlich sollte die Taktik «Cops on the Hotspots» heißen. Aber das war wohl nicht so eingängig.) Die Idee dahinter ist natürlich, dass die Polizei, wenn sie möglichst sichtbar und zur richtigen Zeit am richtigen Ort ist, eher in der Lage ist, Verbrechen zu verhindern oder zumindest unmittelbar danach schnell zu reagieren.

Genau das wurde in Kent gemacht. Während der zweiten Phase der Studie druckte der Sergeant zu Beginn der Abendschicht die Karten mit den roten Quadraten aus, die die gefährdeten Bereiche für diesen Abend markierten. Wenn die Polizisten bei der Streife gerade nichts zu tun hatten, sollten sie zum nächsten roten Quadrat fahren, dort aus dem Auto steigen und zu Fuß eine Runde drehen.

Eines Abends fand die Polizei in einer Gegend, in die sie normalerweise nie ging, eine osteuropäische Frau mit ihrem Kind auf der Straße. Wie sich herausstellte, steckte die Frau in einer Missbrauchsbeziehung, das Kind war wenige Minuten zuvor sexuell missbraucht worden. Der diensthabende Sergeant an diesem Abend bestätigte, sie hätten «diese Personen gefunden, weil sie sich in einem PredPol-Quadrat aufhielten».[37] Der Tatverdächtige wurde später am selben Abend in der Nähe verhaftet.

Die Frau und ihr Kind waren nicht die einzigen Menschen, denen der Algorithmus während der Probephase von Cops on the Dots half: Die Anzahl der Straftaten in Kent ging insgesamt um 4 Prozent zurück. Ähnliche Studien in den Vereinigten Staaten (durchgeführt von PredPol selbst) berichten von noch größeren Rückgängen bei der Kriminalität. In den hügeligen Stadtteilen von

Los Angeles sank die Kriminalität in den ersten vier Monaten, in denen der Algorithmus eingesetzt wurde, um 13 Prozent, trotz eines Anstiegs von 0,4 Prozent im Rest der Stadt, wo man sich auf traditionellere Polizeimethoden verließ. Alhambra, eine Stadt in Kalifornien unweit von Los Angeles, berichtete nach dem Einsatz des Algorithmus im Januar 2013 von einem außergewöhnlichen Rückgang der Einbrüche um 32 Prozent und einem Rückgang der Fahrzeugdiebstähle um 20 Prozent.[38]

Das sind beeindruckende Zahlen, aber es ist nur schwer festzustellen, ob tatsächlich PredPol die Lorbeeren dafür ernten darf. Toby Davies, ein Mathematiker und Kriminalwissenschaftler vom University College London, sagte mir: «Es ist möglich, dass [die Kriminalität] ohnehin allein dadurch zurückgegangen wäre, dass man die Polizisten ermutigte, bestimmte Orte aufzusuchen und aus ihren Autos auszusteigen und dort herumzulaufen, unabhängig davon, wo die Polizisten das machten.»

Und es gibt noch ein weiteres Problem. Je intensiver man nach Straftaten sucht, umso wahrscheinlicher wird es, dass man welche entdeckt. Daher könnte allein der Umstand, dass man Polizisten losschickt, die Strafregister beeinflussen: «Wenn die Polizei vor Ort ist», sagte Davies, «dann bemerken sie mehr Straftaten, als sie es sonst getan hätten. Selbst wenn an zwei Orten gleichwertige Straftaten begangen werden, wird die Polizei dort, wo sie sich aufhält, mehr bemerken als dort, wo sie nicht ist.»

Die Cops-on-the-Dots-Taktik hat also einen erheblichen Nachteil: Wenn man Polizisten in ein bestimmtes Gebiet schickt, um auf Grundlage der Prognosen des Algorithmus Verbrechen zu bekämpfen, riskiert man, in eine Rückkopplungsschleife zu geraten.

Wenn zum Beispiel die Kriminalitätsrate in einem ärmeren Viertel anfangs hoch ist, könnte es gut sein, dass der Algorithmus dort für die Zukunft mehr Straftaten vorhersagt. Die Folge ist, dass Polizisten in das Viertel geschickt werden, was dazu führt, dass sie dort mehr Straftaten aufdecken. Danach sagt der Algorithmus noch mehr Straftaten voraus, noch mehr Polizisten werden dorthin geschickt, und so geht es immer weiter. Diese Rückkopplungsschleifen sind vor allem im Zusammenhang mit Vergehen, die für ärmere Viertel typisch sind, wie Betteln, Landstreicherei und Kleindealerei, problematisch.

In Großbritannien, wo sich Teile der Gesellschaft regelmäßig über die mangelnde Polizeipräsenz auf den Straßen beklagen, wirkt es vielleicht nicht auf Anhieb ungerecht, wenn die Aufmerksamkeit der Polizei sich auf bestimmte Bereiche konzentriert. Aber nicht jeder hat ein positives Verhältnis zur Polizei. «Es ist legitim, dass Menschen, die jeden Tag einen Polizisten an ihrem Haus vorbeilaufen sehen, sich dadurch unter Druck gesetzt fühlen, selbst wenn niemand irgendwelche Verbrechen verübt und selbst wenn dieser Polizist buchstäblich nur auf und ab geht», sagte Davies. «Man hat nahezu ein Recht darauf, nicht ständig unter Druck zu stehen, nicht ständig im Blick der Polizei zu sein.»

Ich sehe das ähnlich.

Ein guter Algorithmus *sollte* so konstruiert sein, dass er die Taktik der Polizei einrechnet. Zumindest theoretisch ist es durchaus möglich zu verhindern, dass der Algorithmus bestimmte Stadtteile überproportional stark ins Visier nimmt – etwa indem man Polizisten stichprobenartig auch in Gebiete mit mittlerem Risiko schickt und nicht nur in Hochrisikoviertel. Aber leider kann man nicht zweifelsfrei feststellen, ob PredPol diese Rückkopplungsschleifen tatsächlich ganz vermeiden kann, oder auch nur, ob er grundsätzlich fair arbeitet, denn PredPol ist ein proprietärer Algorithmus: Das heißt, dass der Quellcode nicht öffentlich einsehbar ist und niemand genau weiß, wie er funktioniert.

PredPol ist nicht die einzige Software auf dem Markt. Ein Konkurrent ist HunchLab, ein Algorithmus, der alle möglichen Statistiken über ein Gebiet kombiniert: gemeldete Straftaten, Notrufe, Volkszählungsdaten (sowie etwas überraschende Daten wie Mondphasen). HunchLab basiert auf keiner Theorie. Der Algorithmus versucht nicht herauszufinden, warum in manchen Gebieten häufiger Straftaten begangen werden als in anderen; er weist lediglich auf Muster hin, die er in den Daten findet. Dadurch kann er über mehr Arten von Straftaten zuverlässige Prognosen erstellen als PredPol (der auf Theorien darüber basiert, wie Kriminelle geografische Muster erzeugen) – aber da auch HunchLab als geistiges Eigentum geschützt ist, kann man auch hier von außen nicht verhindern, dass er versehentlich bestimmte Gruppen von Menschen benachteiligt.[39]

Die Strategic Subject List (etwa: Strategische Liste der Zielpersonen) ist ein weiterer undurchsichtiger prädiktiver Algorithmus, der von der Polizei in Chicago verwendet wird.[40] Dieser Algorithmus verfolgt einen völlig anderen Ansatz als die anderen. Er konzentriert sich nicht auf die Geografie, sondern trifft Vorhersagen darüber, welche Personen in Straftaten mit Schusswaffen verwickelt sein werden. Anhand einer Vielzahl von Faktoren erstellt der Algorithmus eine «Heiße Liste» der Personen, bei denen er die größte Wahrscheinlichkeit erkennt, dass sie in naher Zukunft an Straftaten mit Schusswaffengebrauch beteiligt sein werden, entweder als Schützen oder Opfer. Die Theorie ist gut fundiert: Opfer von heute sind oft die Täter von morgen. Und das Programm ist gut gemeint: Polizisten besuchen Menschen, die auf der Beobachtungsliste stehen, bieten ihnen Zugang zu Interventionsprogrammen an und helfen ihnen, ihrem Leben eine neue Richtung zu geben.

Es gibt jedoch Bedenken, dass die Strategic Subject List nicht hält, was sie verspricht. Eine kürzlich durchgeführte Untersuchung der gemeinnützigen RAND Corporation kam zu dem Schluss, dass sich an der Wahrscheinlichkeit, dass eine Person in eine Schießerei verwickelt wurde, nichts änderte, wenn ihr Name auf der Liste stand.[41] Allerdings war es dann wahrscheinlicher, dass die Person verhaftet wurde. Möglicherweise lag das daran, so der Bericht, dass die Polizisten die Beobachtungsliste einfach als eine Liste von Verdächtigen verwendeten, wenn es tatsächlich zu einer Schießerei kam.

Prädiktive Polizei-Algorithmen sind zweifellos vielversprechend, und die Menschen, die sie erstellen, tun dies gewiss in gutem Glauben und mit guten Absichten. Aber die Bedenken bezüglich Voreingenommenheit und Diskriminierung sind legitim. Und in meinen Augen sind diese Fragen zu fundamental für eine gerechte Gesellschaft, als dass wir uns einfach auf die Zusicherungen verlassen sollten, dass die Strafverfolgungsbehörden die Algorithmen schon auf faire Weise nutzen werden. Das ist nur eines von vielen Beispielen dafür, wie wichtig unabhängige Experten und eine Regulierungsbehörde sind, die dafür sorgen, dass die Vorteile eines Algorithmus seine Nachteile überwiegen.

Diese Algorithmen könnten über ihre Prognosen hinaus Schaden anrichten. Es besteht die reale Gefahr, dass Algorithmen einem falschen Ergebnis den Anschein von Autorität verleihen. Das könnte dramatische Folgen haben. Nur weil der Computer etwas sagt, muss es noch lange nicht richtig sein.

Für wen halten Sie sich?

Steve Talley schlief 2014 in seinem Haus im Süden von Denver, als er ein Klopfen an der Tür hörte.[42] Er öffnete und sah einen Mann, der sich dafür entschuldigte, dass er versehentlich Steves Auto angefahren hatte. Der Fremde bat Talley, nach draußen zu kommen und nachzusehen. Steve tat es, doch als er in die Hocke ging, um den Schaden an der Fahrertür zu begutachten,[43] explodierte eine Blendgranate. Drei Männer in schwarzen Jacken und mit Helmen tauchten auf und schlugen ihn zu Boden. Ein Mann trat auf sein Gesicht. Ein anderer hielt seine Arme fest, während ein Dritter wiederholt mit dem Gewehrkolben auf ihn einschlug.

Talley erlitt erhebliche Verletzungen. Am Ende der Nacht hatte er Nervenschäden, Blutgerinnsel und eine Penisfraktur.[44] «Ich wusste vorher nicht einmal, dass ein Penis brechen kann», sagte er später einem Journalisten von der Nachrichtenwebsite *The Intercept.* «Irgendwann schrie ich nach der Polizei. Dann wurde mir klar, dass die Typen, die mich verprügelten, Polizisten waren.»[45]

Vergleichstafel 12

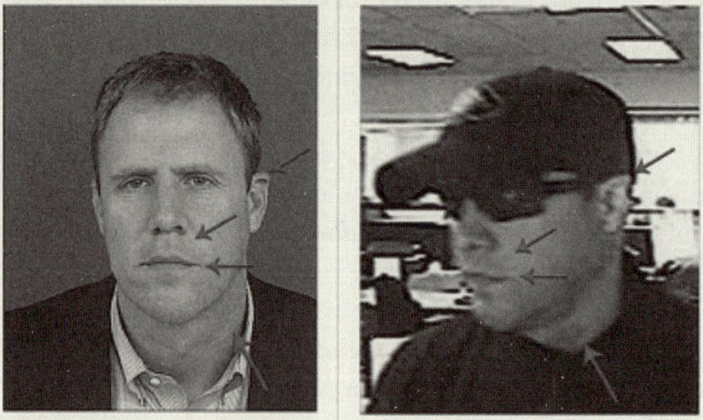

K1-Bilder von Steven Talley

Q1-Kamerabild aus der Lobby der USA Bank

Steve Talley wurde wegen zweier Banküberfälle verhaftet. Beim zweiten Überfall war ein Polizist angegriffen worden, weshalb Talley, so denkt er, bei seiner Verhaftung so brutal behandelt wurde. «Ich schrie sie an, sie seien verrückt», erinnert er sich, «Sie haben den Falschen!»

Talley log nicht. Seine Verhaftung war das Ergebnis seiner verblüffenden Ähnlichkeit mit dem richtigen Mann – dem wahren Bankräuber.

Ein Hausmeister aus Talleys Haus hatte der Polizei einen Tipp gegeben, nachdem er Fotos in den Lokalnachrichten gesehen hatte. Doch letztendlich war ein FBI-Experte, der später Aufnahmen einer Überwachungskamera mit Gesichtserkennungssoftware untersuchte,[46] zu dem Schluss gekommen, dass tatsächlich «Talley die gesuchte Person zu sein scheint».[47]

Talley hatte ein wasserdichtes Alibi, aber dank der Aussage des FBI-Experten dauerte es immer noch mehr als ein Jahr, bis er von jedem Verdacht freigesprochen wurde. In dieser Zeit saß er fast zwei Monate lang in einem Hochsicherheitstrakt eingesperrt, bis genügend Beweise auftauchten, um ihn freizulassen. In dieser Zeit konnte er nicht arbeiten, und als seine Leidenszeit vorüber war, hatte er seinen Job, sein Zuhause und den Zugang zu seinen Kindern verloren. All das waren unmittelbare Folgen dieser falschen Identifizierung.

Doppelbilder

Gesichtserkennungsalgorithmen sind bei der modernen Polizeiarbeit zunehmend Standard. Wenn man diese Algorithmen mit einem Foto, dem Schnappschuss einer 3-D-Kamera oder Filmmaterial füttert, dann erkennen sie ein Gesicht, messen seine biometrischen Eigenschaften und gleichen diese mit einer Datenbank bekannter Gesichter ab, um so die Identität der abgebildeten Person festzustellen.

In Berlin werden die Menschenmengen in den Bahnhöfen mit Gesichtserkennungsalgorithmen überwacht, die bekannte Terrorismusverdächtige identifizieren können.[48] In den Vereinigten Staaten haben diese Algorithmen seit 2010 allein im Bundesstaat New York zu mehr als 4000 Verhaftungen wegen Betrugs und Identitätsdiebstahls geführt.[49] Und in Großbritannien fahren inzwischen Fahrzeuge mit Kameras herum, die wie aufgemotzte Google-StreetView-Autos aussehen, und gleichen die Bilder der Passanten automatisch mit einer Datenbank gesuchter Personen ab.[50] Diese Kamerawagen erzielten im Juni 2017 einen ersten Erfolg, als einer von ihnen in Südwales an einem Mann vorbeifuhr, der per Haftbefehl gesucht wurde.[51]

Unsere Sicherheit hängt oft von unserer Fähigkeit ab, Gesichter zu identifizieren und zu erkennen. Aber diese Aufgabe Menschen zu überlassen ist riskant. In einer aktuellen Studie, bei der eine Situation der Flughafensicherheit nachgestellt wurde, haben Beamte der Passkontrolle, also professionelle Gesichtserkenner, in 14 Prozent der Fälle bei der Aufgabe versagt, eine Person mit falschem Ausweis zu erkennen – und gleichzeitig 6 Prozent der gültigen Pässe als falsch erkannt.[52] Ich weiß nicht, wie es Ihnen geht, aber ich finde diese Zahlen mehr als beunruhigend, wenn man bedenkt, wie viele Menschen jeden Tag in Heathrow oder auf dem Frankfurter Flughafen überprüft werden.

Wie wir sehen werden, können Gesichtserkennungsalgorithmen diese Aufgabe auf jeden Fall besser erfüllen als ein Mensch. Aber bei der Jagd nach Straftätern sind die Folgen von Fehlinterpretationen so gravierend, dass der Einsatz der Algorithmen eine wichtige Frage aufwirft: Wie leicht kann die Identität einer Person mit der einer anderen verwechselt werden? Wie viele von uns haben einen Doppelgänger à la Steve Talley irgendwo da draußen lauern?

Eine Studie aus dem Jahr 2015 deutet darauf hin, dass die Wahrscheinlichkeit für einen solchen Doppelgänger (ob er nun Bankräuber ist oder nicht) schwindelerregend gering ist. Teghan Lucas von der Universität Adelaide nahm bei Fotos von 4000 Menschen acht Gesichtsmessungen vor und fand keine einzige Übereinstimmung. Daraus schloss sie, dass die Wahrscheinlichkeit, dass zwei Menschen genau das gleiche Gesicht haben, bei weniger als eins zu einer Billion liegt.[53] Nach dieser Schätzung hatte Talley nicht nur *ein kleines bisschen* Pech. Wenn man bedenkt, dass sein böser Zwilling auch noch in der Nähe wohnte und zufällig ein Krimineller war, wird es wohl mehrere Zehntausend Jahre dauern, bis eine andere arme Seele dieselbe böse Erfahrung machen muss.

Doch es gibt Grund zu der Annahme, dass diese Zahlen nicht ganz stimmen. Sicherlich ist es schwierig, sich vorzustellen, dass man jemanden trifft, der das gleiche Gesicht hat wie man selbst, und doch sind Geschichten über Zwillinge, die nicht miteinander verwandt sind und sich vorher nicht kannten, sehr viel häufiger, als Lucas' Forschung vermuten lässt.

Neil Douglas befand sich in einem Flugzeug nach Irland, als er merkte, dass sein Double direkt neben ihm saß. Sie schossen ein Selfie mit einem Flugzeug voller lachender Passagiere im Hintergrund, das sich rasend schnell über die sozialen Medien verbreitete, und kurze Zeit später schickten andere Rothaarige mit Bärten aus der ganzen Welt eigene Fotos, um zu zeigen, dass auch sie ähnlich aussahen. «Am Ende gab es eine kleine Armee von uns», sagte Neil der BBC.[54]

Ich selbst habe auch eine entsprechende Geschichte zu erzählen. Ich war 22 Jahre alt, als eine Freundin mir ein Foto zeigte, das sie auf der MySpace-Seite einer lokalen Band gesehen hatte. Es war eine Collage aus Bildern von einem Auftritt, den ich nicht live gesehen hatte. Auf den Bildern waren verschiedene Leute zu sehen, die sich amüsierten, und eine von den Konzertbesucherinnen sah auf unheimliche Art vertraut aus. Nur um sicherzugehen, dass ich nicht eines Nachts unwissentlich einen Blackout gehabt hatte und zu einer Party gegangen war, an die ich mich nicht mehr erinnern konnte, schrieb ich dem Leadsänger der Band eine E-Mail, und er bestätigte, was ich bereits vermutet hatte: Meine Synthie-Pop liebende Doppelgängerin hatte ein besseres Sozialleben als ich.

Talley, Douglas und ich haben also jeder mindestens einen Doppelgänger, vielleicht mehr. Das sind schon einmal drei Menschen bei einer Weltbevölkerung von 7,5 Milliarden, und wir haben noch nicht einmal angefangen, ernsthaft zu zählen – aber auch so liegen wir schon weit über Lucas' Schätzung von eins zu einer Billion.

Für diese Diskrepanz gibt es einen Grund, und der liegt in der Definition des Begriffs «identisch». In Lucas' Studie bedeutet das, dass die Messungen zweier Personen genau übereinstimmen müssen. Neil und sein augenscheinlicher Doppelgänger sehen sich zwar verblüffend ähnlich, aber wenn ein Nasenloch oder ein Ohrläppchen auch nur einen Millimeter größer oder kleiner ausfällt, gelten sie nach Lucas' Kriterien streng genommen nicht als Doppelgänger.

Aber selbst bei einem Vergleich zweier Bilder derselben Person können auch genaueste Messungen nicht erfassen, wie sich jeder von uns ständig verändert, durch Alterung, Krankheit, Müdigkeit, Mimik oder Verzerrungen aufgrund des Kamerawinkels. Versucht

man, die Essenz eines Gesichts millimetergenau festzuhalten, dann wird man im Gesicht einer Person so viele Variationen finden wie zwischen verschiedenen Menschen. Messungen allein können ein Gesicht nicht von einem anderen unterscheiden.

Neil und sein fremder Zwilling mögen vielleicht nicht vollkommen identisch sein, trotzdem finde ich, dass sie sich auf dem Foto zum Verwechseln ähnlich sehen. Im Fall Talley war es genauso – der arme Steve sah dem echten Bankräuber nicht einmal übermäßig ähnlich, und doch reichte die Ähnlichkeit aus, dass der FBI-Experte sie fehlinterpretierte und Steve eines Verbrechens angeklagt wurde, das er nicht begangen hatte, und deswegen in einer Hochsicherheitszelle landete.

Wie die Mitarbeiter der Flughafensicherheit gezeigt haben, ist es erstaunlich einfach, unbekannte Gesichter zu verwechseln, auch wenn sie sich nur vage ähnlich sind. Menschen sind offenbar erstaunlich schlecht darin, Fremde zu erkennen. Aus diesem Grund hielt auch eine Freundin von mir es kaum aus, sich Christopher Nolans schönen Film *Dunkirk* vollständig anzuschauen – weil sie die Schauspieler nur mit Mühe auseinanderhalten konnte. Deshalb gelingt es Teenagern immer wieder, mit einem «geliehenen»

Ausweis eines älteren Freundes Alkohol einzukaufen. Und deshalb schätzt man beim Innocence Project, einer gemeinnützigen Rechtshilfeorganisation in den Vereinigten Staaten, dass bei mehr als 70 Prozent der Fehlurteile eine falsche Identifizierung durch Augenzeugen eine Rolle spielt.[55]

Ein Augenzeuge könnte Neil leicht mit seinem Reisebegleiter verwechseln, aber seine Mutter würde ihren Sohn auf dem Foto sicherlich problemlos erkennen. Bei Menschen, die wir kennen, sind wir hervorragend darin, Gesichter zu erkennen – auch bei echten Doppelgängern: Ein Paar eineiige Zwillinge verwechselt man leicht, wenn sie nur Bekannte sind, aber wenn man sie gut kennt, kann man sie unschwer auseinanderhalten.

Und das ist ein entscheidender Punkt: Ähnlichkeit liegt im Auge des Betrachters. Ohne eine exakte Definition von Ähnlichkeit kann man nicht messen, wie unterschiedlich zwei Gesichter sind, und es gibt keinen Schwellenwert, ab dem man sagen könnte, dass zwei Gesichter identisch sind. Man kann nicht definieren, was es heißt, ein Doppelgänger zu sein, und auch nicht sagen, wie häufig ein bestimmtes Gesicht vorkommt; und – was noch wichtiger ist – ebenso wenig kann man eine Wahrscheinlichkeit dafür angeben, dass zwei Bilder tatsächlich dieselbe Person zeigen.

Das bedeutet, dass Gesichtserkennung als Identifizierungsmethode nicht so gut ist wie ein DNA-Vergleich, der auf einer robusten statistischen Basis beruht. Wenn DNA-Tests in der Forensik eingesetzt werden, konzentriert man sich beim Abgleich auf bestimmte Teile des Genoms, die von Mensch zu Mensch stark variieren können. Entscheidend ist, wie groß diese Unterschiede sind: Wenn die DNA-Sequenz in einer Gewebeprobe, die am Tatort gefunden wurde, mit der Sequenz aus dem Abstrich eines Verdächtigen übereinstimmt, kann man die Wahrscheinlichkeit berechnen, dass beide von derselben Person stammen. Es bedeutet auch, dass man genau angeben kann, wie hoch die Wahrscheinlichkeit ist, dass die DNA irgendeiner armen Seele gerade an diesen Punkten der Sequenz identisch ist. Je mehr Marker man verwendet, umso geringer ist die Wahrscheinlichkeit einer falschen Übereinstimmung. Dadurch hat jedes Justizsystem der Welt die uneingeschränkte Macht festzulegen, welche Fehlertoleranz es für vertretbar hält, indem es die Anzahl der zu testenden Marker festlegt.[56]

Auch wenn unsere Gesichter untrennbar mit unserer Identität verbunden scheinen, stützt sich die Praxis, Verbrecher anhand ihrer Gesichter zu identifizieren, nicht auf exakte wissenschaftliche Erkenntnisse, solange man die Variationsbreite zwischen Menschen nicht kennt. In einem Vortrag der kriminaltechnischen Abteilung des FBI über die Identifizierung von Menschen anhand von Fotos heißt es: «Der Mangel an statistischen Daten führt dazu, dass Schlussfolgerungen letztendlich meinungsbasiert sind.»[57]

Leider lässt sich dieses Problem nicht durch den Einsatz von Algorithmen zur Gesichtserkennung lösen, was ein sehr schlagkräftiges Argument ist, um bei der Identifizierung von Straftätern Vorsicht walten zu lassen. Ähnlichkeit und Identität sind nicht dasselbe und werden es auch nie sein, ganz egal, wie genau die Algorithmen in Zukunft auch werden mögen.

Und es gibt noch einen weiteren guten Grund, Gesichtserkennungsalgorithmen wohlüberlegt einzusetzen: Die Algorithmen sind nicht so gut darin, Gesichter zu erkennen, wie man glauben könnte.

Eins zu einer Million?

Die Algorithmen selbst verwenden zwei unterschiedliche Methoden. Bei der ersten wird ein 3-D-Modell des Gesichts erstellt, entweder durch Kombination einer Reihe von 2-D-Bildern oder durch Scannen mit einer speziellen Infrarotkamera. Diese Methode verwendet das Face-ID-System, das Apple in seinen iPhones einsetzt. Diese Algorithmen haben eine Möglichkeit gefunden, das Problem der verschiedenen Gesichtsausdrücke und der Alterung zu umgehen, indem sie sich auf Bereiche des Gesichts konzentrieren, die starres Gewebe und Knochen enthalten, etwa die Krümmung der Augenhöhle oder der Nasenrücken.

Apple behauptet, die Wahrscheinlichkeit, dass irgendeine andere Person ein Handy mit Face ID entsperren kann, liege bei eins zu einer Million, aber der Algorithmus hat Schwächen. Er kann von Zwillingen,[58] Geschwistern[59] und leiblichen Kindern[60] getäuscht werden. (Kurz nach der Einführung von Face ID wurde ein Video veröffentlicht, das zeigt, wie ein zehnjähriger Junge die Gesichtserkennung auf dem iPhone seiner Mutter täuscht. Die Mutter löscht inzwischen alle Textnachrichten, die ihr Sohn nicht lesen soll.)[61] Außerdem gibt es Berichte, dass der Algorithmus durch eine speziell angefertigte 3-D-gedruckte Gesichtsmaske mit aufgeklebten Infrarotbildern für die Augen ausgetrickst werden kann.[62] All dies bedeutet, dass der Algorithmus zwar gut genug ist, um ein Smartphone zu entsperren, aber wahrscheinlich noch nicht zuverlässig genug, um den Zugriff auf Bankkonten zu schützen.

Auch bei der Überprüfung von Passfotos oder Aufnahmen aus Überwachungskameras sind diese 3-D-Algorithmen nicht besonders gut geeignet. Dafür benötigt man den zweiten Algorithmustyp, der 2-D-Bilder verwendet und einen statistischen Ansatz verfolgt. Diese Algorithmen arbeiten nicht direkt mit Orientierungspunkten, die Sie oder ich als Unterscheidungsmerkmale erkennen würden, sondern erstellen stattdessen eine statistische Beschreibung der Muster aus hellen und dunklen Bereichen im Bild. Kürzlich fanden Forscher heraus, dass man nicht mit den Mustern arbeiten muss, die Menschen für am besten geeignet halten, um uns voneinander zu unterscheiden, sondern dass man den Algorithmus dazu bringen kann, die besten Kombinationen durch systematisches Ausprobieren auf einem riesigen Datensatz von Gesichtern selbst zu finden. Typischerweise kommen dabei neuronale Netze zum Einsatz, die bereits in den Kapiteln «Medizin» und «Autos» beschrieben wurden. Bei dieser Art von Algorithmen wurden die jüngsten großen Fortschritte in puncto Leistung und Treffsicherheit erzielt. Diese Leistung hat jedoch einen Preis: Es ist nicht immer genau klar, *wie* der Algorithmus entscheidet, ob ein Gesicht einem anderen gleicht.

Das bedeutet, dass sich diese hochmodernen Algorithmen ebenfalls recht einfach täuschen lassen. Da sie mit einer statistischen Beschreibung der Muster von hellen und dunklen Partien auf einem Gesicht arbeiten, kann man sie allein durch das Tragen einer verrückten Brille mit einem aufgedruckten Störmuster austricksen. Besser noch: Man kann ein spezifisches Störmuster so gestalten, dass es das Gesicht eines anderen Menschen vortäuscht, und so dem Algorithmus tatsächlich vorgaukeln, dass man diese Person ist – wie der Mann im Bild auf der rechten Seite, der eine Brille trägt, die ihn «wie» die Schauspielerin Milla Jovovich aussehen lässt.[63] Eine Brille als Verkleidung? Offenbar war Clark Kent da auf der richtigen Spur.

Doch von gezielten Angriffen mit ausgefallenen Brillen abgesehen, haben die übermenschlichen Erkennungsfähigkeiten dieser statistischen Algorithmen viele bewundernde Schlagzeilen gemacht, wie jene, die das FaceNet von Google begrüßten. Um seine Erkennungsfähigkeiten auf die Probe zu stellen, wurde FaceNet aufgefordert, 5000 Bilder der Gesichter von Prominenten zu identifizieren. Menschen hatten zuvor bei der gleichen Aufgabe mit 97,5 Prozent korrekter Identifizierung außerordentlich gut abgeschnitten (was nicht besonders überraschend ist, da die Gesichter dieser Promis den Teilnehmern vertraut waren).[64] Aber FaceNet schnitt noch besser ab und erkannte phänomenale 99,6 Prozent richtig.

Auf den ersten Blick sieht es so aus, als hätten die Maschinen übermenschliche Erkennungsfähigkeiten erlangt. Das klingt nach einem großartigen Arbeitsergebnis, womöglich gut genug, um zu rechtfertigen, dass Algorithmen zur Identifizierung von Straftätern eingesetzt werden. Aber die Sache hat einen Haken. Fünftausend Gesichter sind eine lächerlich geringe Zahl, um einen Algorithmus damit zu testen. Wenn ein Algorithmus zur Verbrechensbe-

kämpfung eingesetzt werden soll, muss er ein Gesicht unter Millionen und nicht nur unter Tausenden identifizieren.

Die britische Polizei verfügt heute über eine Datenbank mit 19 Millionen Bildern von Gesichtern, zusammengestellt aus den Fotos von Personen, die einer Straftat verdächtigt wurden. Das FBI hat inzwischen 411 Millionen Bilder, auf denen angeblich die Hälfte aller US-amerikanischen Erwachsenen abgebildet ist.[65] Und in China, wo die Datenbank der Ausweisdaten den einfachen Zugang zu Milliarden von Gesichtern ermöglicht, haben die Behörden bereits erheblich in die Gesichtserkennung investiert. Auf Straßen, in U-Bahnen und Flughäfen sind Kameras installiert, die mutmaßlich jeden entdecken, der durch die Städte des Landes reist, von gesuchten Straftätern bis hin zu Fußgängern, die Verkehrsregeln missachten.[66] (Es gibt sogar die Vermutung, dass die kleinen Vergehen eines chinesischen Bürgers, wenn er etwa Müll auf die Straße wirft, in die Bewertungen nach dem Sesame-Credit-System, dem chinesischen Bürgerbewertungssystem, einfließen – mit allen damit verbundenen Strafmaßnahmen, die im Kapitel «Daten» beschrieben wurden.)

Leider steigt die Möglichkeit einer Falschinterpretation mit der Anzahl der zu verarbeitenden Gesichter dramatisch an. Je mehr Gesichter der Algorithmus durchsucht, umso höher ist die Wahrscheinlichkeit, dass er zwei Gesichter findet, die sich ähnlich sehen. Wenn man diese Algorithmen also auf größeren Gesichtsdatenbanken anwendet, erhöht sich die Fehlerquote erheblich.

Das wäre in etwa so, als sollte ich probehalber zehn Personalausweise mir unbekannter Personen ihren rechtmäßigen Besitzern zuordnen. Wenn ich dabei die volle Punktzahl erreichte, würde man behaupten, ich könne Gesichter zu 100 Prozent korrekt identifizieren, und man würde mich dann ins Zentrum von New York City schicken, mit dem Auftrag, dort unter den Passanten nach gesuchten Straftätern zu suchen. In diesem Fall würde auch meine Fehlerquote unvermeidbar ansteigen.

Bei Algorithmen ist das genauso. Im Jahr 2015 rief die Universität von Washington die MegaFace Challenge ins Leben, einen Wettbewerb, bei dem Menschen aus aller Welt eingeladen wurden, ihre Erkennungsalgorithmen auf einer Datenbank mit einer Million Gesichtern zu testen.[67] Das war zumindest ein Schritt in die richtige Richtung, wenn auch immer noch ein deutlich geringeres Datenvolumen, als in den Datenbanken einiger Behörden enthalten ist. Dennoch schnitten die Algorithmen bei dieser Herausforderung nicht gut ab.

Googles FaceNet – das bei Prominenten fast perfekt funktioniert hatte – erreichte plötzlich nur noch eine Identifikationsquote von 75 Prozent.*[68] Andere Algorithmen erzielten eine, offen gesagt, erbärmliche Erfolgsquote von 10 Prozent. Aktuell ist das beste Produkt das chinesische Tencent YouTu Lab, das eine Erkennungsquote von 83,29 Prozent erreicht.[69]

Anders ausgedrückt: Wenn Sie in einer digitalen Zusammenschau von Millionen Menschen nach einem bestimmten Straftäter suchen, dann bedeuten diese Zahlen, dass Sie *im besten Fall* bei jedem sechsten Treffer den falschen Verdächtigen finden.

* Diese Zahl bezieht sich auf die Anzahl der korrekten Gesichtszuordnungen, die der Algorithmus nicht schaffte, nachdem er darauf eingestellt worden war, falsch-richtige Identifizierungen zu vermeiden. Über diese Art von Fehlern, die ein Algorithmus machen kann, mehr im Kapitel «Justiz», über die verschiedenen Möglichkeiten, wie man Genauigkeit messen kann, Genaueres im Kapitel «Medizin».

In diesem Bereich gibt es rasche Fortschritte. Die Genauigkeit wird ständig besser, und niemand kann mit Sicherheit sagen, was in den nächsten Monaten oder Jahren geschehen wird. Auf jeden Fall jedoch machen Unterschiede in Beleuchtung, Haltung, Bildqualität und allgemeiner Erscheinung das genaue und zuverlässige Erkennen von Gesichtern zu einem sehr heiklen Problem. Wir sind noch weit davon entfernt, bei Datenbanken mit 411 Millionen Gesichtern eine perfekte Genauigkeit zu erreichen, und genauso wenig sind wir in der Lage, den einen Doppelgänger unter einer Billion Gesichtern zu finden.

Per Saldo

Das sind ernüchternde Fakten, dennoch sind die Algorithmen deswegen nicht unbedingt unnütz. Es gibt Algorithmen, die gut genug sind, um in einigen Situationen Anwendung zu finden. Im kanadischen Ontario zum Beispiel können sich spielsüchtige Menschen freiwillig auf eine Liste setzen lassen, die sie daran hindert, ein Spielkasino zu betreten. Ihr Gesicht wird von Erkennungsalgorithmen identifiziert, sodass die Mitarbeiter des Kasinos die Spielsüchtigen höflich auffordern können zu gehen, wenn diese schwachzuwerden drohen.[70] All jenen gegenüber, die dieser Algorithmus fälschlicherweise von einer lustigen Nacht am Roulettetisch abhält, ist das natürlich unfair, aber ich finde, dass dies kein zu hoher Preis ist, wenn man damit rückfallgefährdeten Glücksspielsüchtigen helfen kann, der Versuchung zu widerstehen.

Etwas Ähnliches gibt es auch im Einzelhandel. Früher waren die Büros der Sicherheitsleute in Kaufhäusern mit Polaroids von Ladendieben tapeziert; jetzt können Algorithmen ein Gesicht mit einer Datenbank bekannter Ladendiebe abgleichen, sobald jemand die Schwelle des Ladens passiert. Wenn das Gesicht mit dem Bild eines bekannten Diebes übereinstimmt, wird eine Alarmmeldung an die Smartphones der diensthabenden Sicherheitsleute gesendet, die den Verdächtigen in den Gängen aufstöbern können.

Es gibt gute Gründe für Einzelhändler, diese Technologie einzusetzen. Jedes Jahr werden in Großbritannien geschätzte 3,6 Millionen Ladendiebstähle begangen, die die Einzelhändler unfassbare 660 Millionen Pfund (etwa 738 Millionen Euro) kosten.[71] Und wenn man bedenkt, dass im Jahr 2016 in den Vereinigten Staaten 91 Menschen, die eines Ladendiebstahls verdächtig waren, in Einzelhandelsgeschäften einen gewaltsamen Tod starben, könnte man argumentieren, dass eine Methode, die verhindern kann, dass hartnäckige Straftäter ein Geschäft betreten und die Situation eskaliert, gut für alle wäre.[72]

Aber diese Hightech-Lösung gegen Ladendiebstahl hat auch Nachteile: ein Datenschutzproblem zum Beispiel. (FaceFirst, einer der führenden Anbieter dieser Art von Sicherheitssoftware, behauptet, das Unternehmen speichere keine Bilder von Stammkunden, aber die Geschäfte nutzen sicherlich die Gesichtserkennung, um die Kaufgewohnheiten ihrer Kunden zu erfassen.) Und dann ist da noch die Frage, wer auf der digitalen Schwarzen Liste landet. Wie kann man sicher sein, dass jeder Name auf dieser Liste auch aus den richtigen Gründen dort steht? Was ist mit dem Prinzip der Unschuldsvermutung, bis das Gegenteil erwiesen ist? Was ist mit Menschen, die zufällig auf der Liste landen? Wie kommen sie da wieder herunter? Zusätzlich besteht die Gefahr einer Fehlidentifikation durch einen Algorithmus, der nie vollständig fehlerfrei sein kann.

Die Frage ist also, ob die Vorteile die Nachteile überwiegen. Auch darauf gibt es keine einfache Antwort. Selbst Einzelhändler sind sich da nicht einig. Manche installieren die Technologie voller Begeisterung, während andere sich von ihr abwenden – darunter Walmart, wo man einen ersten Probelauf mit FaceFirst in den Filialen abbrach, nachdem die Investition nicht die erhofften Erfolge brachte.[73]

Wenn es um Straftaten geht, ist der Saldo von Schaden und Nutzen sehr viel deutlicher erkennbar. Natürlich stützen sich nicht nur diese Algorithmen auf etwas wacklige statistische Grundlagen. Bei Fingerabdrücken ist ebenfalls nicht bekannt, wie hoch die Fehlerquote ist,[74] ebenso wenig wie bei Bissspuren, der Analyse von Blutspritzmustern[75] oder Ballistik.[76] Tatsächlich kann laut einer Veröffentlichung der US National Academy of Sciences aus dem Jahr 2009 keine wissenschaftliche forensische Methode mit Ausnahme von DNA-Tests «einen Zusammenhang zwischen Beweismitteln und einer bestimmten Person oder Quelle nachweisen».[77] Dennoch haben sich diese Methoden unbestreitbar als äußerst wertvolle Werkzeuge für die Polizei erwiesen – solange man sich nicht zu sehr auf die von ihnen erzeugten Beweise stützt. Aber selbst die Genauigkeit der intelligentesten Gesichtserkennungsalgorithmen lässt einiges zu wünschen übrig. Es gibt die Überlegung, dass man nicht mithilfe einer Technologie, die nicht perfekt ist, darüber entscheiden sollte, ob man jemanden seiner Freiheit beraubt, wenn auch nur das geringste Risiko besteht, dass weitere Fälle wie der von Steve Talley vorkommen könnten. Das einzige Problem dabei ist, dass Geschichten wie die Talleys nicht das ganze Bild zeigen. Denn während es enorme Nachteile hat, wenn man die Gesichtserkennung bei der Jagd auf Straftäter einsetzt, bietet es auch enorme Vorteile.

Der schwierige Kompromiss

Im Mai 2015 rannte ein Mann durch die Straßen von Manhattan und attackierte Passanten mit einem schwarzen Tischlerhammer. Zuerst stürmte er auf eine Menschengruppe in der Nähe des Empire State Building los und schlug einem 20 Jahre alten Mann auf den Hinterkopf. Sechs Stunden später griff er weiter südlich, am Union Square, mit demselben Hammer eine Frau an, die still auf einer Parkbank saß, und schlug ihr seitlich an den Kopf. Nur wenige Minuten später tauchte er wieder auf und griff dieses Mal eine 33-jährige Frau an, die außerhalb des Parks die Straße entlangging.[78] Anhand von Überwachungsaufnahmen dieser Angriffe identifizierte ihn ein Gesichtserkennungsalgorithmus als David Baril, einen Mann, der Monate vor den Angriffen das Bild eines vor Blut triefenden Hammers auf Instagram gepostet hatte.[79] Baril gestand, die Taten begangen zu haben, und wurde zu 22 Jahren Gefängnis verurteilt.

Auch bei alten, ungelösten Fällen liefern Durchbrüche bei der Gesichtserkennung neue heiße Spuren. Im Jahr 2014 brachte ein Algorithmus einen amerikanischen Mann vor Gericht, der seit 15 Jahren als Flüchtling unter falschem Namen lebte. Neil Stammer war nach einer Anklage wegen Kindesmissbrauchs und Entführung auf Kaution freigelassen worden und geflohen; er wurde erneut verhaftet, als die Suchmeldung des FBI mit einer Datenbank von Pässen abgeglichen wurde und die Suche bei einer in Nepal lebenden Person, unter deren Passfoto ein anderer Name stand, einen Treffer ergab.[80]

Im Sommer 2017, während ich nur wenige Kilometer von dem Ort entfernt, wo im Juni bei den Terroranschlägen auf der London Bridge acht Menschen starben, an diesem Buch schreibe, kann ich ermessen, wie hilfreich ein System sein könnte, das einen solchen Algorithmus verwendet. Youssef Zaghba war einer der drei Männer, die mit einem Lieferwagen in eine Menschenmenge fuhren und dann im benachbarten Borough Market mit Messern auf Passanten losgingen. Zaghba stand in Italien auf der Beobachtungsliste für Terrorverdächtige und hätte von einem Gesichtserkennungsalgorithmus automatisch identifiziert werden können, bevor er britischen Boden betrat.

Aber wie entscheidet man sich für einen Kompromiss zwischen Datenschutz und Schutz vor Verbrechen, Fairness und Sicherheit? Wie viele Steve Talleys sind wir bereit zu akzeptieren, wenn wir im Gegenzug dafür Menschen wie David Baril und Youssef Zaghba schnell identifizieren können?

In der Statistik der New Yorker Polizei von 2015 steht, dass in jenem Jahr 1700 Verdächtige erfolgreich identifiziert wurden, was zu 900 Verhaftungen führte. Fünf Personen wurden falsch identifiziert.[81] So beunruhigend jeder Einzelne dieser fünf ist, bleibt doch die Frage: Ist das ein akzeptables Verhältnis? Ist das ein Preis, den wir zu zahlen bereit sind, um Kriminalität zu bekämpfen?

Offenbar sind Algorithmen, die keine Nachteile mit sich bringen, wie Kim Rossmos Geoprofiling, mit dem dieses Kapitel begann, eher die Ausnahme als die Regel. Wenn es um Verbrechensbekämpfung geht, stößt man überall auf Algorithmen, die in einer Hinsicht vielversprechend sind, in einer anderen aber sehr beängstigend sein können. PredPol, HunchLab, Strategic Subject Lists und Gesichtserkennung – alle versprechen Lösungen für unsere bestehenden Probleme, erschaffen dabei aber neue.

Meiner Meinung nach müssen Algorithmen nirgendwo dringender und eindeutiger reguliert werden als im Zusammenhang mit Straftaten, wo allein die Existenz dieser Systeme ernste Fragen aufwirft, auf die es keine einfachen Antworten gibt. Irgendwie werden wir uns diesen schwierigen Dilemmata stellen müssen. Sollen wir nur Algorithmen akzeptieren, die wir verstehen oder in die wir hineinschauen können, im vollen Bewusstsein, dass ihre Effektivität dadurch nachlassen kann (und die Kriminalitätsraten steigen), wenn man sie ihren Eigentümern wegnimmt? Verwerfen wir jedes mathematische System mit eingebauten Vorurteilen, Verzerrungen oder nachgewiesener Fehlerwahrscheinlichkeit, wohlwissend, dass wir damit höhere Ansprüche an die Algorithmen stellen würden als an das menschliche System, das wir stattdessen anwenden müssen? Und wie viele Vorurteile und Verzerrungen sind zu viele? An welchem Punkt geben wir den Opfern vermeidbarer Straftaten Vorrang vor den Opfern des Algorithmus?

Das setzt zum Teil voraus, dass wir als Gesellschaft entscheiden, was unserer Meinung nach als Erfolg zählt. Wo liegen unsere Prioritäten? Bestehen sie darin, die Kriminalitätsrate so niedrig wie möglich zu halten? Oder die Freiheit der Unschuldigen mehr als alles andere zu schützen? Wie viel von dem einen würde man für das andere opfern?

Gary Marx, Professor für Soziologie am MIT, stellte das Dilemma in einem Interview mit dem *Guardian* gut dar: «In der Sowjetunion gab es bemerkenswert wenig Straßenkriminalität, als das Land sich auf dem Höhepunkt totalitärer und autoritärer Kontrollen betraf. Aber, mein Gott, zu welchem Preis?»[82]

Durchaus möglich, dass wir am Ende beschließen, die Reichweite der Algorithmen zu beschränken. Dass wir entscheiden, dass manche Dinge nicht analysiert und berechnet werden sollten. Diese Einschätzung könnte sich durchaus auch jenseits der Welt der Kriminalität durchsetzen. Das wird dann wohl nicht daran liegen, dass sich die Algorithmen nicht bemühen würden. Aber vielleicht gibt es einfach ein paar Dinge, die eine gefühllose Maschine nicht erfassen kann.

Kunst

Justin war in nachdenklicher Stimmung. Am 4. Februar 2018 saß er in Memphis, Tennessee, bei sich zu Hause im Wohnzimmer, sah sich im Fernsehen die Super-Bowl-Sendung an und knabberte M&Ms. Wenige Tage zuvor hatte er seinen 37. Geburtstag gefeiert, und jetzt grübelte er – wie es inzwischen alljährliche Tradition geworden war – darüber nach, was aus seinem Leben geworden ist.

Er wusste, dass er eigentlich allen Grund hatte, dankbar zu sein. Er hatte ein perfektes, komfortables Leben. Einen festen Bürojob mit geregelten Arbeitszeiten, ein Dach über dem Kopf und eine Familie, die ihn liebte. Aber er hatte schon immer mehr gewollt. In seiner Jugend war er davon überzeugt gewesen, dass er für Ruhm und Reichtum bestimmt sei.

Wie war es dann gekommen, dass er jetzt so … normal war? «Es lag an der Boygroup», dachte er sich, bei der er mit 14 Jahren eingestiegen war. «Wenn wir Erfolg gehabt hätten, wäre alles anders gekommen.» Aber die Band war ein Flop gewesen, warum auch immer. Der große Erfolg hatte sich für ihn nie eingestellt, den armen alten Justin Timberlake.

Niedergeschlagen öffnete er das nächste Bier und stellte sich vor, wie alles hätte sein können. Auf dem Bildschirm ging die Werbepause zu Ende. Die Musik für die große Halbzeitshow setzte ein. Und in einem Paralleluniversum – fast identisch mit diesem bis auf ein winziges Detail – betrat ein anderer 37-jähriger Justin Timberlake aus Memphis die Bühne.

Viele Welten

Warum ist der echte Justin Timberlake so erfolgreich? Und warum ist der andere Justin Timberlake gescheitert? Manche Menschen (darunter mein 14-jähriges Ich)* würden sagen, dass Justin seinen Erfolg verdient hat: Sein angeborenes Talent, sein gutes Aussehen, sein tänzerisches Können und der künstlerische Wert seiner Musik brachten ihm den unvermeidlichen Ruhm ein. Aber andere könnten da anderer Meinung sein. Sie würden vielleicht behaupten, dass an Timberlake nichts Besonderes sei und auch an keinem der anderen Pop-Superstars, die von Legionen von Fans verehrt werden. Talentierte Menschen zu finden, die singen und tanzen können, ist einfach – wer ein Star wird, ist reine Glückssache.

Natürlich kann niemand wirklich wissen, woran es lag. Man müsste schon mehrere identische Parallelwelten einrichten, Timberlake auf jede davon loslassen und beobachten, wie sich die jeweiligen Inkarnationen entwickeln, um herauszufinden, ob er jedes Mal Erfolg hätte. Leider übersteigt die Erstellung eines künstlichen Multiversums die Möglichkeiten der meisten von uns, aber wenn man etwas weniger ehrgeizige Ziele anpeilt als Timberlake und stattdessen weniger bekannte Musiker in Betracht zieht, kann man immer noch erforschen, welche Rolle Glück und Talent beim Erfolg von musikalischen Hits spielen.

Genau diese Idee setzten Matthew Salganik, Peter Dodds und Duncan Watts bereits 2006 in einem berühmten Experiment um, in dem sie eine Reihe von digitalen Welten schufen.[1] Die Wissenschaftler erstellten einen eigenen Online-Musikdienst, der einer sehr rudimentären Version von Spotify ähnelte, und leiteten die Besucher auf eine von acht parallelen Webseiten um, auf denen dieselben 48 Songs von unbekannten Künstlern angeboten waren.

* Allerdings stand die 14-jährige Hannah Fry auch auf PJ & Duncan, hatte also vielleicht keine Ahnung.

In diesem «Music Lab»[2] konnten sich insgesamt 14 341 Musikfans auf Einladung anmelden, sich die Songs anhören, sie bewerten und die Musik herunterladen, die ihnen am besten gefiel.

Wie beim echten Spotify konnten die Besucher auf einen Blick sehen, welche Musik andere Leute in dieser «Welt» hörten. Neben dem Künstlernamen und dem Songtitel sahen die Teilnehmer zusätzlich, wie oft ein Song in dieser Welt bereits heruntergeladen worden war. Alle Zähler begannen bei null, und mit der Zeit und steigenden Zahlen schälten sich die beliebtesten Songs in jeder der acht parallelen Charts allmählich heraus.

Um einen Vergleichswert für die «wahre» Popularität der Songs zu erhalten, richtete das Team zusätzlich eine Kontrollwelt ein, in der die Entscheidungen der Nutzer nicht von anderen beeinflusst wurden. Dort erschienen die Songs in zufälliger Reihenfolge auf der Seite – entweder in einer Übersicht oder als Liste –, aber die Download-Statistiken waren nicht sichtbar.

Die Ergebnisse waren faszinierend. Alle Welten waren sich einig, dass manche Songs klare Blindgänger waren. Andere Songs schlugen überall ein wie eine Bombe: Sie waren in jeder Welt beliebt, auch in jenen, wo die Besucher die Anzahl der Downloads nicht sehen konnten. Aber abgesehen von todsicheren Hits und absoluten Fehlschlägen konnten die Künstler in den verschiedenen Welten so ziemlich jede Erfolgsstufe erreichen.

Ein Beispiel ist die Punkband 52Metro aus Milwaukee. Deren Song «Lockdown» war in einer Welt sehr beliebt und schaffte es dort an die Spitze der Charts. In einer anderen Welt floppte er jedoch völlig und belegte dort Platz 40 von 48 Songs. Genau dasselbe Lied stand in beiden Welten in Konkurrenz zu genau denselben anderen Songs; aber in dieser zweiten Welt brachte 52Metro es nie zu etwas.[3] Manchmal war Erfolg reine Glückssache.

Der Weg an die Spitze war also nicht in Stein gemeißelt, doch die Forscher fanden heraus, dass die Nutzer am ehesten Tracks herunterluden, von denen sie wussten, dass andere sie mochten. Wenn ein einigermaßen erfolgreicher Song durch Zufall frühzeitig an die

Spitze der Charts gelangte, konnte das seine Popularität enorm steigern. Mehr Downloads führten zu noch mehr Downloads. Wahrgenommene Popularität wurde zu echter Popularität, sodass Erfolg letztendlich ein Zufallsprodukt war, das sich im Lauf der Zeit vervielfachte.

Für diese Ergebnisse gab es einen Grund. Psychologen bezeichnen dieses Phänomen als «sozialen Beweis». Wenn wir nicht genügend Informationen haben, um selbstständig eine Entscheidung zu treffen, dann tendieren wir dazu, das Verhalten der Menschen in unserer Umgebung zu kopieren. Deshalb setzen Theaterbetreiber manchmal heimlich Menschen ins Publikum, damit sie zur richtigen Zeit klatschen und jubeln. Wenn wir andere klatschen hören, machen wir eher mit. Was unsere Musikauswahl betrifft, hören wir nicht unbedingt lieber dieselben Songs, die auch andere hören wollen, aber Popularität ist eine schnelle Möglichkeit, um sich vor Enttäuschungen zu bewahren. «Die Menschen haben zu viele Auswahlmöglichkeiten», sagte Salganik damals der Zeitschrift *LiveScience.* «Man kann sich nicht alles anhören, und da ist es eine natürliche Abkürzung, das zu hören, was andere hören.»[4]

Wir nutzen bei allen Formen der Unterhaltung die Popularität als Maßstab für Qualität. So untersuchte beispielsweise eine Studie aus dem Jahr 2007, wie es sich auf die öffentliche Wahrnehmung eines Buches auswirkte, wenn es in der Bestsellerliste der *New York Times* auftauchte. Alan Sorensen, der Autor der Studie, machte sich die Eigenheiten bei der Art und Weise, wie die Liste zusammengestellt wird, zunutze, um den Erfolg von Büchern zu verfolgen, die auf der Grundlage ihrer tatsächlichen Verkäufe hätten einbezogen werden sollen, es aber – aufgrund von Zeitverzögerungen und versehentlichen Auslassungen – nicht wurden, und verglich sie mit denen, die es auf die Liste geschafft hatten. So stellte er einen deutlichen Effekt fest: Allein die Tatsache, dass ein Buch auf der Liste stand, führte zu einem Umsatzplus von durchschnittlich 13 bis 14 Prozent, bei Debütautoren waren es sogar 57 Prozent.

Je mehr Plattformen wir nutzen, um zu sehen, was beliebt ist – Bestsellerlisten, Ranglisten bei Amazon, Bewertungen auf einer Filmwebsite, Spotify-Charts –, umso stärker wirkt der soziale Beweis. Der Effekt verstärkt sich noch, wenn wir mit Millionen von Optionen bombardiert werden, und auch durch Marketing, Prominenz, Medienhypes und Kritikerlob, die alle unsere Aufmerksamkeit einfordern.

All das bedeutet, dass manchmal schreckliche Musik an die Spitze kommen kann. Und das ist nicht nur eine zynische Bemerkung von mir. In den Neunzigerjahren sollen zwei britische Musikproduzenten – denen dieser Mechanismus bekannt war – eine Wette darüber abgeschlossen haben, wer den schlechtesten Song in die Charts bringen könne. Angeblich war das Ergebnis der Wette eine Girlgroup namens Vanilla, deren erste Single «No way no way no way, mah na mah na mah na na» auf dem berühmten Muppets-Lied basiert. Den Stimmbeitrag der Frauen konnte man nur im weitesten Sinne als Gesang bezeichnen, das CD-Cover sah aus, als wäre es mit Microsoft Paint erstellt worden, und der Videoclip hatte gute Chancen, zum schlechtesten Video gekürt zu werden, das je ausgestrahlt wurde.[5] Aber Vanilla hatte mächtige Verbündete. Dank einiger Zeitschriftenartikel und eines Auftritts in der BBC-Musiksendung *Top of the Pops* schaffte der Song es trotz allem, auf Platz 14 der Charts aufzusteigen.*

Der Erfolg der Band war nur von kurzer Dauer, zugegeben. Bei der zweiten Single ließ die Popularität der Band bereits nach. Eine dritte gab es nicht. All das lässt vermuten, dass der soziale Beweis nicht der einzige relevante Faktor ist – wie ein Folgeexperiment des Music-Lab-Teams gezeigt hat.

Der Aufbau ihrer zweiten Studie war weitgehend derselbe wie bei der ersten. Doch eine Veränderung gab es, mit der die Forscher

* Es ist bedauerlich, dass sich das Buchformat nicht für die Einbindung von Musikdateien eignet, denn Sie sollten wirklich hören, wie lächerlich schlecht dieser Song ist. Googeln Sie ihn, okay?

testen wollten, inwieweit die Wahrnehmung von Popularität zu einer sich selbst erfüllenden Prophezeiung wurde. Sobald die Charts sich in den verschiedenen Welten stabilisiert hatten, unterbrachen sie das Experiment und drehten die Rangfolge um. Neue Nutzer der Musikwebsite sahen die Hits in den Charts ganz unten, während die Flops den Platz der Crème de la Crème ganz oben einnahmen.

Danach sank die Gesamtzahl der Downloads durch die Nutzer fast augenblicklich stark ab. Sobald die Songs an der Spitze der Charts nicht mehr ansprechend waren, verloren die Leute das Interesse an der Musik auf der Website insgesamt. Die stärksten Rückgänge gab es bei den Downloads der Flops, die nun an der Spitze der Charts standen. Bei den guten Songs, die jetzt ganz unten ihr Dasein fristeten, waren die Downloadzahlen schlechter als zuvor, aber immer noch besser als bei den Songs, die vorher am Ende der Liste gestanden hatten. Wäre das Experiment lange genug weitergegangen, hätten die besten Songs ihre Popularität zurückgewonnen. Fazit: Der Zustand des Marktes ist nicht zementiert. Sowohl Glück als auch Qualität spielen eine Rolle.[6]

In der Realität – wo es nur eine einzige Welt gibt, deren Daten es sich zu verarbeiten lohnt – gibt es eine einfache Interpretation der Ergebnisse aus den Music-Lab-Experimenten: Qualität ist wichtig, und sie ist nicht dasselbe wie Popularität. Dass die besten Songs ihre Popularität zurückgewannen, zeigt, dass manche Musik einfach von Natur aus «besser» ist. An dem einen Ende des Spektrums ist ein sensationeller Song eines fantastischen Künstlers (zumindest theoretisch) für den Erfolg prädestiniert. Doch der Haken bei der Sache ist, dass das Gegenteil nicht unbedingt zutrifft. Wenn etwas erfolgreich ist, bedeutet das noch nicht, dass es auch von hoher Qualität ist.

Wie genau man Qualität definiert, ist eine völlig andere Frage, auf die ich gleich noch eingehen werde. Aber für manche ist Qualität allein nicht unbedingt wichtig. Für ein Plattenlabel, einen Filmproduzenten oder einen Verlag ist die eigentliche Frage: Kann man garantierte Erfolge im Voraus erkennen? Kann ein Algorithmus die Hits herauslesen?

Die Jagd nach den Hits

Investitionen in Filme sind ein riskantes Geschäft. Nur wenige Filme spielen Geld ein, die meisten werden kaum die Gewinnschwelle erreichen, und Flops gehören zum Alltag.[7] Dabei geht es um richtig viel Geld: Wenn ein Film in der Herstellung mehrere zehn oder sogar hundert Millionen kostet, dann kann es katastrophal teuer werden, wenn man die Nachfrage nach dem Produkt nicht im Voraus abschätzen kann.

Das war eine Lektion, die die Disney-Studios mit ihrem 2012 erschienenen Film *John Carter* auf die harte Tour lernen mussten. Das Studio steckte 350 Millionen Dollar in den Film und plante, daraus das nächste große Franchise zu machen, auf einer Ebene mit Blockbustern wie *Toy Story* und *Findet Nemo*. Sie haben den Film nicht gesehen? Ich auch nicht. Der Film kam beim Publikum nicht an und fuhr einen Verlust von 200 Millionen Dollar ein, was zum Rücktritt des Vorstandsvorsitzenden der Walt Disney Studios führte.[8]

Die mächtigen Hollywood-Bosse haben immer akzeptiert, dass man den kommerziellen Erfolg eines Films nicht genau vorhersagen kann. Hier entscheidet das Bauchgefühl. Dass man manchmal auf Filme setzt, die an den Kinokassen floppen, gehört zum Job. Im Jahr 1978 formulierte Jack Valenti, Präsident und CEO der Motion Picture Association of America, es so: «Niemand kann sagen, wie ein Film auf dem Markt abschneiden wird. Das weiß man erst, wenn die ersten Szenen im abgedunkelten Kinosaal gezeigt werden und es zwischen Leinwand und Publikum funkt.»[9] Fünf Jahre später, im Jahr 1983, brachte William Goldman – Autor von *Die Braut des Prinzen* und *Butch Cassidy und Sundance Kid* – es auf den Punkt: «Niemand weiß irgendetwas.»[10]

Aber moderne Algorithmen sind, wie wir in diesem Buch gesehen haben, regelmäßig in der Lage, das scheinbar Unvorhersehbare vorherzusagen. Warum sollte das bei Filmen anders sein? Der Erfolg eines Films lässt sich anhand von Umsatzzahlen und Kritiken messen. Im Zusammenhang mit Aufbau und Eigenschaften eines Films kann man alle möglichen Faktoren messen: Hauptdarsteller, Genre, Budget, Laufzeit, Handlungsmerkmale und so weiter. Warum sollte man mit diesen Methoden nicht die Juwelen aufspüren können? Und so herausfinden, welche Filme an der Kinokasse erfolgreich sein werden?

Genau das ist das Ziel einer Reihe jüngster wissenschaftlicher Studien, die darauf abzielen, die enorme Fülle an Informationen zu erschließen, die von Websites wie der Internet Movie Database (IMDb) oder Rotten Tomatoes gesammelt und aufbereitet werden. Und in den Daten verbergen sich – vielleicht wenig überraschend – einige faszinierende Erkenntnisse.

Nehmen wir als Beispiel die Studie von Sameet Sreenivasan aus dem Jahr 2013.[11] Er stellte fest, dass IMDb aus den handlungsbezogenen Schlüsselwörtern, mit denen Nutzer die Filme taggten, einen erstaunlich detaillierten Katalog an Deskriptoren zusammengestellt hatte, die zeigten, wie sich der Filmgeschmack im Lauf der Zeit entwickelt hat. Als er seine Studie durchführte, umfasste der IMDb-Katalog mehr als zwei Millionen Filme aus mehr als 100 Jahren, die jeweils mit handlungsbezogenen Tags versehen waren. Einige Schlüsselwörter lieferten allgemeine Beschreibungen der Filmhandlung, wie etwa «organisiertes Verbrechen» oder «Vater-Sohn-Beziehung»; andere bezogen sich auf den Ort der Handlung, etwa «Manhattan-New York City», oder auf bestimmte Handlungsschwerpunkte, wie «mit einer Waffe bedroht» oder «an einen Stuhl gefesselt».

Für sich genommen zeigten die Schlüsselwort-Tags, dass das Interesse an bestimmten Handlungselementen schwungweise zu- und wieder abnimmt. Beispiele hierfür sind Filme über den Zweiten Weltkrieg oder mit dem Thema Abtreibung. Erst gibt es kurz hintereinander eine Flut von Veröffentlichungen zu einem ähnlichen Thema und dann wieder fast gar keine. Auf Grundlage dieser Tags entwickelte Sreenivasan ein Bewertungssystem dafür, wie neuartig ein Film zum Zeitpunkt seiner Veröffentlichung war. Diese Bewertung bestand aus einer Zahl zwischen null und eins und konnte dann mit den Einspielergebnissen an der Kinokasse verglichen werden.

Wenn ein bestimmter Handlungsschwerpunkt oder ein Schlüsselmerkmal – etwa nackte Frauen oder organisiertes Verbrechen – aus früheren Filmen bekannt war, brachte dieses Schlüsselwort dem Film eine niedrige Neuheitsbewertung ein. Aber jedes originelle Handlungselement – wie zum Beispiel die Einführung von Kampfkünsten in Actionfilmen in den Siebzigerjahren – erzielte eine hohe Neuheitsbewertung, wenn das Element erstmals auf der Leinwand auftauchte.

Offenbar haben wir eine komplizierte Beziehung zu Neuheiten. Meist gilt, dass ein Film umso erfolgreicher an den Kinokassen war, je höher sein Neuheitswert lag. Aber nur bis zu einem gewissen Punkt. Wenn man diesen Punkt überschreitet, lauert ein Abgrund; die Einnahmen eines Films stürzten rapide ab, sobald der Neuheitswert 0,8 Punkte erreichte. Sreenivasans Studie zeigte, was Sozialwissenschaftler schon lange vermutet hatten: Das Banale vergrätzt uns, aber auch das radikal Unbekannte mögen wir nicht. Die besten Filme liegen auf dem schmalen Grat zwischen «neu» und «nicht zu neu».

Der Neuheitswert könnte für die Studios eine nützliche Methode sein, um zu vermeiden, dass sie auf absolute Blindgänger setzen, aber er ist nicht sehr hilfreich, wenn man etwas über das Schicksal eines einzelnen Films erfahren will. Hier könnte die Arbeit eines europäischen Forscherteams sehr viel mehr helfen. Die Forscher fanden einen Zusammenhang zwischen der Anzahl der Überarbeitungen der Wikipedia-Seite eines Films im Monat vor seinem Kinostart und den späteren Einspielergebnissen.[12] Die Überarbeitungen wurden oft von Leuten vorgenommen, die mit der Veröffentlichung nichts zu tun hatten, einfach nur typische Filmfans waren, die Informationen zur Seite beisteuerten. Mehr Bearbeitungen implizierten mehr Aufmerksamkeit für einen Kinostart, was wiederum zu höheren Einnahmen an der Kasse führte.

Das Modell hatte insgesamt eine bescheidene Vorhersagekraft: Von 312 Filmen in der Studie prognostizierten die Forscher den Umsatz von 70 Filmen mit einer Genauigkeit von 70 Prozent oder mehr korrekt. Aber je erfolgreicher ein Film war und je öfter die Wikipedia-Seite überarbeitet wurde, umso mehr Daten standen dem Team zur Verfügung und umso genauer wurden die Vorhersagen. Die Einspielergebnisse von sechs sehr erfolgreichen Filmen wurden mit einer Genauigkeit von 99 Prozent korrekt vorhergesagt.

Diese Studien sind akademisch interessant, aber ein Modell, das erst einen Monat vor der Veröffentlichung eines Films funktioniert, ist für Investoren nicht besonders hilfreich. Aber vielleicht könnte man die Frage stattdessen direkt angehen: Man nimmt alle Faktoren, die bei einer Produktion früh bekannt sind – etwa das Genre, die Bekanntheit der Hauptdarsteller, die Altersfreigabe (FSK ab 6 oder 12 etc.) –, und sagt mithilfe eines selbstlernenden Algorithmus voraus, ob der Film ein Hit wird.

Eine berühmte Studie aus dem Jahr 2005 machte genau das. Dabei ließen die Forscher ein neuronales Netz den Erfolg von Filmen lange vor ihrem Kinostart vorhersagen.[13] Um die Sache möglichst einfach zu halten, versuchten die Forscher gar nicht erst, die Einspielergebnisse genau zu prognostizieren, sondern teilten die Filme in eine von neun Kategorien ein, vom völligen Flop bis zum Blockbuster. Leider ließen die Ergebnisse trotz dieser Vereinfachung noch zu wünschen übrig. Das neuronale Netz übertraf alle zuvor getesteten statistischen Methoden, schätzte den Erfolg eines Films aber trotzdem nur in 36,9 Prozent der Fälle richtig ein. In der Spitzenkategorie – den Filmen, die mehr als 200 Millionen Dollar einspielten – war die Trefferquote etwas höher: Diese wahren Blockbuster wurden zu 47,3 Prozent korrekt identifiziert. Dennoch sollten Investoren Vorsicht walten lassen. Rund 10 Prozent der vom Algorithmus als Hits ausgewählten Filme spielten weniger als 20 Millionen Dollar ein – was für Hollywood-Verhältnisse eine klägliche Summe ist.

Seither wurde in anderen Studien versucht, diese Vorhersagen zu verbessern, aber bisher gab es keine signifikanten Fortschritte. Alles deutet auf eines hin: Solange man keine Daten über erste Publikumsreaktionen hat, ist die Beliebtheit im Wesentlichen nicht berechenbar. Wenn es darum geht, die Hits im Haufen zu finden, hatte Goldman recht: Niemand weiß irgendetwas.

Wie misst man Qualität?

Popularität vorherzusagen ist also schwierig. Es gibt keine einfache Möglichkeit, das, was wir alle mögen, davon zu trennen, warum es uns gefällt. Und das stellt für Algorithmen im kreativen Bereich ein echtes Problem dar. Denn wenn man Popularität nicht nutzen kann, um herauszufinden, was «gut» ist, wie kann man dann Qualität messen?

Das ist wichtig: Wenn wir wollen, dass Algorithmen irgendeine Form von Autonomie im kreativen Bereich bekommen – entweder um neue Werke zu schaffen oder um uns aussagekräftige Einblicke in die Kunst zu geben, die wir selbst schaffen –, brauchen wir einen Maßstab für Qualität, nach dem wir uns richten können. Es muss einen objektiven Weg geben, den Algorithmus in die richtige Richtung zu lenken, einen «Referenzwert», auf den er sich beziehen kann; eine künstlerische Entsprechung von «Diese Zellgruppe ist krebsartig» oder «Der Angeklagte beging eine Straftat». Ohne einen solchen Referenzpunkt wird es schwierig, Fortschritte zu erzielen. Man kann keinen Algorithmus entwickeln, um einen «guten» Song zu komponieren oder zu erkennen, wenn man nicht definieren kann, was «gut» eigentlich bedeutet.

Leider stößt man bei der Suche nach einem objektiven Maßstab für Qualität auf eine sehr umstrittene philosophische Frage, die auf Platon zurückgeht. Eine, über die seit mehr als zwei Jahrtausenden debattiert wird. Wie beurteilt man den ästhetischen Wert von Kunst?

Einige Philosophen – wie Gottfried Wilhelm Leibniz – argumentieren, dass es, wenn es Objekte gebe, die alle als schön empfinden, zum Beispiel Michelangelos *David* oder Mozarts *Lacrimosa,* auch eine definierbare, messbare Essenz des Schönen geben müsse, die ein Kunstwerk objektiv besser macht als ein anderes.

Andererseits kommt es recht selten vor, dass sich alle einig sind. Andere Philosophen, wie David Hume, argumentieren, Schönheit liege im Auge des Betrachters. In den Werken von Andy Warhol zum Beispiel sehen die einen eine eindrucksvolle ästhetische Erfahrung, während sie für andere künstlerisch nicht von einer Dosensuppe zu unterscheiden sind.

Wieder andere, unter ihnen Immanuel Kant, sagen, die Wahrheit liege irgendwo dazwischen. Unser Schönheitsempfinden sei nicht völlig subjektiv, könne aber auch nicht vollständig objektiv sein. Es sei gleichzeitig sinnlich, emotional und intellektuell – und könne sich vor allem auch im Laufe der Zeit und je nach Gemütszustand des Betrachters verändern.

Für diese Theorie spricht einiges. Fans des Straßenkünstlers Banksy werden sich vielleicht daran erinnern, wie er im Jahr 2013 einen Stand im New Yorker Central Park aufbaute und dort unerkannt originale schwarz-weiße Spray-Kunstwerke auf Leinwänden für 60 Dollar das Stück verkaufte. Der Verkaufsstand stand inmitten von mehreren anderen, die das übliche Touristenzeug verkauften, und die Preise waren im Vergleich zu den anderen Angeboten hoch. Es dauerte mehrere Stunden, bis jemand schließlich eines der Kunstwerke kaufte. Insgesamt nahm Banksy an jenem Tag 420 Dollar ein (etwa 330 Euro).[14] Ein Jahr später hielt ein anderer Käufer in einem Auktionshaus in London den ästhetischen Wert von Banksys Kunst für groß genug, um 68 000 britische Pfund (damals rund 54 000 Euro) für eine einzige Leinwand auszugeben.[15]

Nun ist Banksy nicht jedermanns Fall. (Charlie Brooker – Schöpfer der Science-Fiction-Serie *Black Mirror* – beschrieb ihn einmal als «einen Dummkopf, dessen Arbeit auf Idioten umwerfend clever wirkt».)[16] Man könnte in dieser Geschichte lediglich einen Beweis dafür sehen, dass Banksys Arbeit keine objektive Qualität hat, sondern nur ein beliebter Hype (und sozialer Beweis) ist, der diese atemberaubend hohen Preise ankurbelt. Aber auch bei Kunstformen, die von unbestreitbar hoher Qualität sind, ließ sich ein ähnlich unbeständiges ästhetisches Urteilsvermögen beobachten.

Mein Lieblingsbeispiel stammt aus einem Experiment der *Washington Post* aus dem Jahr 2007.[17] Die Zeitung bat den international renommierten Violinisten Joshua Bell, seine Tournee durch ausverkaufte Musiksäle um ein zusätzliches Konzert zu erweitern. Mit seiner 3,5 Millionen Dollar teuren Stradivari-Violine bewaffnet stellte sich Bell im morgendlichen Berufsverkehr in einer U-Bahn-Station in Washington, D. C. an das obere Ende der Rolltreppe, legte einen Hut vor sich auf den Boden, um Spenden zu sammeln, und spielte 43 Minuten lang Musik. Die *Washington Post* schrieb darüber:

Dort stand einer der «besten klassischen Musiker der Welt und spielte auf einer der wertvollsten Geigen, die je gebaut wurden, einige der elegantesten Musikstücke, die je geschrieben wurden». Das Ergebnis? Sieben Menschen blieben stehen, um eine Weile zuzuhören. Mehr als eintausend weitere gingen einfach vorbei. Am Ende seines Konzerts hatte Bell magere 32,17 Dollar in seinem Hut.

Auch was wir für «gut» halten, verändert sich. Die Vorliebe für bestimmte Arten klassischer Musik war bemerkenswert widerstandsfähig gegen den Zahn der Zeit, aber von anderen Kunstformen kann man das nicht behaupten. Armand Leroi, Professor für Evolutionsbiologie am Imperial College London, hat die Entwicklung der Popmusik untersucht und bei dieser Analyse eindeutige Beweise für einen wandelnden Geschmack gefunden. «Menschen haben eine angeborene Langeweile-Grenze. Es gibt da diese Spannung, die sich aufbaut, wenn die Menschen etwas Neues brauchen.»[18]

Als Beispiel seien die Synthesizer genannt, die Ende der Achtzigerjahre in Mode kamen – und so beliebt waren, dass von Vielfalt in den Musikcharts kaum noch die Rede sein konnte. «Alles klingt wie die frühe Madonna oder etwas von Duran Duran», erklärt Leroi. «Und man denkt vielleicht: Okay, wir haben den Gipfel der Popmusik erreicht. Das perfekte Format wurde gefunden.» Aber das war es natürlich nicht. Kurz darauf brachte der Hip-Hop die musikalische Vielfalt wieder zurück in die Charts. «Hat der Hip-Hop etwas Besonderes an sich, das diesen Wandel verursachte?», fragte ich Leroi. «Ich glaube nicht. Es hätte irgendetwas anderes sein können, aber es war zufällig Hip-Hop. Darauf haben die amerikanischen Verbraucher reagiert und gesagt: Na, das ist etwas Neues, gebt uns mehr davon.»

Denn auch wenn es einige objektive Kriterien gibt, die ein Kunstwerk im Vergleich zu einem anderen besser machen – solange der Kontext unser ästhetisches Kunstverständnis beeinflusst, ist es nicht möglich, ein konkretes Maß für ästhetische Qualität festzulegen, das an allen Orten und zu allen Zeiten Gültigkeit hat. Man kann so viele statistische Methoden, KI-Tricks oder selbstlernende Algorithmen einsetzen, wie man will, der Versuch, die Essenz künstlerischer Qualität in Zahlen auszudrücken, ist ebenso aussichtslos, als wolle man Rauch mit den Händen festhalten.

Doch ein Algorithmus *braucht irgendetwas*, mit dem er arbeiten kann. Wenn Popularität und inhärente Qualität wegfallen, bleibt nur noch eines, das quantifiziert werden kann: eine Maßzahl für die Ähnlichkeit mit allem, das bereits existiert.

Mit Ähnlichkeitsmessungen kann man immer noch viel anfangen. Für automatische Empfehlungen, wie Netflix und Spotify sie verwenden, ist Ähnlichkeit wahrscheinlich sogar der ideale Messwert. Beide Unternehmen helfen ihren Nutzern, neue Filme und Songs zu entdecken, und als Anbieter von Abonnementdiensten haben beide Interesse daran, genau vorherzusagen, was den Nutzern gefallen wird. Solche Anbieter können ihre Algorithmen nicht allein auf das stützen, was populär ist, weil sie sonst ihre Nutzer nur mit Vorschlägen wie Justin Bieber oder Peppa-Wutz-Filmen bombardieren würden. Sie können sie auch nicht auf irgendeine Form von Qualitätsmerkmal basieren, wie zum Beispiel Film- und Plattenkritiken, weil die Homepage sonst mit Arthouse-Einschlafhilfen geflutet würden, wenn die Nutzer eigentlich nur nach einem langen Arbeitstag die Füße hochlegen und sich mit einem miesen Thriller ablenken oder zwei Stunden lang Ryan Gosling anschmachten wollen.

Ähnlichkeit hingegen ermöglicht es dem Algorithmus, den Fokus direkt auf die Vorlieben der jeweiligen Nutzer zu richten. Was hören sie sich an? Was sehen sie sich an? Was konsumieren sie immer wieder? Danach kann man von IMDb oder Wikipedia, Musikblogs oder Zeitschriftenartikeln Schlüsselworte für jeden Song, Künstler oder Film abrufen. Wenn man das für den gesamten Katalog macht, dann findet man ganz einfach weitere Songs und Filme mit ähnlichen Tags, die man empfehlen kann. Zusätzlich findet man so Nutzer, die ähnliche Filme und Songs mögen, sieht, welche anderen Songs und Filme ihnen gefielen, und kann diese dann Nutzern mit ähnlichem Geschmack empfehlen.

Spotify oder Netflix versuchen zu keinem Zeitpunkt, den perfekten Song oder Film zu liefern. Sie haben wenig Interesse an Perfektion. Spotify Discover verspricht nicht, die eine Band auf der Erde aufzuspüren, die dazu bestimmt ist, sich ganz und gar und fehlerfrei an den Geschmack und die Stimmung eines Nutzers anzupassen. Die Empfehlungsalgorithmen bieten lediglich Songs und Filme an, die gut genug sind, um die Nutzer vor Enttäuschungen zu bewahren. Sie ermöglichen einen harmlosen Zeitvertreib. Ab und zu werden sie etwas anzeigen, das einen Nutzer begeistert, aber das Ganze erinnert doch an Wahrsagerei. Man braucht nur ab und zu einen Treffer, um das Glücksgefühl zu erleben, wenn man neue Musik entdeckt hat. Die Algorithmen müssen nicht jedes Mal richtigliegen.

Ähnlichkeit eignet sich für Empfehlungsalgorithmen hervorragend. Aber wenn man Algorithmen Kunst erschaffen lassen will, ohne vorher ein echtes Maß für Qualität festzulegen, dann wird es richtig interessant. Kann ein Algorithmus kreativ sein, wenn sein einziger Kunstsinn aus dem besteht, was in der Vergangenheit geschaffen wurde?

«Gute Künstler kopieren, große Künstler stehlen» (Picasso)

Im Oktober 1997 versammelte sich in der Universität von Oregon ein Publikum für ein ungewöhnliches Konzert. Ein einsames Klavier stand ganz vorn auf der Bühne. Dann setzte sich die Pianistin Winifred Kerner an das Instrument, bereit, drei kurze Einzelstücke zu spielen.

Eines davon war eine weniger bekannte Komposition Johann Sebastian Bachs. Das zweite wurde von Steve Larson, einem Musikprofessor an der Universität, im Stil von Bach komponiert. Und das dritte stammte von einem Algorithmus, der bewusst darauf ausgelegt war, den Stil von Bach nachzuahmen.

Am Ende des Konzerts wurde das Publikum gebeten zu erraten, wer welches Stück geschrieben hatte. Zu Steve Larsons Bestürzung war die Mehrheit der Zuhörer der Meinung, dass sein Werk das vom Computer komponierte war. Und überraschte Begeisterung machte sich im Publikum breit, als die Leute erfuhren, dass die Musik, die sie als Bach-Original identifiziert hatten, nur das Werk einer Maschine war.

Larson war nicht glücklich. In einem Interview mit der *New York Times* kurz nach dem Experiment sagte er: «Ich hege eine tiefe und kosmische Bewunderung für die Musik von Bach. Dass Leute von einem Computerprogramm getäuscht werden konnten, hat mich bestürzt.»

Er war mit seinem Unbehagen nicht allein. David Cope, der Mann, der den bemerkenswerten Algorithmus hinter der Computerkomposition schuf, hatte diese Reaktion schon zuvor beobachtet. «Am Anfang habe ich mit Einzelpersonen dieses ‹Spiel› gespielt», erzählte er mir. «Und wenn sie falsch rieten, wurden sie zornig. Sie waren richtig wütend auf mich, weil ich das Thema überhaupt aufgebracht hatte. Weil Kreativität als rein menschliches Unterfangen gilt.»[19]

Dieser Meinung war zumindest der Kognitionswissenschaftler und Autor Douglas R. Hofstadter gewesen, der das Konzert organisiert hatte. Etliche Jahre zuvor hatte Hofstadter in seinem Buch *Gödel, Escher, Bach,* für das er 1979 mit dem Pulitzer-Preis ausgezeichnet wurde, in dieser Angelegenheit eindeutig Position bezogen:

> Musik ist die Sprache der Gefühle, und bis Programme so komplexe Empfindungen haben wie wir, gibt es keine Methode, nach der ein Programm etwas Schönes schreiben kann. [...] Zu denken – und ich habe diese Annahme selbst gehört –, dass wir bald imstande sein werden, einer für zwanzig Dollar erstandenen, vorprogrammierten massenproduzierten Tischmodell-«Musicbox» aus dem Versandhaus den Auftrag geben zu können, aus ihren sterilen Schaltkreisen Stücke zu produzieren, die Chopin oder Bach hätten schreiben können, wenn sie länger gelebt hätten, ist eine groteske und beschämende Fehleinschätzung der Tiefe des menschlichen Geistes.[20]

Aber nachdem er die Produkte von Copes Algorithmus – den sogenannten Experimenten mit musikalischer Intelligenz (EMI) – gehört hatte, räumte Hofstadter ein, dass die Angelegenheit vielleicht doch etwas komplizierter war: «EMI hat mich verwirrt und beunruhigt», gestand er in den Tagen nach dem Experiment der Universität von Oregon. «Der einzige Trost, den ich derzeit noch finde, ist die Erkenntnis, dass EMI keinen eigenen Stil erschafft. Der Algorithmus ist noch darauf angewiesen, andere Komponisten nachzuahmen. Doch das ist nur ein kleiner Trost. Musik ist [möglicherweise] sehr viel weniger großartig, als ich bisher dachte, so niederschmetternd dieser Gedanke auch ist.»[21]

Was stimmt nun? Sind ästhetische Höchstleistungen das alleinige Privileg der Menschen? Oder kann ein Algorithmus Kunst erschaffen? Und wenn ein Publikum die Musik von EMI nicht vom Werk eines großen Meisters unterscheiden konnte, hatte diese Maschine dann bewiesen, dass sie über wahrhaft kreative Fähigkeiten verfügt?

Gehen wir diese Fragen nacheinander durch, beginnend mit der letzten. Um sich eine fundierte Meinung zu bilden, sollte man verstehen, wie dieser Algorithmus funktioniert.* David Cope war so freundlich, mir das zu erklären.

Der erste Schritt bei der Entwicklung des Algorithmus bestand darin, Bachs Musik in etwas zu übersetzen, das eine Maschine versteht: «Für jede einzelne Note müssen fünf Parameter in eine Datenbank eingegeben werden: der Einsatzpunkt, die Klangdauer, die Tonhöhe, die Lautstärke und das Instrument.» Für jede Note in Bachs Gesamtwerk musste Cope diese fünf Zahlen in mühsamer Handarbeit in einen Computer eingeben, darunter allein 371 Bach-Choräle, viele Harmonien, Zehntausende von Tönen, fünf Parameter pro Note. Das kostete Cope erhebliche Arbeit: «Monatelang habe ich jeden Tag nur Zahlen eingegeben. Aber wenn ich mich in etwas verbeiße, bin ich hartnäckig.»

Danach analysierte Cope jeden einzelnen Takt in Bachs Musik und untersuchte, was als Nächstes geschah. Cope notierte für jede Note, die in einem Bach-Choral gespielt wird, die darauffolgende Note. Er speicherte alles zusammen in einer Art Lexikon ab – einer Datenbank, in der der Algorithmus für jeden Akkord eine vollständige Liste aller Tonfolgen herauslesen konnte, die Bach die Musik im Anschluss daran machen ließ.

In dieser Hinsicht hat EMI einige Ähnlichkeit mit den prädiktiven Textalgorithmen, die man auf dem Smartphone findet: die

* Ich würde auch wärmstens empfehlen, dass Sie sich Copes Musik online anhören. Mir gefällt ganz besonders das Orchesterstück im Stil von Vivaldi: https://www.youtube.com/watch?v=2kuY3BrmTfQ.

Autokorrekturfunktion. Basierend auf den Sätzen, die der Nutzer in der Vergangenheit geschrieben hat, führt das Telefon ein Lexikon der Wörter, die er wahrscheinlich als Nächstes eingeben möchte, und zeigt diese als Vorschläge an, während der Nutzer schreibt.*

Im letzten Schritt wurde die Maschine von der Leine gelassen. Cope startete das System mit einem ersten Akkord und wies den Algorithmus an, den Akkord im Lexikon nachzuschlagen, und aus der Liste nach dem Zufallsprinzip einen neuen Akkord auszuwählen, der als Nächstes gespielt werden sollte. Dann wiederholte der Algorithmus den Vorgang – er suchte jeden nachfolgenden Akkord im Lexikon heraus, um die nächsten zu spielenden Noten auszuwählen. Das Ergebnis war eine völlig neue Komposition, die klingt, als hätte Bach selbst sie geschrieben.**

Oder vielleicht sind es tatsächlich Bach-Kompositionen. Das ist jedenfalls Copes Standpunkt. «Bach hat alle Akkorde komponiert. Das ist so, als würde man einen Parmesankäse reiben und dann versuchen, ihn wieder zusammenzusetzen. Es wäre am Ende immer noch Parmesankäse.»

Unabhängig davon, wem letztendlich die Anerkennung gebührt, steht eines außer Frage: Die Musik von EMI mag schön klingen, aber sie basiert auf einer reinen Rekombination existierender Werke. Der Algorithmus komponiert die Musik nicht selbst, sondern ahmt die Muster in Bachs Musik nach.

Neuere Algorithmen erzeugen ästhetisch ansprechende Musik,

* Man kann die Autokorrekturfunktion auch einen Text im persönlichen Stil des Nutzers «komponieren» lassen. Öffnen Sie dazu einfach eine neue Nachricht und geben Sie dem Algorithmus mit ein paar Worten einen Startpunkt, wie zum Beispiel «Ich wurde geboren». Dann drücken Sie einfach immer wieder auf eines der Wörter, die auf dem Bildschirm als Vorschläge erscheinen. Hier ist mein (tatsächliches) Ergebnis. Es fängt gut an, wird gegen Ende etwas gequält: «(I was born) to be a good person and I would be happy to be with you a lot of people I know that you are not getting my emails and I don't have any time for that.» (Übersetzung: «(Ich wurde geboren, um ein guter Mensch zu sein, und ich würde mich freuen, mit dir viele Leute, die ich kenne bekommen meine Mails nicht und ich habe keine Zeit dafür.»)

** Cope zeichnete noch weitere Parameter auf, während der Algorithmus arbeitete. Zum Beispiel erwiesen sich die Länge der Phrasen und die Länge eines Stückes als entscheidend für ein Ergebnis im Stil von Bach.

die einen Schritt über die reine Rekombination hinausgehen. Ein besonders erfolgreicher Ansatz sind genetische Algorithmen – eine weitere Form selbstlernender Algorithmen, die die Funktionsweise von natürlicher Selektion nutzen. Immerhin scheint die Evolution sich ganz gut mit der Schaffung von Schönheit auszukennen, wie man an Pfauen sehen kann.

Die Grundidee ist einfach: Innerhalb dieser Algorithmen werden Noten wie die DNS der Musik behandelt. Am Anfang steht eine erste «Song»-Population – jeder davon ein zufälliges Durcheinander von Noten, die zusammengefügt wurden. Über viele Generationen hinweg züchtet der Algorithmus Songs, indem er «schöne» Merkmale in der Musik auswählt und belohnt und so mit der Zeit immer «bessere» Kompositionen heranzüchtet. Natürlich gibt es keine Möglichkeit festzustellen, was hier «schön» oder «besser» letztendlich bedeuten. Der Algorithmus kann Gedichte und Gemälde ebenso wie Musik erschaffen, aber er arbeitet – nach wie vor – nur mit Vergleichen dessen, was bereits existiert.

Manchmal braucht es gar nicht mehr. Wenn Sie nach einer Hintergrundmusik für Ihre Website oder Ihr YouTube-Video suchen, die grob nach Volkslied klingt, dann ist es Ihnen egal, wenn es den besten Volksliedern der Vergangenheit ähnelt. Tatsächlich suchen Sie nur etwas, bei dem Sie keine Probleme mit dem Urheberrecht bekommen, ohne es selbst komponieren zu müssen. Heute gibt es eine Reihe von Unternehmen, die Ihnen dabei helfen können. Die britischen Start-ups Jukebox und AI Music bieten diese Art von Service bereits an und setzen Algorithmen ein, die in der Lage sind, Musik zu komponieren. Manche dieser Musikstücke werden nützlich sein. Teilweise werden (mehr oder weniger) Originalkompositionen darunter sein. Einige davon werden sogar wunderschön sein. Algorithmen sind zweifellos großartige Nachahmer, aber keine besonders guten Innovatoren.

Damit will ich die Algorithmen gar nicht schlechtreden. Der Großteil der von Menschen erschaffenen Musik ist auch nicht besonders innovativ. Wenn man Armand Leroi, den Evolutionsbiologen, der die kulturelle Evolution der Popmusik untersucht hat, fragt, haben wir eine sehr verklärte Sicht auf die menschliche Erfindungskraft. Selbst herausragende Erfolge in den Charts könnten von einer Maschine generiert werden. Über Pharrell Williams Hit «Happy» (von dem man fast vermuten könnte, dass er ihn nicht mag) sagt Leroi zum Beispiel:

> «Happy, happy, happy, I'm so happy.» Also wirklich! Der Songtext besteht aus etwa fünf Wörtern. Roboterhafter kann ein Lied kaum sein, das einfach dem grundlegenden menschlichen Verlangen nach aufbauender, sommerlich-fröhlicher Musik gerecht wird. Der schwachsinnigste und reduktivste Song, den man ertragen kann. Und wenn das das Niveau ist, dann ist es nicht besonders schwer zu erreichen.

Auch von den dichterischen Fähigkeiten von Adele hält Leroi nicht viel: «Wenn man ihre Songs analysiert, findet man darin keine Stimmung, die nicht auch von einem Generator für traurige Songs erzeugt werden könnte.»

Darüber kann man anderer Meinung sein (so wie ich tendenziell), aber man könnte auf jeden Fall anführen, dass auch ein Großteil der menschlichen Kreativität – wie die Produkte der «Kompositions»-Algorithmen – nur aus Neukombinationen bereits existierender Ideen besteht. Mark Twain schrieb:

> Es gibt keine neuen Ideen. Sie sind gar nicht möglich. Wir nehmen einfach viele alte Ideen und stecken sie in eine Art mentales Kaleidoskop. Wir setzen das Ganze in Bewegung, und heraus kommen neue und eigene Kombinationen. Wir drehen unendlich oft an diesem Rad und erschaffen immer neue Kombinationen, aber letztendlich sind es doch immer dieselben alten Buntglasstücke, die schon seit Äonen verwendet werden.[22]

Cope hat unterdessen eine sehr einfache Definition, die zusammenfasst, was Algorithmen können: «Kreativität bedeutet nur, einen Zusammenhang zwischen zwei Dingen herzustellen, die normalerweise nicht zusammenhängen.»

Vielleicht stimmt das. Aber dennoch habe ich das Gefühl, dass die Kreativität, die EMI und Algorithmen an den Tag legen, wenn sie es denn tun, eine eher schwache Form von Kreativität ist. Ihre Musik mag schön sein, aber sie hat keine Tiefe. Und ich werde das Gefühl nicht ganz los, dass es von einem kulturell verarmten Weltbild zeugt, wenn man den Output dieser Maschinen als Kunst betrachtet. Man könnte vielleicht sagen, das sei kulturelles Knabberzeug für düstere Tage. Aber keine echte Kunst.

Bei meinen Recherchen für dieses Kapitel habe ich festgestellt, dass mein Unbehagen bezüglich Algorithmen, die Kunst erschaffen, eine völlig andere Ursache hat. Die eigentliche Frage ist nicht, ob Maschinen kreativ sein können. Das können sie. Es geht vielmehr darum, was überhaupt als Kunst gilt.

Ich bin Mathematikerin. Ich kann mit Fakten über falsch-positive Ergebnisse und absolute Wahrheiten, über Trefferquoten und Statistiken sicher umgehen. Aber im künstlerischen Bereich würde ich lieber Leo Tolstoi den Vortritt lassen. Für mich geht es bei wahrer Kunst um Verbindungen zwischen Menschen; um die Vermittlung von Emotionen. Er schrieb dazu: «Kunst ist kein Handwerk, sondern die Mitteilung von Gefühlen, die der Künstler erfahren hat.»[23] Wenn man Tolstois Argument zustimmt, dann gibt es einen Grund, warum Maschinen keine wahre Kunst hervorbringen können. Diesen Grund brachte Douglas Hofstadter, Jahre bevor er auf EMI stieß, sehr schön zum Ausdruck:

> Ein «Programm», das Musik erzeugen könnte [...], müsste allein auf der Welt herumirren, sich seinen Weg durch das Labyrinth des Lebens erkämpfen und jeden Augenblick erfühlen. Es müsste die Freude und die Einsamkeit in einem eisigen Nachtwind verstehen, die Sehnsucht nach einer geliebten Hand, die Unzugänglichkeit einer fernen Stadt, das gebrochene Herz und die Regeneration nach dem Tod eines Menschen. Es müsste Resignation erfahren haben und Weltschmerz, Kummer und Verzweiflung, Vorsehung und Sieg, Frömmigkeit und Ehrfurcht. Es müsste Gegensätze wie Hoffnung und Angst, Betrübnis und Jubel, Gelöstheit und Spannung kennen. Dazu gehört ein Sinn für Grazie, Humor, Rhythmus, ein Sinn für das Unerwartete – und natür-

lich ein feines Gespür für den Zauber des neu Erschaffenen. Darin und nur darin liegen die Wurzeln der Bedeutung von Musik.[24]

Gut möglich, dass ich hier falschliege. Wenn die algorithmische Kunst – wie bei EMI – den Anschein erweckt, eine echte menschliche Schöpfung zu sein, lernen wir sie vielleicht doch noch zu schätzen und werden ihr unsere eigene Bedeutung verleihen. Schließlich deutet die lange Geschichte der künstlichen Popmusik darauf hin, dass Menschen eine emotionale Reaktion auf etwas entwickeln können, das kaum den Anschein einer authentischen Verbindung hat. Und vielleicht werden wir uns auch nicht mehr an dieser einseitigen Verbindung stören, wenn diese algorithmischen Kunstwerke alltäglich und wir uns bewusst werden, dass die Kunst nicht von einem Menschen stammt. Schließlich knüpfen Menschen emotionale Beziehungen zu Objekten, von denen sie nicht zurückgeliebt werden – wie etwa Teddybären in der Kindheit oder Spinnen, die als Haustiere gehalten werden.

Aber für mich entsteht wahre Kunst niemals zufällig. Die Reichweite von Algorithmen hat Grenzen, die man quantifizieren kann. Daten und Statistiken können alle möglichen atemberaubend beeindruckenden und verblüffenden Dinge verraten, aber nicht, wie es sich anfühlt, ein Mensch zu sein.

Schluss

Rahinah Ibrahim war eine Architektin mit vier Kindern, deren Ehemann im Ausland lebte, die ehrenamtlich in einem örtlichen Krankenhaus arbeitete und an der Universität Stanford an einer Doktorarbeit schrieb. Und als wäre ihr Leben nicht schon stressig genug gewesen, war bei ihr kürzlich auch noch eine Notfallhysterektomie vorgenommen worden, nach der sie zwar wieder auf den Beinen war, aber immer noch Mühe hatte, ohne Medikamente und Hilfsmittel über längere Zeit zu stehen. Trotzdem buchte sie, als die 38. Jahrestagung der International Conference on System Sciences im Januar 2005 stattfand, Flüge nach Hawaii und bereitete sich darauf vor, ihren wissenschaftlichen Kollegen ihre neueste Arbeit zu präsentieren.*

Nachdem Ibrahim mit ihrer Tochter am Morgen des 2. Januar 2005 am Flughafen von San Francisco angekommen war, ging sie direkt zu einem Serviceschalter, legte ihre Ausweispapiere vor und bat die Mitarbeiter dort, einen Rollstuhl für sie zu organisieren. Sie taten nichts dergleichen. Denn ihr Name tauchte auf dem Computerbildschirm in der Flugverbotsliste der US-Bundesbehörden auf – einer Datenbank, die nach dem 11. September 2001 eingerichtet worden war, um Terrorverdächtige am Reisen zu hindern.

Ibrahims jugendliche Tochter, die allein und verzweifelt am Schalter zurückblieb, rief eine Freundin der Familie an und sagte ihr, ihre Mutter sei in Handschellen abgeführt worden. Ibrahim wurde unterdessen auf den Rücksitz eines Polizeiautos gesetzt und

* Rahinah Ibrahims Geschichte ist nachzulesen auf: https://www.propublica.org/article/fbi-checked-wrong-box-rahinah-ibrahim-terrorism-watch-list; https://alumni.stanford.edu/get/page/magazine/article/?article_id=66231.

zur Polizeidienststelle gefahren. Die Polizisten durchsuchten sie auch unter dem Hidschab, verweigerten ihr ihre Medikamente und sperrten sie in eine Zelle. Zwei Stunden später kam ein Agent der Heimatschutzbehörde mit ihren Entlassungspapieren und sagte ihr, sie sei von der Liste gestrichen worden. Ibrahim schaffte es zu ihrer Konferenz nach Hawaii und flog dann weiter in ihre Heimat Malaysia, um Verwandte zu besuchen.

Rahinan Ibrahim war auf der Flugverbotsliste gelandet, weil ein FBI-Agent auf einem Formular etwas falsch angekreuzt hatte. Vielleicht war der Fehler auf eine Verwechslung von Jemaah Islamiyah, einer terroristischen Organisation, die für die Bombenanschläge auf Bali von 2002 verantwortlich war, und Jemaah Islam, einer professionellen malaysischen Organisation für Menschen, die im Ausland studieren, zurückzuführen. Ibrahim war ein Mitglied der letzteren Organisation, hatte aber nie eine Verbindung zur ersteren gehabt. Es war ein kleiner Fehler, der aber dramatische Folgen hatte. Sobald dieser Fehler im automatisierten System angekommen war, hatte er eine Bedeutung erlangt, gegen die so gut wie kein Einspruch Erfolg hatte. Der Vorfall in San Francisco war noch nicht das Ende der Geschichte.

Auf der Rückreise zwei Monate später, bei ihrem Flug von Malaysia zurück in die Vereinigten Staaten, wurde Ibrahim am Flughafen wieder abgefangen. Und dieses Mal ließ sich die Situation nicht so schnell klären. Ihr Visum war wegen mutmaßlicher Verbindungen zum Terrorismus für ungültig erklärt worden. Obwohl sie die Mutter eines amerikanischen Staatsbürgers war, in San Francisco lebte und an einer der renommiertesten Universitäten des Landes tätig war, durfte Ibrahim nicht in die Vereinigten Staaten zurückkehren. Letztendlich musste sie fast ein Jahrzehnt lang kämpfen, um den Fall zu gewinnen und ihren Namen wieder reinzuwaschen. Fast ein Jahrzehnt lang durfte sie amerikanischen Boden nicht mehr betreten. Und das alles aufgrund von menschlichem Versagen und einer Maschine mit allmächtiger Autorität.

Mensch plus Maschine

Die Automatisierung hatte tiefgreifende positive Auswirkungen auf unser aller Leben, daran besteht kein Zweifel. Die Algorithmen, die bisher entwickelt wurden, haben beeindruckende Erfolge zu verbuchen. Sie helfen, Brustkrebs zu diagnostizieren, Serienmörder zu fangen und Flugzeugabstürze zu vermeiden; sie ermöglichen uns den kostenlosen und einfachen Zugang zum vollen Wissensschatz der Menschheit; und sie verbinden Menschen weltweit in Echtzeit miteinander, wie es sich unsere Vorfahren bestenfalls erträumen konnten. Aber wir hatten es so eilig, zu automatisieren und viele Probleme der Welt zu lösen, dass wir dabei ein Problem gegen ein anderes eingetauscht haben. Die Algorithmen – so nützlich und beeindruckend sie sind – haben uns ein Durcheinander an Komplikationen beschert, das wir entwirren müssen.

Wo man auch hinschaut – im Justizwesen, im Gesundheitswesen, bei der Polizei, sogar beim Online-Shopping –, überall gibt es Probleme mit Datenschutz, Verzerrungen, Fehlern, Verantwortlichkeit und Transparenz, die nicht einfach verschwinden werden. Angesichts einiger existierender Algorithmen sind wir mit Fragen der Gerechtigkeit konfrontiert. Ihre Beantwortung entscheidet, wer wir als Menschen sind, wie unsere Gesellschaft aussehen soll und inwiefern wir mit der drohenden Autorität einer gefühllosen Technologie umgehen können.

Aber vielleicht ist genau das der Punkt. Vielleicht ist genau das der Fehler, dass wir Algorithmen als eine Art Autorität betrachten.

Zum einen hat unser Unwillen, die Macht eines Algorithmus infrage zu stellen, Menschen, die uns ausbeuten wollen, Tür und Tor geöffnet. Bei der Recherche zu diesem Buch bin ich auf alle möglichen Scharlatane gestoßen, die von Mythen und von unserer Leichtgläubigkeit profitieren. Trotz aller wissenschaftlichen Beweise für das Gegenteil gibt es immer noch Menschen, die Polizei und Behörden Algorithmen verkaufen, die angeblich allein anhand von Gesichtsmerkmalen «feststellen» können, ob jemand Terrorist oder Pädophiler ist. Andere behaupten, ihr Algorithmus könne einen Film erfolgreicher machen, indem er nur die Änderung einer Zeile im Drehbuch vorschlägt.* Andere behaupten dreist – ohne einen Hauch von Sarkasmus –, ihr Algorithmus sei in der Lage, für jeden die große Liebe zu finden.**

Aber auch die Algorithmen, die halten, was sie versprechen, missbrauchen oft ihre Macht. Dieses Buch ist voll mit Geschichten über den Schaden, den Algorithmen anrichten können: das Budget-Tool, mit dem die finanzielle Unterstützung für behinderte Menschen in Idaho willkürlich gekürzt wurde. Die Algorithmen über Rückfallkriminalität, die aufgrund historischer Daten für schwarze Angeklagte ein eher höheres Risiko anzeigen. Das Diagnosesystem für Nierenverletzungen, das Millionen von Menschen zwingt, ihre persönlichsten und privatesten Daten ohne ihre Zustimmung oder ihr Wissen preiszugeben. Der Supermarkt-Algorithmus, der einem Mädchen im Teenageralter die Chance nimmt, seinem Vater zu sagen, dass es schwanger ist. Die Strategic Subject List, die Opfern von Waffenkriminalität helfen sollte, aber von der Polizei als Abschussliste verwendet wurde. Beispiele für Ungerechtigkeiten gibt es überall.

* Ich habe den CEO dieses Unternehmens zu einem Interview getroffen. Ich fragte ihn, ob er jemals seine Algorithmen überprüft habe, um herauszufinden, ob sie den Ansprüchen gerecht würden, und er erzählte ausführlich, wie die Analyse des neuronalen Netzes dazu geführt habe, dass ein großer Hollywood-Star aus einem Filmprojekt gestrichen wurde. Als ich darauf hinwies, dass dies nur ein Beweis dafür sei, dass die Leute seinem Algorithmus glaubten, aber nicht dafür, dass er auch tatsächlich funktionierte, sagte er: «Wir beschäftigen uns hier nicht mit rein akademischen Fragen.»

** Es gibt einen Trick, wie man Schrott-Algorithmen erkennen kann. Ich nenne ihn den Zauberei-Test. Wenn Sie eine Geschichte über einen Algorithmus hören, dann probieren Sie aus, ob Sie eines der Schlagworte wie «Maschinelles Lernen», «Künstliche Intelligenz» und «Neuronales Netz» durch das Wort «Zauberei» ersetzen können. Ergibt es dann grammatikalisch immer noch Sinn? Geht ein Teil der Bedeutung verloren? Ist das nicht der Fall, dann würde die Sache für mich ganz schön nach Betrug riechen. Weil wir, so fürchte ich, auch auf absehbare Zeit ebenso wenig in der Lage sein werden, den «Hunger in der Welt durch Zauberei zu lösen» oder «durch Zauberei das perfekte Drehbuch zu schreiben», wie wir es mit KI schaffen können.

Doch wenn man auf die Fehler in den Algorithmen hinweist, birgt das die Gefahr, dass man damit impliziert, es gebe eine perfekte Alternative, auf die wir hinarbeiten. Ich habe lange und intensiv nachgedacht und doch kein einziges Beispiel für einen absolut gerechten Algorithmus gefunden. Selbst diejenigen, die auf den ersten Blick einen guten Eindruck hinterlassen – etwa Autopiloten in Flugzeugen oder neuronale Netze, die Krebs diagnostizieren –, haben unter der Oberfläche Probleme. Wie im Kapitel «Autos» zu lesen war, kann der Autopilot für diejenigen, die mit automatisierten Systemen trainiert haben, zu ernsthaften Nachteilen am Lenkrad oder am Steuerknüppel führen. Es steht sogar zu befürchten, dass die scheinbar wundersamen Algorithmen für die Tumordiagnostik, um die es im Kapitel «Medizin» ging, nicht bei allen ethnischen Gruppen gleich gut funktionieren. Aber Beispiele für vollkommen faire, gerechte Systeme gibt es auch *ohne* die Beteiligung von Algorithmen nicht gerade viele. Wohin man auch schaut, egal in welchem Bereich, wird man in jedem System irgendwelche Verzerrungen finden, wenn man lange genug sucht.

Was wäre, wenn wir akzeptieren würden, dass es keine perfekten Systeme gibt? Algorithmen *machen* Fehler. Algorithmen *sind* ungerecht. Das sollte uns zwar nicht von dem Bemühen abhalten, sie genauer und unvoreingenommener zu machen, wo immer das möglich ist – aber vielleicht könnte es dazu führen, dass wir ihnen weniger Autorität zusprechen, wenn wir anerkennen, dass Algorithmen ebenso wenig perfekt sind wie wir Menschen.

Stellen Sie sich vor, wir würden Algorithmen so konzipieren, dass sie uns ermöglichen, ihre unvermeidlichen Fehler zu beheben, sobald sie ihnen unterlaufen, und uns nicht allein darauf konzentrieren, mit unseren Algorithmen einen unmöglichen Standard perfekter Gerechtigkeit zu erreichen; wir würden ebenso viel Zeit und Mühe investieren, um sicherzustellen, dass es ebenso einfach ist, die automatischen Systeme infrage zu stellen, wie sie anzuwenden. Vielleicht besteht die Lösung darin, dass wir Algorithmen entwickeln, die von Grund auf anfechtbar sind. Stellen Sie sich vor, wir hätten sie so konzipiert, dass sie Menschen bei ihren Entscheidungen unterstützen, anstatt sie anzuweisen. Dass sie uns nicht nur über das Ergebnis informieren, sondern erkennen lassen, wie sie zu einer bestimmten Entscheidung gelangen.

Meiner Meinung nach sind die besten Algorithmen diejenigen, die den Menschen in jeder Phase berücksichtigen; die beachten, dass wir dazu neigen, den Ergebnissen einer Maschine übermäßig zu vertrauen, und gleichzeitig ihre eigenen Fehler akzeptieren und ihre Unsicherheit stolz zur Schau tragen.

Das war eine der besten Eigenschaften von IBMs Watson, dem Computer, der *Jeopardy* gewann. Das Format der Quizshow schrieb vor, dass der Algorithmus sich auf eine einzige Antwort festlegen musste. Dennoch präsentierte er zusätzlich eine Reihe von Alternativen, die er zwischenzeitlich in Betracht gezogen hatte, zusammen mit einer Bewertung, die anzeigte, für wie wahrscheinlich er die Korrektheit einer Antwort hielt. Vielleicht wäre es für Richter einfacher, die Informationen, die ein Algorithmus ausgibt, infrage zu stellen, wenn die Risikoeinschätzungen für einen Rückfall in die Kriminalität ähnliche Angaben beinhalten würden. Und vielleicht wären auch falsche Identifizierungen ein kleineres Problem, wenn Gesichtserkennungsalgorithmen mehrere mögliche Übereinstimmungen anzeigen würden statt nur ein einziges Gesicht.

Genau diese Eigenschaft macht die neuronalen Netze, die Brustkrebs-Biopsien überprüfen, so effektiv. Der Algorithmus bestimmt nicht, welche Patienten Tumore haben. Er schränkt nur die Vielfalt der Zellen auf wenige verdächtige Bereiche ein, die ein Pathologe dann überprüfen kann. Der Algorithmus wird nie müde und dem Pathologen unterlaufen selten Fehldiagnosen. Algorithmus und Mensch arbeiten partnerschaftlich zusammen, nutzen die Stärken und berücksichtigen die Fehler des jeweils anderen.

Es gibt weitere Beispiele – auch aus der Welt des Schachspiels, mit der dieses Buch begann. Seit der Niederlage gegen Deep Blue hat Garri Kasparow Computern nicht den Rücken gekehrt. Ganz im Gegenteil. Stattdessen ist er zu einem großen Verfechter des

«Zentaurenschach» geworden, bei dem ein menschlicher Spieler und ein Algorithmus gemeinsam gegen ein anderes Hybridteam antreten. Der Algorithmus bewertet die möglichen Folgen jedes Zuges und reduziert die Wahrscheinlichkeit eines Fehlers, während der Mensch die Verantwortung für das Spiel behält.

Kasparow sagt dazu: «Wenn man mit Computerunterstützung spielt, kann man sich auf die strategische Planung konzentrieren und muss sehr viel weniger Zeit mit Berechnungen verbringen. Unter diesen Bedingungen bekam die menschliche Kreativität sogar noch größere Bedeutung.»[1] Infolgedessen wird Schach auf einem höheren Niveau gespielt als je zuvor. Perfektes taktisches Spiel und schöne, sinnvolle Strategien. So nutzt man die Vorteile beider Welten.

Auf diese Zukunft hoffe ich. Eine Zukunft, in der die arroganten, diktatorischen Algorithmen, die viele dieser Seiten füllen, der Vergangenheit angehören. Eine Zukunft, in der wir Maschinen nicht mehr als objektive Herren betrachten, sondern sie wie jede andere Machtquelle behandeln. Indem wir ihre Entscheidungen hinterfragen, ihre Motive untersuchen, unsere Emotionen anerkennen; Auskunft darüber verlangen, wer Nutznießer ist; sie für ihre Fehler zur Verantwortung ziehen und darauf achten, dass wir nicht nachlässig werden. Ich halte dies für den Schlüssel zu einer Zukunft, in der Algorithmen unter dem Strich eine positive Wirkung für die Gesellschaft haben. Und diese Aufgabe fällt völlig zu Recht uns zu. Denn eines ist sicher: Noch nie waren Menschen so wichtig wie im Zeitalter der Algorithmen.

Dank

Es gibt vermutlich Menschen, denen das Schreiben leichtfällt. Es sind diejenigen, die morgens noch vor Sonnenaufgang aus dem Bett springen, bis zum Mittagessen schon ein Kapitel geschrieben haben und das Abendessen vergessen, weil sie so im kreativen Flow sind, dass sie nicht merken, wie die Zeit vergeht.

Ich gehöre definitiv nicht zu diesen Leuten.

Bei mir war es ein täglicher Kampf mit dem Teil von mir, der einfach nur auf dem Sofa sitzen, Chips essen und Netflix schauen wollte, und ein Krieg mit allen Waffen gegen die Flut an Ängsten und Panik, von der ich dachte, dass ich sie mit dem Abschluss meiner Doktorarbeit hinter mir gelassen hätte. Ich schrieb dieses Buch weniger, als ich es, schreiend und um mich schlagend, aus mir herauszerrte. Manchmal im wörtlichen Sinn.

Umso dankbarer bin ich den Menschen, die bereit waren, mir bei diesem Prozess zu helfen. Meinem fantastischen Verlagsteam, das im vergangenen Jahr so großzügig mit Zeit und Ideen war: Susanna Wadeson, Quynh Do, Claire Conrad, Emma Parry, Gillian Somerscales, Emma Burton, Sophie Christopher, Hannah Bright, Caroline Saine und allen bei Janklow & Nesbit, Transworld und Norton, die hinter den Kulissen geholfen haben.

Riesigen Dank auch an meine Interviewpartner, die ich teilweise im Buch zitiert habe, die aber alle hier dargestellten Ideen geprägt haben: Jonathan Rowson, Nigel Harvey, Adam Benforado, Giles Newell, Richard Berk, Sheena Urwin, Steyve Colgan, Mandeep Dhami, Adrian Weller, Toby Davies, Rob Jenkins, Jon Kanevsky, Timandra Harkness, Dan Popple und dem Team bei der Polizei aus den West Midlands, Andy Beck, Jack Stilgoe, Caroline Rance, Paul Newman, Phyllis Illarmi, Armand Leoni, David Cope,

Ed Finn, Kate Devlin, Shelia Hayman, Tom Chatwin und Carl Gombrich.

Dann sind da noch Sue Webb und Debbie Enright von Network Typing sowie Sharon Richardson, Shruthi Rao und Will Storr, mit deren wertvoller Unterstützung ich dieses Buch in Form brachte. Sobald ich einmal etwas, das Sätzen ähnelte, hingeschrieben hatte, halfen mir James Fulker, Elisabeth Adlington, Brendan Maginnis, Ian Hunter, Omar Miranda, Adam Dennett, Michael Veale, Jocelyn Bailey, Cat Black, Tracy Fry, Adam Rutherford und Thomas Oléron Evans die größten Fehler aufzuspüren und kleinzukriegen. Geoff Dahl, der mir während des ganzen Prozesses moralische Unterstützung anbot, hatte auch die tolle Idee für das Buchcover.

Unvorstellbar dankbar bin ich außerdem meiner Familie für ihre standhafte Unterstützung und unerschütterliche Loyalität. Phil, Tracy, Natalie, Marge & Parge, Omar, Mike und Tania – ihr hattet mehr Geduld mit mir, als ich es oft verdiente. (Aber nehmt das bitte nicht zu wörtlich, weil ich wahrscheinlich noch ein Buch schreiben und dann eure Hilfe wieder brauchen werde, okay?)

Und schließlich Edith. Ehrlich gesagt warst du mir überhaupt keine Hilfe, aber ich hätte es nicht anders gewollt.

Anmerkungen

Anmerkung zum Buchtitel

1 Brian W. Kernighan und Dennis M. Ritchie, *Programmieren in C,* München 1982.

Einleitung

1 Robert A. Caro, The Power Broker: Robert Moses and the Fall of New York, London 2015, S. 318.

2 Zu diesem Thema gibt es mehrere lesenswerte Aufsätze, z. B.: Langdon Winner, «Do artifacts have politics?», *Daedalus* 109 (1980), S. 121–136, https://www.jstor.org/stable/20024652, in dem auch das Beispiel von Moses' Brücken erwähnt wird. Und eine modernere Version: Kate Crawford, «Can an algorithm be agonistic? Ten scenes from life in calculated publics», *Science, Technology and Human Values* 41 (2016), S. 77–92.

3 «Surfing the net in bonny Sconny», *Scunthorpe Evening Telegraph,* 9. April 1996.

4 Chukwuemeka Afigbo (@nke_ise) postete auf Twitter ein kurzes Video von diesem Phänomen, das auch auf YouTube zu finden ist: https://www.youtube.com/watch?v=87QwWpzVy7I.

5 «Mark Zuckerberg: I'm really sorry that this happened», CNN-Interview, YouTube, 21. März 2018, https://www.youtube.com/watch?v=G6DOhioBfyY.

Macht

1 Aus einer privaten Unterhaltung mit dem Schachgroßmeister Jonathan Rowson.

2 Feng-Hsiung Hsu, «IBM's Deep Blue Chess grandmaster chips», in: *IEEE Micro* 19 (1999), S. 70–81, https://ieeexplore.ieee.org/document/755469/.

3 Garry Kasparov, Deep Thinking: Where Machine Intelligence Ends and Human Creativity Begins, London 2017.

4 TheGoodKnight, «Deep Blue vs Garry Kasparov Game 2 (1997 Match)», YouTube, 18. Oktober 2012, https://www.youtube.com/watch?v=3Bd1Q2rOmok&t=2290s.

5 Ebenda.

6 Steven Levy, «Big Blue's Hand of God», *Newsweek,* 18. Mai 1997, http://www.newsweek.com/big-blues-hand-god-173076.

7 Garry Kasparov, Deep Thinking: Where Machine Intelligence Ends and Human Creativity Begins, London 2017, S. 187.

8 Ebenda, S. 191.

9 Definition laut Merriam-Webster. Die Definition des Oxford English Dictio-

nary betont eher die mathematischen Eigenschaften von Algorithmen: «ein Vorgang oder eine Abfolge von Regeln, die bei Berechnungen oder anderen Problemlösungsstrategien befolgt werden müssen, insbesondere von Computern».

10 Algorithmen können auf viele verschiedene Arten eingeteilt werden, und zweifellos werden manche Informatiker beklagen, dass die Liste hier zu sehr vereinfacht ist. Tatsächlich hätte eine umfassendere Liste mehrere weitere Kategorien aufgeführt: Mapping, Reduktion, Regression, Clustering und andere. Aber letzten Endes habe ich mich für die genannten Kategorien entschieden – aus: Nicholas Diakopoulos, *Algorithmic Accountability Reporting: On the Investigation of Black Boxes,* New York: Tow Center for Digital Journalism, Columbia University, 2014 –, weil so die Grundlagen abgedeckt sind und ein riesiges und komplexes Forschungsgebiet entmystifiziert wird.

11 Kerbobotat, «Went to buy a baseball bat on Amazon, they have some interesting suggestions for accessories», Reddit, 28. September 2013, https://www.reddit.com/r/funny/comments/1nb16l/went_to_buy_a_baseball_bat_on_amazon_they_have/.

12 Sarah Perez, «Uber debuts a ‹smarter› UberPool in Manhattan», *TechCrunch,* 22. Mai 2017, https://techcrunch.com/2017/05/22/uber-debuts-a-smarter-uberpool-in-manhattan/.

13 Ich schreibe absichtlich «theoretisch». Die Realität sieht etwas anders aus. An manchen Algorithmen haben im Lauf der Jahre Hunderte oder gar Tausende Entwickler gearbeitet, und jeder hat eigene Schritte hinzugefügt. Mit der Zeilenanzahl des Programmcodes nahm auch die Komplexität des Systems zu, bis die Logikstränge so verwickelt waren wie ein Teller Spaghetti. Am Ende ist der Algorithmus nicht mehr nachvollziehbar und viel zu kompliziert, als dass ein Mensch ihn verstehen könnte.

Toyota wurde 2013 nach einem tödlichen Unfall mit einem seiner Fahrzeuge zu einer Entschädigungszahlung von drei Millionen US-Dollar verurteilt. Das Auto hatte unkontrolliert beschleunigt, obwohl die Fahrerin tatsächlich gebremst und nicht Gas gegeben hatte. Ein Sachverständiger hatte damals vor Gericht ausgesagt, schuld daran sei eine unbeabsichtigte Anweisung gewesen, die tief im Gewirr der Software versteckt war. Siehe: Phil Koopman, *A case study of Toyota unintended acceleration and software safety,* Pittsburgh 18. September 2014, https://users.ece.cmu.edu/~koopman/pubs/koopman14_toyota_ua_slides.pdf.

14 Diese Illusion (das Beispiel hier stammt von https://commons.wikimedia.org/wiki/File:Vase_of_rubin.png) ist als Rubin'sche Vase bekannt, nach Edgar Rubin, der diese Idee entwickelte. Sie ist ein Beispiel für ein mehrdeutiges Bild, genau an der Grenze zwischen zwei Schattengesichtern, die sich anschauen, und dem Bild einer weißen Vase. In dieser Version ist es relativ einfach, im Kopf zwischen den beiden umzuschalten, aber man muss nur ein paar wenige Linien verändern, um den Schwerpunkt auf eines der beiden Bilder zu legen. Vielleicht eine zarte Andeutung der Augen in den Gesichtern oder ein Schatten auf dem Hals der Vase.

Bei dem Beispiel mit dem Hund und dem Auto bei der Bilderkennung ist es

ähnlich. Das Team stieß auf ein Bild, das genau auf der Grenze zwischen den beiden Zuordnungen lag und verschob das Bild in den Augen der Maschine durch kleinste Veränderungen von einer Kategorie zur anderen.

15 Jiawei Su, Danilo Vasconcellos Vargas und Kouichi Sakurai, «One pixel attack for fooling deep neural networks», arXiv:1719.08864v4 [cs.LG], 22. Februar 2018, https://arxiv.org/pdf/1710.08864.pdf.

16 Chris Brooke, «‹I was only following satnav orders› is no defence: driver who ended up teetering on cliff edge convicted of careless driving», *Daily Mail,* 16. September 2009, http://www.dailymail.co.uk/news/article-1213891/Driver-ended-teetering-cliff-edge-guilty-blindly-following-sat-nav-directions.html#ixzz59vihbQ2n.

17 Ebenda.

18 Robert Epstein und Ronald E. Robertson, «The search engine manipulation effect (SEME) and its possible impact on the outcomes of elections», in: *Proceedings of the National Academy of Sciences* 112 (2015), S. E4512–E4521, http://www.pnas.org/content/112/33/E4512.

19 David Shultz, «Internet search engines may be influencing elections», *Science,* 7. August 2015, http://www.sciencemag.org/news/2015/08/internet-search-engines-may-be-influencing-elections.

20 Robert Epstein und Ronald E. Robertson, «The search engine manipulation effect (SEME) and its possible impact on the outcomes of elections», in: *Proceedings of the National Academy of Sciences* 112 (2015), S. E4512–E4521, http://www.pnas.org/content/112/33/E4512.

21 Linda J. Skitka, Kathleen Mosier und Mark D. Burdick, «Accountability and automation bias», in: *International Journal of Human-Computer Studies* 52 (2000), S. 701–717, http://lskitka.people.uic.edu/IJHCS2000.pdf.

22 «KW v. Armstrong», US District Court, D. Idaho, 2. Mai 2012, https://scholar.google.co.uk/scholar_case?case=17062168494596747089&hl=en&as_sdt=2006.

23 Jay Stanley, «Pitfalls of Artificial Intelligence Decision making Highlighted

in Idaho ACLU Case», American Civil Liberties Union, 2. Juni 2017, https://www.aclu.org/blog/privacy-technology/pitfalls-artificial-intelligence-decisionmaking-highlighted-idaho-aclu-case.

24 «K. W. v. Armstrong», *Leagle.com*, 24. März 2014, https://www.leagle.com/decision/infdco20140326c20.

25 Ebenda.

26 Mitarbeiter von ACLU Idaho, https://www.acluidaho.org/en/about/staff.

27 Jay Stanley, «Pitfalls of Artificial Intelligence Decision making Highlighted in Idaho ACLU Case», American Civil Liberties Union, 2. Juni 2017.

28 ACLU, «Ruling mandates important protections for due process rights of Idahoans with developmental disabilities», 30. März 2016, https://www.aclu.org/news/federal-court-rules-against-idaho-department-health-and-welfare-medicaid-class-action.

29 Jay Stanley, «Pitfalls of Artificial Intelligence Decision making Highlighted in Idaho ACLU Case», American Civil Liberties Union, 2. Juni 2017.

30 Ebenda.

31 Ebenda.

32 Ebenda.

33 Ebenda.

34 Kristine Phillips, «The former Soviet officer who trusted his gut – and averted a global nuclear catastrophe», *Washington Post*, 18. September 2017, https://www.washingtonpost.com/news/retropolis/wp/2017/09/18/the-former-soviet-officer-who-trusted-his-gut-and-averted-a-global-nuclear-catastrophe/?utm_term=.6546e0f06cce.

35 Pavel Aksenov, «Stanislav Petrov: the man who may have saved the world», *BBC News*, 26. September 2013, http://www.bbc.co.uk/news/world-europe-24280831.

36 Ebenda.

37 Stephen Flanagan, «Re: Accident at Smiler Rollercoaster, Alton Towers, 2 June 2015: Expert's Report», im Auftrag des Health and Safety Executive, Oktober 2015, http://www.chiark.greenend.org.uk/~ijackson/2016/Expert%20witness%20report%20from%20Steven%20Flanagan.pdf.

38 Paul E. Meehl, *Clinical versus Statistical Prediction: A Theoretical Analysis and a Review of the Evidence*, Minneapolis 1996; Erstveröffentlichung: 1954, http://citeseerx.ist.psu.edu/viewdoc/download?doi=10.1.1.693.6031&rep=rep1&type=pdf.

39 William M. Grove et al., «Clinical versus mechanical prediction: a meta-analysis», in: *Psychological Assessment* 12 (2000), S. 19.

40 Berkeley J. Dietvorst, Joseph P. Simmons und Cade Massey. «Algorithmic aversion: people erroneously avoid algorithms after seeing them err», in: *Journal of Experimental Psychology* (September 2014), http://opim.wharton.upenn.edu/risk/library/WPAF201410-AlgorthimAversion-Dietvorst-Simmons-Massey.pdf.

Daten

1 Nicholas Carlson, «Well, these new Zuckerberg IMs won't help Facebook's privacy problems», *Business Insider,* 13. Mai 2010, http://www.businessinsider.com/well-these-new-zuckerberg-ims-wont-help-facebooks-privacy-problems-2010-5?IR=T.

2 Clive Humby, Terry Hunt and Tim Phillips, Scoring Points: How Tesco Continues to Win Customer Loyalty, London 2008.

3 Ebenda, Kindle-Ausgabe S. 1313–1317.

4 Siehe: Eric Schmidt, «The creepy line», YouTube, veröffentlicht am 11. Februar 2013, https://www.youtube.com/watch?v=o-rvER6YTss.

5 Charles Duhigg, «How companies learn your secrets», *New York Times,* 16. Februar 2012, https://www.nytimes.com/2012/02/19/magazine/shopping-habits.html.

6 Ebenda.

7 Sarah Buhr, «Palantir has raised $880 million at a $20 billion valuation», *TechCrunch,* 23. Dezember 2015.

8 Federal Trade Commission, *Data Brokers: A Call for Transparency and Accountability,* Washington, D.C., Mai 2014, https://www.ftc.gov/system/files/documents/reports/data-brokers-call-transparency-accountability-report-federal-trade-commission-may-2014/140527databrokerreport.pdf.

9 Ebenda.

10 Wolfie Christl, «Corporate Surveillance in Everyday Life», *Cracked Labs,* Juni 2017, http://crackedlabs.org/en/corporate-surveillance.

11 Heidi Waterhouse, «The death of data: retention, rot, and risk», *The Lead Developer,* Austin, Texas, 2. März 2018, https://www.youtube.com/watch?v=mXvPChEo9iU.

12 Amit Datta, Michael Carl Tschantz und Anupam Datta, «Automated experiments on ad privacy settings», in: *Proceedings on Privacy Enhancing Technologies* 1 (2015), S. 92–112.

13 Latanya Sweeney, «Discrimination in online ad delivery», in: *Queue* 11 (2013), S. 10, https://dl.acm.org/citation.cfm?id=2460278.

14 Jon Brodkin, «Senate votes to let ISPs sell your Web browsing history to advertisers», *Ars Technica,* 23. März 2017, https://arstechnica.com/tech-policy/2017/03/senate-votes-to-let-isps-sell-your-web-browsing-history-to-advertisers/.

15 https://www.ndr.de/nachrichten/netzwelt/Nackt-im-Netz-Millionen-Nutzer-ausgespaeht,nacktimnetz100.html.
Technisch sehr detaillierter Bericht zum Experiment der Autoren (auf Deutsch) beim Chaos Communication Congress: https://netzpolitik.org/2017/profilingvortrag-zu-nacktimnetz-beim-33c3/

16 Die Forscher stützten sich bei diesem Teil ihrer Arbeit auf: Narayanan und Vitaly Shmatikov, «Robust de-anonymization of large sparse datasets», Präsentation vor dem IEEE Symposium on Security and Privacy, 18.–22. Mai 2008.

17 Michal Kosinski, David Stillwell und Thore Graepel. «Private traits and attributes are predictable from digital records of human behavior», in: *Proceedings oft he National Academy of Sciences* 110 (2013), S. 5802–5805.

18 Ebenda.

19 Wu Youyou, Michal Kosinski und David Stillwell, «Computer-based personality judgments are more accurate than those made by humans», in: *Proceedings of the National Academy of Sciences* 112 (2015), S. 1036–1040.
20 S. C. Matz, M. Kosinski et al., «Psychological targeting as an effective approach to digital mass persuasion», in: *Proceedings of the National Academy of Sciences* 114 (2017), 12714–12719.
21 Paul Lewis und Paul Hilder, «Leaked: Cambridge Analytica's blueprint for Trump victory», *The Guardian*, 23. März 2018.
22 «Cambridge Analytica planted fake news», *BBC*, 20. März 2018, http://www.bbc.co.uk/news/av/world-43472347/cambridge-analytica-planted-fake-news.
23 Adam D. I. Kramer, Jamie E. Guillory und Jeffrey T. Hancock, «Experimental evidence of massive-scale emotional contagion through social networks», in: *Proceedings of the National Academy of Sciences* 111 (2014), S. 8788 ff.
24 Jamie Bartlett, «Big data is watching you – and it wants your vote», Spectator, 24. März 2018.
25 Li Xiaoxiao, «Ant Financial Subsidiary Starts Offering Individual Credit Scores», *Caixin*, 2. März 2015, https://www.caixinglobal.com/2015-03-02/101012655.html.
26 Rick Falkvinge, «In China, your credit score is now affected by your political opinions – and your friends' political opinions», *Privacy News Online*, 3. Oktober 2015, https://www.privateinternetaccess.com/blog/2015/10/in-china-your-credit-score-is-now-affected-by-your-political-opinions-and-your-friends-political-opinions/.
27 «State Council Guiding Opinions Concerning Establishing and Perfecting Incentives for Promise-Keeping and Joint Punishment Systems for Trust-Breaking, and Accelerating the Construction of Social Sincerity», *China Copyright and Media*, 30. Mai 2016, Update: 18. Oktober 2016, https://chinacopyrightandmedia.wordpress.com/2016/05/30/state-council-guiding-opinions-concerning-establishing-and-perfecting-incentives-for-promise-keeping-and-joint-punishment-systems-for-trust-breaking-and-accelerating-the-construction-of-social-sincer/.
28 Rachel Botsman, Who Can You Trust? How Technology Brought Us Together – and Why It Could Drive Us Apart, London 2017, Kindle-Ausgabe S. 151.

Justiz

1 John-Paul Ford Rojas, «London riots: Lidl water thief jailed for six months», *The Telegraph*, 7. Januar 2018, https://www.telegraph.co.uk/news/uknews/crime/8695988/London-riots-Lidl-water-thief-jailed-for-six-months.html.
2 Matthew Taylor, «London riots: how a peaceful festival in Brixton turned into a looting free-for-all», *The Guardian*, 8. August 2011, https://www.theguardian.com/uk/2011/aug/08/london-riots-festival-brixton-looting.
3 John-Paul Ford Rojas, «London riots: Lidl water thief jailed for six months», *The Telegraph*, 7. Januar 2018, https://www.telegraph.co.uk/news/uknews/crime/8695988/London-riots-Lidl-water-thief-jailed-for-six-months.html.
4 Josh Halliday, «London riots: how BlackBerry Messenger played a key role»,

The Guardian, 8. August 2011, https://www.theguardian.com/media/2011/aug/08/london-riots-facebook-twitter-blackberry.

5 David Mills, «Father and son avoid prison over riots», *News Shopper,* 13. Januar 2012, http://www.newsshopper.co.uk/londonriots/9471288.Father_and_son_avoid_prison_over_riots/.

6 Ebenda.

7 John-Paul Ford Rojas, «London riots: Lidl water thief jailed for six months», *The Telegraph,* 7. Januar 2018, https://www.telegraph.co.uk/news/uknews/crime/8695988/London-riots-Lidl-water-thief-jailed-for-six-months.html. Die Dozentin für Strafrecht und Justizwesen an der Universität Manchester, Hannah Quirk, schrieb 2015 über Nicholas' Fall: «Normalerweise würde die Polizei niemanden wegen eines solchen Vergehens verhaften. Sie würde niemanden in Gewahrsam nehmen. Sie würde niemandem vor Gericht stellen.», Carly Lightowlers und Hannah Quirk, «The 2011 English ‹riot›: prosecutorial zeal and judicial abandon», in: *British Journal of Criminology* 55 (2015), S. 65–85.

8 David Mills, «Father and son avoid prison over riots», *News Shopper,* 13. Januar 2012, http://www.newsshopper.co.uk/londonriots/9471288.Father_and_son_avoid_prison_over_riots/.

9 William Austin und Thomas A. Williams III, «A survey of judges' responses to simulated legal cases: research note on sentencing disparity», in: *Journal of Criminal Law and Criminology* 68 (1977), S. 306–310.

10 Mandeep K. Dhami und Peter Ayton, «Bailing and jailing the fast and frugal way», in: *Journal of Behavioral Decision Making* 14 (2001), S. 141–468, https://onlinelibrary.wiley.com/doi/abs/10.1002/bdm.371.

11 Bei allen Fällen war bis zur Hälfte der Richter unterschiedlicher Meinung, was die beste Vorgehensweise betraf.

12 Statistiker messen diese Art von Kontinuität bei Gerichtsurteilen mit dem sogenannten Cohens Kappa. Dabei wird berücksichtigt, dass man auch zufällig Kontinuität erreichen kann – selbst wenn man einfach nur rät. Ein Wert von 1 bedeutet perfekte Kontinuität. Ein Wert von 0 bedeutet, dass man dieselbe Kontinuität erreicht wie durch reine Zufallswerte. Die Richter erzielten Werte zwischen 0 und 1 mit einem Durchschnitt von 0,69.

13 Diane Machin, «Sentencing guidelines around the world», Arbeitspapier für den Scottish Sentencing Council, Mai 2005, https://www.scottishsentencingcouncil.org.uk/media/1109/paper-31a-sentencing-guidelines-around-the-world.pdf.

14 Ebenda.

15 Ebenda.

16 Ernest W. Burgess, «Factors determining success or failure on parole», in: *The Workings of the Intermediate-Sentence Law and Parole System in Illinois,* Springfield, IL, 1928. Diesen Artikel zu finden ist nicht einfach. Aber es gibt eine Alternative von Burgess' Kollegen Tibbits über die Follow-up-Studie zum Original: Clark Tibbitts, «Success or failure on parole can be predicted: a study of the records of 3,000 youths paroled from the Illinois State Reformatory», in: *Journal of Criminal Law and Criminology* 22 (1931), https://

scholarlycommons.law.northwestern.edu/cgi/viewcontent.cgi?article=2211&context=jclc. Die anderen Kategorien, die Burgess verwendete, waren: «schwarze Schafe», «Zufallskriminelle», «Trottel» und «Gangster». Von allen Kategorien war bei den «Bauernjungen» die Wahrscheinlichkeit am niedrigsten, dass sie erneut straffällig wurden.

17 Karl F. Schuessler, «Parole prediction: its history and status», in: *Journal of Criminal Law and Criminology* 45 (1955), S. 425–431, https://pdfs.semanticscholar.org/4cd2/31dd25321a0c14a9358a93ebccb6f15d3169.pdf.

18 Ebenda.

19 Bernard E. Harcourt, Against Prediction: Profiling, Policing, and Punishing in an Actuarial Age, Chicago 2007, S. 1.

20 Philip Howard et al., *OGRS 3: The Revised Offender Group Reconviction Scale,* Research Summary 7/09, London 2009, https://core.ac.uk/download/pdf/1556521.pdf.

21 Bei diesen Ergebnissen ist Vorsicht angebracht: Wahrscheinlich liegt bei dieser Studie eine Stichprobenverzerrung vor. Die Kandidaten setzten den «Publikumsjoker» meist bei den ersten Fragen ein, die noch ziemlich einfach waren. Trotzdem ist die Vorstellung, dass die kollektive Meinung einer Gruppe zutreffender ist als die eines Einzelnen, ein gut dokumentiertes Phänomen. Mehr zum Thema findet man in: James Surowiecki, *Die Weisheit der Vielen,* München 2005, S. 7.

22 Xavier Amatriain und Justin Basilico, «Netflix Recommendations: Beyond the 5 stars (Part 2)», Netflix Technology Blog, https://medium.com/netflix-techblog/netflix-recommendations-beyond-the-5-stars-part-2-d9b96aa399f5.

23 Shih-ho Cheng, «Unboxing the random forest classifier: the threshold distributions», Airbnb Engineering and Data Science, https://medium.com/airbnb-engineering/unboxing-the-random-forest-classifier-the-threshold-distributions-22ea2bb58ea6.

24 Jon Kleinberg et al., *Human Decisions and Machine Predictions,* NBER Working Paper no. 23180, Cambridge, MA: National Bureau of Economic Research, Februar 2017, http://www.nber.org/papers/w23180. In dieser Studie wurde ein Algorithmus verwendet, der Zufallswäldern ähnelt: «Entscheidungsbäume kombiniert mit Gradient Boosting». Bei beiden werden die Prognosen vieler Entscheidungsbäume kombiniert, um zu einer Entscheidung zu gelangen, aber die Bäume bei der Methode mit dem Gradient Boosting werden nacheinander erstellt, bei Zufallswäldern gleichzeitig. Für diese Studie wurden die Daten zunächst in zwei Teile aufgeteilt. Mit der einen Hälfte wurde der Algorithmus trainiert. Danach verwendete der Algorithmus die andere Hälfte der Daten, um vorherzusagen, was geschehen würde. (Hätte man die Daten nicht vorher halbiert, dann wäre der Algorithmus nur eine schicke Version einer Nachschlagetabelle.)

25 Akademiker haben statistische Methoden für genau diese Fälle entwickelt, mit denen man trotzdem aussagekräftige Vergleiche zwischen den Prognosen von Richtern und Algorithmen anstellen kann. Mehr Einzelheiten dazu finden Sie in: Jon Kleinberg et al., *Human Decisions and Machine Predictions,*

NBER Working Paper no. 23 180, Cambridge, MA: National Bureau of Economic Research, Februar 2017, http://www.nber.org/papers/w23180.

26 «Costs per place and costs per prisoner by individual prison», National Offender Management Service Annual Report and Accounts 2015–16, Management Information Addendum, Ministry of Justice information release, 27. Oktober 2016, https://www.gov.uk/government/uploads/system/uploads/attachment_data/file/563326/costs-per-place-cost-per-prisoner-2015-16.pdf.

27 Marc Santora, «City's annual cost per inmate is $168,000, study finds», *The New York Times*, 23. August 2013, https://www.nytimes.com/2013/08/24/nyregion/citys-annual-cost-per-inmate-is-nearly-168000-study-says.html; «Harvard at a glance», Harvard University, https://www.harvard.edu/about-harvard/harvard-glance.

28 Luke Dormehl, The Formula: How Algorithms Solve all our Problems ... and Create More, London 2014, S. 123.

29 Julia Angwin et al., «Machine bias», *ProPublica*, 23. Mai 2016, https://www.propublica.org/article/machine-bias-risk-assessments-in-criminal-sentencing.

30 Fragebogen zur Risikoeinschätzung von COMPAS, https://www.documentcloud.org/documents/2702103-Sample-Risk-Assessment-COMPAS-CORE.html.

31 Tim Brennan, William Dieterich und Beate Ehret (Northpointe Institute), «Evaluating the predictive validity of the COMPAS risk and needs assessment system», in: *Criminal Justice and Behavior* 36 (2009), S. 21–40, http://www.northpointeinc.com/files/publications/Criminal-Justice-Behavior-COMPAS.pdf. Laut einer Studie aus dem Jahr 2018 arbeitet der COMPAS-Algorithmus mit einer ähnlichen Genauigkeit wie ein «Menschen-Ensemble». Die Forscher zeigten, dass man ähnliche Ergebnisse erhält, wenn man 20 unerfahrene Leute bittet vorherzusagen, ob jemand strafrückfällig wird, wie mit dem COMPAS-System. Es ist ein interessanter Vergleich, doch bei echten Gerichten sitzt keine Gruppe Fremder im Richterzimmer und stimmt ab. Die Richter müssen ihre Entscheidungen allein treffen. Und nur dieser Vergleich zählt wirklich. Siehe: Julia Dressel und Hany Farid, «The accuracy, fairness, and limits of predicting recidivism», in: *Science Advances* 4 (2018).

32 «Christopher Drew Brooks v. Commonwealth«, Berufungsgericht von Virginia, Kurzurteil von Richter Rudolph Bumgardner III, 28. Januar 2004, https://law.justia.com/cases/virginia/court-of-appeals-unpublished/2004/2540023.html.

33 «ACLU brief challenges constitutionality of Virginia's sex offender risk assessment guidelines», American Civil Liberties Union Virginia, 28. Oktober 2003, https://acluva.org/en/press-releases/aclu-brief-challenges-constitutionality-virginias-sex-offender-risk-assessment.

34 «State v. Loomis», Oberster Gerichtshof von Wisconsin, 13. Juli 2016, http://caselaw.findlaw.com/wi-supreme-court/1742124.html.

35 Die Zitate von Richerd Berk stammen aus einer persönlichen Kommunikation.

36 Julia Angwin et al., «Machine bias», *ProPublica*, 23. Mai 2016, https://www.propublica.org/article/machine-bias-risk-assessments-in-criminal-sentencing.

37 «Global Study on Homicide 2013», Wien: United Nations Office on Drugs and Crime (UNODC) 2014, http://www.unodc.org/gsh/.

38 Equivants Haltung in diesem Punkt wird überraschenderweise vom Obersten Gerichtshof von Wisconsin gestützt. Eric Loomis legte nach seiner Verurteilung zu sechs Jahren Haft durch einen Richter, der das COMPAS-Tool zur Risikoeinschätzung verwendete, Berufung ein mit der Begründung, der Einsatz von proprietärer Software, deren Quellcode nicht zugänglich ist, zur Risikoeinschätzung verletze sein Recht auf ein ordentliches Gerichtsverfahren, weil die Verteidigung die wissenschaftliche Stichhaltigkeit der Bewertung nicht überprüfen könne. Aber der Oberste Gerichtshof von Wisconsin urteilte, der Einsatz einer algorithmischen Risikoeinschätzung durch einen Strafgerichtshof bei der Urteilsfindung verletze das Recht auf ein ordentliches Gerichtsverfahren nicht: Oberstes Gericht von Wisconsin, Fall Nr. 2015AP157-CR, Urteilsbegründung eingereicht am 13. Juli 2016, https://www.wicourts.gov/sc/opinion/DisplayDocument.pdf?content=pdf&seqNo=171690.

39 Lucy Ward, «Why are there so few female maths professors in universities?», *The Guardian*, 11. März 2013, https://www.theguardian.com/lifeandstyle/the-womens-blog-with-jane-martinson/2013/mar/11/women-maths-professors-uk-universities.

40 Sonja B. Starr und M. Marit Rehavi, *Racial Disparity in Federal Criminal Charging and its Sentencing Consequences*, Program in Law and Economics Working Paper no. 12–002, Ann Arbor, 7. Mai 2012, http://economics.ubc.ca/files/2013/05/pdf_paper_marit-rehavi-racial-disparity-federal-criminal.pdf.

41 David Arnold, Will Dobbie und Crystal S. Yang, *Racial Bias in Bail Decisions*, NBER Working Paper no. 23421, Cambridge, MA: National Bureau of Economic Research, 2017, https://www.princeton.edu/~wdobbie/files/racialbias.pdf.

42 John J. Donohue III, *Capital Punishment in Connecticut, 1973–2007: A Comprehensive Evaluation from 4686 Murders to One Execution*, Stanford, Kalifornien: Stanford Law School and National Bureau of Economic Research, Oktober 2011, https://law.stanford.edu/wp-content/uploads/sites/default/files/publication/259986/doc/slspublic/fulltext.pdf.

43 Adam Benforado, Unfair: The New Science of Criminal Injustice, New York 2015, S. 197.

44 Sonja B. Starr, *Estimating Gender Disparities in Federal Criminal Cases*, University of Michigan Law and Economics Research Paper no. 12–018, Ann Arbor 29. August 2012), https://ssrn.com/abstract=2144002 oder http://dx.doi.org/10.2139/ssrn.2144002.

45 David B. Mustard, «Racial, ethnic, and gender disparities in sentencing: evidence from the US federal courts», in: *Journal of Law and Economics* 44 (2001), S. 285–314, http://people.terry.uga.edu/mustard/sentencing.pdf.

46 Daniel Kahnemann, *Schnelles Denken, langsames Denken*, übers. von Thorsten Schmidt, München 2012, S. 61.

47 Chris Guthrie, Jeffrey J. Rachlinski und Andrew J. Wistrich, *Blinking on the Bench: How Judges Decide Cases*, Artikel Nr. 917, New York: Cornell University Law Faculty, 2007, http://scholarship.law.cornell.edu/facpub/917.

48 Daniel Kahnemann, *Schnelles Denken, langsames Denken,* übers. von Thorsten Schmidt, München 2012, S. 33.
49 Ebenda, S. 514.
50 Mandeep K. Dhami und Peter Ayton, «Bailing and jailing the fast and frugal way», in: *Journal of Behavioral Decision Making* 14 (2001), S. 141–468, https://onlinelibrary.wiley.com/doi/abs/10.1002/bdm.371.
51 Brian Wansink, Robert J. Kent und Stephen J. Hoch, «An anchoring and adjustment model of purchase quantity decisions», in: *Journal of Marketing Research* 35 (1998), S. 71–81, http://foodpsychology.cornell.edu/sites/default/files/unmanaged_files/Anchoring-JMR-1998.pdf.
52 Mollie Marti und Roselle Wissler, «Be careful what you ask for: the effect of anchors on personal injury damages awards», in: *Journal of Experimental Psychology: Applied* 6 (2000), S. 91–103.
53 Birte Englich und Thomas Mussweiler, «Sentencing under uncertainty: anchoring effects in the courtroom», in: *Journal of Applied Social Psychology* 31 (2001), S. 1535–1551.
54 Birte Englich, Thomas Mussweiler und Fritz Strack, «Playing dice with criminal sentences: the influence of irrelevant anchors on experts' judicial decision making», in: *Personality and Social Psychology Bulletin* 32 (2006), S. 188–200.
55 Ebenda.
56 Ebenda.
57 Mandeep K. Dhami et al., «Sentencing in doses: is individualized justice a myth?», wird geprüft. Persönliche Zusendung von Mandeep Dhami.
58 Ebenda.
59 Adam N. Glynn und Maya Sen, «Identifying judicial empathy: does having daughters cause judges to rule for women's issues?», in: *American Journal of Political Science* 59 (2015), S. 37–54, https://scholar.harvard.edu/files/msen/files/daughters.pdf.
60 Shai Danziger, Jonathan Levav und Liora Avnaim-Pesso, «Extraneous factors in judicial decisions», in: *Proceedings of the National Academy of Sciences of the United States of America* 108 (2011), S. 6889–6892, http://www.pnas.org/content/108/17/6889.
61 Keren Weinshall-Margel und John Shapard, «Overlooked factors in the analy sis of parole decisions», in: *Proceedings of the National Academy of Sciences of the United States of America* 108 (2011), E833, http://www.pnas.org/content/108/42/E833.long.
62 Uri Simonsohn und Francesca Gino, «Daily horizons: evidence of narrow bracketing in judgment from 9,000 MBA-admission interviews», in: *Psychological Science* 24 (2013), S. 219–224, https://ssrn.com/abstract=2070623.
63 Lawrence E. Williams und John A. Bargh, «Experiencing physical warmth promotes interpersonal warmth», in: *Science* 322 (2008), S. 606 f., https://www.ncbi.nlm.nih.gov/pmc/articles/PMC2737341/.

Medizin

1 Richard M. Levenson et al., «Pigeons (Columba livia) as trainable observers of pathology and radiology breast cancer images», in: PLOSOne, 18. November 2015, https://doi.org/10.1371/journal.pone.0141357.

2 «Hippocrates' daughter as a dragon kills a knight, in ‹The Travels of Sir John Mandeville›», Online-Galerie der British Library, 26. März 2009, http://www.bl.uk/onlinegallery/onlineex/illmanus/harlmanucoll/h/011hrl000003954u00008v00.html.

3 Eleni Tsiompanou und S. G. Marketos, «Hippocrates: timeless still», *JLL Bulletin: Commentaries on the History of Treatment Evaluation*, Oxford 2012, http://www.jameslindlibrary.org/articles/hippocrates-timeless-still/.

4 David K. Osborne, «Hippocrates: father of medicine», *Greek Medicine.net* 2015, http://www.greekmedicine.net/whos_who/Hippocrates.html.

5 Richard Colgan, «Is there room for art in evidence-based medicine?», in: *AMA Journal of Ethics, Virtual Mentor* 13 (2011), S. 52 ff., http://journalofethics.ama-assn.org/2011/01/msoc1-1101.html.

6 Joseph Needham (Hg.), *Science and Civilization in China*, Band 6: Biology and Biological Technology, Teil VI, «Medicine», hg. von Nathan Sivin, Cambridge 2004, S. 143, https://monoskop.org/images/1/16/Needham_Joseph_Science_and_Civilisation_in_China_Vol_6-6_Biology_and_Biological_Technology_Medicine.pdf.

7 «Ignaz Semmelweis», *Brought to Life: Exploring the History of Medicine*, London: Science Museum, ohne Datum, http://broughttolife.sciencemuseum.org.uk/broughttolife/people/ignazsemmelweis.

8 Zitate von Andy Beck stammen aus persönlicher Kommunikation.

9 Joann G. Elmore, et al., «Diagnostic concordance among pathologists interpreting breast biopsy specimens», in: Journal of the American Medical Association 313 (2015), S. 1122–1132, https://jamanetwork.com/journals/jama/fullarticle/2203798.

10 Ebenda.

11 Der Name «Neuronales Netz» entstand als Analogie zu den Vorgängen im Gehirn. Dort sind Milliarden von Neuronen in einem gigantischen Netzwerk miteinander verbunden. Jedes Neuron überwacht die mit ihm verbundenen Neuronen und sendet ein Signal aus, wenn es merkt, dass ein anderes Neuron aktiviert wird. Das Signal aktiviert dann weitere Neuronen, die das Senderneuron überwachen.

Ein neuronales Netz ist eine erheblich einfachere und übersichtlichere Version des Gehirns. Seine (künstlichen) Neuronen sind in Schichten angeordnet, und alle Neuronen in jeder Schicht überwachen alle Neuronen in der vorherigen Schicht. In unserem Hundebeispiel bilden die einzelnen Pixel des Bildes die erste Schicht. Dann folgen mehrere Schichten aus mehreren Tausenden Neuronen und eine abschließende Schicht mit nur einem einzigen Neuron, das die Wahrscheinlichkeit ausgibt, dass auf dem eingespeisten Bild ein Hund zu sehen ist.

Das Verfahren, mit dem die Neuronen aktualisiert werden, wird als «Backpropagation-Algorithmus» bezeichnet. Wir beginnen mit dem letzten Neu-

ron, das die Wahrscheinlichkeit ausgibt, dass im Bild ein Hund zu sehen ist. Nehmen wir an, wir haben ein Bild von einem Hund eingespeist und das letzte Neuron meldet, dass das Bild mit einer Wahrscheinlichkeit von 70% einen Hund darstellt. Es betrachtet die Signale, die es von der vorherigen Schicht erhalten hat, und sagt sich: «Wenn ich das nächste Mal Informationen dieser Art erhalte, werde ich meine Wahrscheinlichkeit erhöhen, dass im Bild ein Hund ist.» Dann meldet es jedem Neuron in der vorherigen Schicht: «Hey, wenn du mir dieses Signal geschickt hättest, dann hätte ich eine bessere Prognose erstellen können.» Jedes dieser Neuronen überprüft daraufhin die Signale, die es selbst empfangen hat, und ändert die Ausgabe für das nächste Mal. Und dann sagen die Neuronen der ihnen vorgeschalteten Schicht, welche Signale diese Neuronen hätten senden sollen, und so weiter durch alle Ebenen bis ganz an den Anfang. Dieser Rückmeldung von Fehlern durch das neuronale Netz verdankt der Algorithmus seinen Namen («Backpropagation- oder Fehlerrückführungsalgorithmus»).
Einen detaillierten Überblick über neuronale Netze, wie sie aufgebaut und trainiert werden, findet sich in: Pedro Domingos, *The Master Algorithm: How the Quest for the Ultimate Learning Machine Will Remake Our World*, New York 2015.

12 Alex Krizhevsky, Ilya Sutskever und Geoffrey E. Hinton, «ImageNet classification with deep convolutional neural networks», in: F. Pereira et al. (Hg.), *Advances in Neural Information Processing Systems* 25, La Jolla, CA: Neural Information Processing Systems Foundation 2012, S. 1097–1105, http://papers.nips.cc/paper/4824-imagenet-classification-with-deep-convolutional-neural-networks.pdf. Dieser spezielle Algorithmus wird als «gefaltetes neuronales Netz» (Convolutional Neural Network, CNN) bezeichnet. Dabei wird nicht das ganze Bild eingespeist, sondern der Algorithmus wendet zunächst verschiedene Filter an und sucht in den Verzerrungen des Bildes nach lokalen Mustern.

13 Marco Tulio Ribeiro, Sameer Singh und Carlos Guestrin, «‹Why should I trust you?› Explaining the predictions of any classifier», in: *Proceedings of the 22nd ACM SIGKDD International Conference on Knowledge Discovery and Data Mining*, San Francisco 2016, S. 1135–1144, http://www.kdd.org/kdd2016/papers/files/rfp0573-ribeiroA.pdf.

14 Die Ergebnisse wurden mit der Einschätzung eines Expertengremiums verglichen, deren gemeinsame Analyse als Vergleichsbasis für den Inhalt der Bilder gewertet.

15 Trafton Drew, Melissa L. H. Vo und Jeremy M. Wolfe, «The invisible gorilla strikes again: sustained inattentional blindness in expert observers», in: *Psychological Science* 24 (2013), S. 1848–1853, https://www.ncbi.nlm.nih.gov/pmc/articles/PMC3964612/.

16 Der Gorilla befindet sich rechts oben im Bild.

17 Yun Liu et al., «Detecting cancer metastases on gigapixel pathology images», Cornell University Library, 8. März 2017, https://arxiv.org/abs/1703.02442.

18 Dayong Wang et al., «Deep learning for identifying metastatic breast cancer», Cornell University Library, 18. Juni 2016, https://arxiv.org/abs/1606.05718.

19 David A. Snowdon, «The Nun Study», in: *Boletin de LAZOS de la Asociación Alzheimer de Monterrey* 4 (2000); D. A. Snowdon, «Healthy aging and dementia: findings from the Nun Study», in: *Annals of Internal Medicine* 139 (2003), S. 450–454.

20 Für die Berechnung der inhaltlichen Dichte – eine Näherungsvariable für linguistische Komplexität – wurden die neuen Gedanken, die jede Nonne innerhalb eines 10-Worte-Abschnitts verwendete, gezählt. Einen guten Überblick findet man in: Associated Press, «Study of nuns links early verbal skills to Alzheimer's», *Los Angeles Times*, 21. Februar 1996, http://articles.latimes.com/1996-02-21/news/mn-38356_1_alzheimer-nuns-studied.

21 Maja Nielsen, Jørn Jensen und Johan Andersen, «Pre-cancerous and cancerous breast lesions during lifetime and at autopsy: a study of 83 women», in: *Cancer* 54 (1984), S. 612–615, http://onlinelibrary.wiley.com/wol1/doi/10.1002/1097-0142(1984)54:4%3C612::AID-CNCR2820540403%3E3.0.CO;2-B/abstract.

22 H. Gilbert Welch und William C. Black, «Using autopsy series to estimate the disease ‹reservoir› for ductal carcinoma in situ of the breast: how much more breast cancer can we find?», in: *Annals of Internal Medicine* 127 (1997), S. 1023–1028, www.vaoutcomes.org/papers/Autopsy_Series.pdf.

23 Genaue Statistiken sind nicht leicht zu bekommen, weil die Zahlen vom jeweiligen Land und der Bevölkerung abhängen (und davon, wie aggressiv man nach Brustkrebs sucht). Eine gute Zusammenfassung gibt es unter: http://www.cancerresearchuk.org/health-professional/cancer-statistics/statistics-by-cancer-type/breast-cancer.

24 Zitate von Jonathan Kanevsky stammen aus persönlicher Kommunikation.

25 «Breakthrough method predicts risk of DCIS becoming invasive breast cancer», *Artemis*, Mai 2010, http://www.hopkinsbreastcenter.org/artemis/201005/3.html.

26 H. Gilbert Welch et al., «Breast-cancer tumor size, overdiagnosis, and mammography screening effectiveness», in: *New England Journal of Medicine* 375 (2016), S. 1438–1447, http://www.nejm.org/doi/full/10.1056/NEJMoa1600249.

27 Independent UK Panel on Breast Cancer Screening, «The benefits and harms of breast cancer screening: an independent review», in: *Lancet* 380 (2012), S. 1778–1786, http://www.thelancet.com/journals/lancet/article/PIIS0140-6736(12)61611-0/abstract.

28 Persönliche Kommunikation.

29 Andrew H. Beck et al., «Systematic analysis of breast cancer morphology uncovers stromal features associated with survival», in: *Science Transitional Medicine* 3 (2014), https://becklab.hms.harvard.edu/files/becklab/files/sci_transl_med-2011-beck-108ra113.pdf.

30 Phi Vu Tran, «A fully convolutional neural network for cardiac segmentation in short-axis MRI», 27. April 2017, https://arxiv.org/pdf/1604.00494.pdf.

31 «Emphysema», Zebra Medical, https://www.zebra-med.com/algorithms/lungs/.

32 Eun-Jae Lee et al., «Deep into the brain: artificial intelligence in stroke imaging», in: *Journal of Stroke* 19 (2017), S. 277–285, https://www.ncbi.nlm.nih.gov/pmc/articles/PMC5647643/.

33 Taylor Kubota, «Deep learning algorithm does as well as dermatologists in identifying skin cancer», *Stanford News*, 25. Januar 2017, https://news.stanford.edu/2017/01/25/artificial-intelligence-used-identify-skin-cancer/.

34 Jo Best, «IBM Watson: The inside story of how the Jeopardy-winning supercomputer was born, and what it wants to do next», *Tech Republic*, ohne Datum, https://www.techrepublic.com/article/ibm-watson-the-inside-story-of-how-the-jeopardy-winning-supercomputer-was-born-and-what-it-wants-to-do-next/.

35 Jennings Brown, «Why everyone is hating on IBM Watson – including the people who helped make it», *Gizmodo*, 10. August 2017, https://gizmodo.com/why-everyone-is-hating-on-watson-including-the-people-w-1797510888.

36 Richard Chirgwin, «Watson can't cure cancer ... or all the stuff that breaks IT projects» *The Register*, 20. Februar 2017, https://www.theregister.co.uk/2017/02/20/watson_cancerbusting_trial_on_hold_after_damning_audit_report/.

37 Casey Ross und Ike Swetlitz, «IBM pitched its Watson supercomputer as a revolution in cancer care. It's nowhere close», *STAT*, 5. September 2017, https://www.statnews.com/2017/09/05/watson-ibm-cancer/.

38 Tomoko Otake, «Big data used for rapid diagnosis of rare leukemia case in Japan», *The Japan Times*, 11. August 2016, https://www.japantimes.co.jp/news/2016/08/11/national/science-health/ibm-big-data-used-for-rapid-diagnosis-of-rare-leukemia-case-in-japan/#.Wf8S_hOoMQ8.

39 St. Joseph's Hospital and Medical Center, «Researchers validate five new genes responsible for ALS», *Science Daily*, 1. Dezember 2017, https://www.sciencedaily.com/releases/2017/12/171201104101.htm.

40 David H. Freedman, «A reality check for IBM's AI ambitions», *MIT Technology Review*, 27. Juni 2017.

41 «Asthma facts and statistics», Asthma UK, 2016, https://www.asthma.org.uk/about/media/facts-and-statistics/; «Asthma in the US», Centers for Disease Control and Prevention, Mai 2011, https://www.cdc.gov/vitalsigns/asthma/index.html.

42 Hugo Gye, «Schoolgirl, 13, who died of asthma attack was making regular trips to A&E and running out of medication – but was NEVER referred to a specialist even when her lips turned blue, mother tells inquest», *Daily Mail*, 13. Oktober 2015, http://www.dailymail.co.uk/news/article-3270728/Schoolgirl-13-died-asthma-attack-not-referred-specialist-lips-turned-blue.html.

43 The Richmond Group of Charities, «My Data, My Care: How Better Use of Data Improves Health and Wellbeing» London 2017, https://richmondgroupofcharities.org.uk/sites/default/files/lr_5233_richmond_group_my_data_my_care_report.pdf.

44 Terence Carney, «Regulation 28: report to prevent future deaths», Bericht des Gerichtsmediziners zum Fall Tamara Mills, 29. Oktober 2015, https://www.judiciary.gov.uk/publications/tamara-mills/.

45 Jamie Grierson und Alex Hern, «Doctors using Snapchat to send patient

scans to each other, panel finds», *The Guardian,* 5. Juli 2017, https://www.theguardian.com/technology/2017/jul/05/doctors-using-snapchat-to-send-patient-scans-to-each-other-panel-finds.

46 Selbst wenn man all diese Hürden überwunden hat, existieren manchmal die notwendigen Daten einfach nicht. Es gibt Tausende von seltenen Krankheiten, deren genetische Ursachen im Grunde einzigartig sind. Diese Erkrankungen sind für Ärzte extrem schwer zu diagnostizieren, weil sie sie häufig noch nie zuvor gesehen haben. Bei winzigen Fallzahlen kann kein Algorithmus der Welt dieses Problem lösen.

47 Hal Hodson, «Revealed: Google AI has access to huge haul of NHS patient data», *New Scientist,* 29. April 2016, https://www.newscientist.com/article/2086454-revealed-google-ai-has-access-to-huge-haul-of-nhs-patient-data/.

48 Die Hauptschuld für diesen «rechtlich unangemessenen» Vorgang wurde dem Royal Free Trust zugeschoben, der sich vielleicht etwas zu sehr um eine Zusammenarbeit mit den bekanntesten KI-Unternehmen der Welt bemühte. Siehe dazu auch den Brief von Dame Fiona Caldicott, der Nationalen Datenwächterin, der Alex Martin von Sky News zugespielt wurde: «Google received 1.6 million NHS patients' data on an ‹inappropriate legal basis›», *Sky News,* 15. Mai 2017, https://news.sky.com/story/google-received-16-million-nhs-patients-data-on-an-inappropriate-legal-basis-10879142.

49 Denis Campbell, «Surgeons attack plans to delay treatment to obese patients and smokers», *The Guardian,* 29. November 2016, https://www.theguardian.com/society/2016/nov/29/surgeons-nhs-delay-treatment-obese-patients-smokers-york.

50 Nir Eyal, «Denial of treatment to obese patients: the wrong policy on personal responsibility for health», in: *International Journal of Health Policy and Management* 1 (2013), S. 107–110, https://www.ncbi.nlm.nih.gov/pmc/articles/PMC3937915/.

51 Eine Beschreibung seines Vorgehens findet man unter: Francis Galton, «On the Anthropometric Laboratory at the late International Health Exhibition», http://galton.org/essays/1880-1889/galton-1884-jaigi-anthro-lab.pdf.

52 Francis Galton, «On the Anthropometric Laboratory at the late international health exhibition», in: *Journal of the Anthropological Institute of Great Britain and Ireland 14* (1885), S. 205–221.

53 «Bitter Taste», https://permalinks.23andme.com/pdf/samplereport_traits.pdf.

54 «Sneezing on summer solstice?», 23andMeBlog, 20. Juni 2012, https://blog.23andme.com/health-traits/sneezing-on-summer-solstice/

55 «Find out what your DNA says about your health, traits and ancestry», 23andMe, https://www.23andme.com/en-gb/dna-health-ancestry/.

56 Kristen V. Brown, «23andMe is selling your data but now how you think», Gizmodo, 14. April 2017, https://gizmodo.com/23andme-is-selling-your-data-but-not-how-you-think-1794340474.

57 Michael Grothaus, «How23andMe is monetizing your DNA», Fast Company, 15. Januar 2015, https://www.fastcompany.com/3040356/what-23andme-is-doing-with-all-that-dna.

58 Rob Stein, «Found on the Web, with DNA: a boy's father», *The Washington Post*, 13. November 2005, http://www.washingtonpost.com/wp-dyn/content/article/2005/11/12/AR2005111200958.html.

59 Nach dem DNA-Test erfuhr der junge Mann, dass noch zwei weitere Männer mit dem gleichen Nachnamen (entfernte Verwandte seines Vaters) ein bestimmtes Muster auf dem Y-Chromosom – das vom Vater an den Sohn vererbt wird – hatten. Dieser Nachname reichte zusammen mit dem Geburtsdatum und -ort seines Vaters aus, um ihn aufzuspüren.

60 M. Gymrek et al., «Identifying personal genomes by surname inference», in: *Science* 339 (2013), S. 321–324, https://www.ncbi.nlm.nih.gov/pubmed/23329047.

61 Derzeit gibt es noch keine kommerziellen Gentests für Chorea Huntington.

62 Matthew Herper, «23andMe rides again: FDA clears genetic tests to predict disease risk», *Forbes*, 6. April 2017, https://www.forbes.com/sites/matthewherper/2017/04/06/23andme-rides-again-fda-clears-genetic-tests-to-predict-disease-risk/#302aea624fdc.

Autos

1 Defence Advanced Research Projects Agency (DARPA), *Grand Challenge 2004: Final Report*, Arlington, VA, 30. Juli 2004, http://www.esd.whs.mil/Portals/54/Documents/FOID/Reading%20Room/DARPA/15-F-0059_GC_2004_FINAL_RPT_7-30-2004.pdf.

2 «The Worldwide Guide to Movie Locations», 7. September 2014, http://www.movie-locations.com/movies/k/Kill_Bill_Vol_2.html#.WkYiqrTQoQ8.

3 Mariella Moon, «What you need to know about DARPA, the Pentagon's mad science division», *Engadget*, 7. Juli 2014, https://www.engadget.com/2014/07/07/darpa-explainer/.

4 DARPA, «Urban Challenge: Overview», http://archive.darpa.mil/grandchallenge/overview.html.

5 Sebastian Thrun, «Winning the DARPA Grand Challenge, 2. August 2006». YouTube, 8. Oktober 2007, https://www.youtube.com/watch?v=j8zj5lBpFTY.

6 DARPA, «Urban Challenge: Overview», http://archive.darpa.mil/grandchallenge/overview.html.

7 «DARPA Grand Challenge 2004 – road to ...», YouTube, 22. Januar 2014, https://www.youtube.com/watch?v=FaBJ5sPPmcI.

8 Alex Davies, «An oral history of the DARPA Grand Challenge, the grueling robot race that launched the self-driving car», *Wired*, 8. März 2017, https://www.wired.com/story/darpa-grand-challenge-2004-oral-history/.

9 «Desert race too tough for robots», BBC News, 15. März 2004, http://news.bbc.co.uk/1/hi/technology/3512270.stm.

10 Alex Davies, «An oral history of the DARPA Grand Challenge, the grueling robot race that launched the self-driving car», *Wired*, 8. März 2017, https://www.wired.com/story/darpa-grand-challenge-2004-oral-history/.

11 Denise Chow, «DARPA and drone cars: how the US military spawned self-driving car revolution», LiveScience, 21. März 2014, https://www.livescience.com/44272-darpa-self-driving-car-revolution.html.

12 Joseph Hooper, «From Darpa Grand Challenge 2004 DARPA's debacle in the desert», *Popular Science,* 4. Juni 2004, https://www.popsci.com/scitech/article/2004-06/darpa-grand-challenge-2004darpas-debacle-desert.
13 Alex Davies, «An oral history of the DARPA Grand Challenge, the grueling robot race that launched the self-driving car», *Wired,* 8. März 2017, https://www.wired.com/story/darpa-grand-challenge-2004-oral-history/.
14 DARPA, «Report to Congress: DARPA Prize Authority. Fiscal Year 2005 Report in Accordance with 10 U.S.C. 2374a», März 2006, http://archive.darpa.mil/grandchallenge/docs/grand_challenge_2005_report_to_congress.pdf.
15 Alan Ohnsman, «Bosch and Daimler to partner to get driverless taxis to market by early 2020s», *Forbes,* 4. April 2017, https://www.forbes.com/sites/alanohnsman/2017/04/04/bosch-and-daimler-partner-to-get-driverless-taxis-to-market-by-early-2020s/#306ec7e63c4b.
16 «Looking Further: Ford Will Have a Fully Autonomous Vehicle in Operation by 2021», Ford Motor Company, https://corporate.ford.com/innovation/autonomous-2021.html.
17 John Markoff, «Should your driverless car hit a pedestrian to save your life?», *The New York Times,* 23. Juni 2016, https://www.nytimes.com/2016/06/24/technology/should-your-driverless-car-hit-a-pedestrian-to-save-your-life.html.
18 Clive Thompson et al., «Full Tilt: When 100% of cars are autonomous», *The New York Times,* 8. November 2017, https://www.nytimes.com/interactive/2017/11/08/magazine/tech-design-autonomous-future-cars-100-percent-augmented-reality-policing.html.
19 Peter Campbell, «Trucks headed for a driverless future: unions warn that millions of drivers' jobs will be disrupted», *Financial Times,* 31. Januar 2018, https://www.ft.com/content/7686ea3e-e0dd-11e7-a0d4-0944c5f49e46.
20 Fabian Kröger, «Das automatisierte Fahren im gesellschaftsgeschichtlichen und kulturwissenschaftlichen Kontext», in: Markus Maurer et al. (Hg.), *Autonomes Fahren. Technische, rechtliche und gesellschaftliche Aspekte,* Berlin 2015, S. 48.
21 Stephen Zavestoski und Julian Agyeman, *Incomplete Streets: Processes, Practices, and Possibilities,* London 2015, S. 29.
22 Fabian Kröger, «Das automatisierte Fahren im gesellschaftsgeschichtlichen und kulturwissenschaftlichen Kontext», in: Markus Maurer et al. (Hg.), *Autonomes Fahren. Technische, rechtliche und gesellschaftliche Aspekte,* Berlin 2015, S. 53.
23 David Rooney, «Self-Guided Cars», *Science Museum,* 27. August 2009, https://blog.sciencemuseum.org.uk/self-guided-cars/.
24 Blake Z. Rong, «How Mercedes sees into the future», *Autoweek,* 22. Januar 2014, http://autoweek.com/article/car-news/how-mercedes-sees-future.
25 Dean A. Pomerleau, *ALVINN: An Autonomous Land Vehicle In a Neural Network, CMU-CS-89-107,* Pittsburgh: Carnegie Mellon University, Januar 1989, https://figshare.com/articles/ALVINN_an_autonomous_land_vehicle_in_a_neural_network/6603146.
26 Joshua Davis, «Say hello to Stanley», *Wired,* 1. Januar 2006, https://www.

wired.com/2006/01/stanley/; und eine detailliertere Beschreibung: Dean A. Pomerleau, *Neural Network Perception for Mobile Robot Guidance,* New York 2012, S. 52.

27 A. Filgueira et al., «Quantifying the influence of rain in LiDAR performance», in: Measurement 95 (2017), S. 143–148, DOI: https://doi.org/10.1016/j.measurement.2016.10.009; https://www.sciencedirect.com/science/article/pii/S0263224116305577.

28 Chris Williams, «Stop lights, sunsets, junctions are tough work for Google's robo-cars», *The Register,* 24. August 2016, https://www.theregister.co.uk/2016/08/24/google_self_driving_car_problems/.

29 Novatel, «IMU Errors and their Effects», https://www.novatel.com/assets/Documents/Bulletins/APN064.pdf.

30 Der Satz besteht aus einer Gleichung, die die Wahrscheinlichkeit einer Hypothese, unter der Voraussetzung von gewissen beobachtbaren Indizien, mit der Wahrscheinlichkeit dieser Indizien, unter Voraussetzung der Hypothese, verknüpft. Eine englische Einführung findet sich unter: https://arbital.com/p/bayes_rule/?l=1zq; eine deutsche unter https://wissenschafts-thurm.de/grundlagen-der-statistik-der-satz-von-bayes/.

31 Sharon Bertsch McGrayne, *Die Theorie, die nicht sterben wollte. Wie der englische Pastor Thomas Bayes eine Regel entdeckte, die nach 150 Jahren voller Kontroversen heute aus Wissenschaft, Technik und Gesellschaft nicht mehr wegzudenken ist,* übers. von Carl Freytag, Berlin 2014.

32 M. Bayes und M. Price, «An Essay towards Solving a Problem in the Doctrine of Chances. By the Late Rev. Mr. Bayes, F. R. S. Communicated by Mr. Price, in a Letter to John Canton, A. M. F. R. S.», 1763, Scan bei archive.org, hochgeladen am 2. August 2011, https://archive.org/details/philtrans09948070.

33 Michael Taylor, «Self-driving Mercedes-Benzes will prioritise occupant safety over pedestrians», *Car and Driver,* 7. Oktober 2016, https://perma.cc/D86G-KCL3.

34 Jason Kottke, «Mercedes' Solution to the Trolley Problem», *Kottke.org,* 24. Oktober 2016, https://kottke.org/16/10/mercedes-solution-to-the-trolley-problem.

35 Jean-François Bonnefon, Azim Shariff und Iyad Rahwan, «The social dilemma of autonomous vehicles», in: *Science* 35 (2016), DOI 10.1126/science.aaf2654; https://arxiv.org/pdf/1510.03346.pdf.

36 Alle Zitate von Paul Newman stammen aus privaten Unterhaltungen.

37 Naaman Zhou, «Volvo admits its self-driving cars are confused by kangaroos», *The Guardian,* 1. Juli 2017, https://www.theguardian.com/technology/2017/jul/01/volvo-admits-its-self-driving-cars-are-confused-by-kangaroos.

38 Alle Zitate von Jack Stilgoe stammen aus privaten Unterhaltungen.

39 Jeff Sabatini, «The one simple reason nobody is talking realistically about driverless cars», *Car and Driver,* Oktober 2017, https://www.caranddriver.com/features/the-one-reason-nobody-is-talking-realistically-about-driverless-cars-feature.

40 William Langewiesche, «The human factor», *Vanity Fair,* 17. September 2014,

https://www.vanityfair.com/news/business/2014/10/air-france-flight-447-crash.

41 Bureau d'Enquêtes et d'Analyses pour la sécuritié de l'aviation civile, «Final Report on the Accident on 1st June 2009 to the Airbus A330-203 registered F-GZCP operated by Air France Flight AF447 Rio de Janeiro – Paris», englische Version des Abschlussberichts, Paris (letztes Update im Juli 2012), https://www.bea.aero/docspa/2009/f-cp090601.en/pdf/f-cp090601.en.pdf.

42 Ebenda.

43 William Langewiesche, «The human factor», *Vanity Fair*, 17. September 2014, https://www.vanityfair.com/news/business/2014/10/air-france-flight-447-crash.

44 Ebenda.

45 Jeff Wise, «What really happened aboard Air France 447», *Popular Mechanics*, 6. Dezember 2011, http://www.popularmechanics.com/flight/a3115/what-really-happened-aboard-air-france-447-6611877/.

46 William Langewiesche, «The human factor», *Vanity Fair*, 17. September 2014, https://www.vanityfair.com/news/business/2014/10/air-france-flight-447-crash.

47 Jeff Wise, «What really happened aboard Air France 447», *Popular Mechanics*, 6. Dezember 2011, http://www.popularmechanics.com/flight/a3115/what-really-happened-aboard-air-france-447-6611877/.

48 Lisanne Bainbridge, «Ironies of automation», in: *Automatica* 19 (1983), S. 775–779, https://www.sciencedirect.com/science/article/pii/000510988390046 8.

49 Ebenda.

50 Alex Davies, «Everyone wants a level 5 self-driving car – here's what that means», *Wired*, 26. Juli 2016.

51 Justin Hughes, «Car autonomy levels explained», *The Drive*, 3. November 2017, http://www.thedrive.com/sheetmetal/15724/what-are-these-levels-of-autonomy-anyway.

52 Lisanne Bainbridge, «Ironies of automation», in: *Automatica* 19 (1983), S. 775–779, https://www.sciencedirect.com/science/article/pii/000510988390046 8.

53 Jack Stilgoe, «Machine learning, social learning and the governance of self-driving cars», in: Social Studies of Science 48 (2017), S. 25–56.

54 Eric Tingwall, «Where are autonomous cars right now? Four systems tested», *Car and Driver*, Oktober 2017, https://finance.yahoo.com/news/where-autonomous-cars-now-four-162800604.html?guccounter=1.

55 Tracey Lindeman, «Using an orange to fool Tesla's autopilot is probably a really bad idea», *Motherboard*, 16. Januar 2018, https://motherboard.vice.com/en_us/article/a3na9p/tesla-autosteer-orange-hack.

56 Daisuke Wakabayashi, «Uber's self-driving cars were struggling before Arizona rash», *The New York Times*, 23. März 2018, https://www.nytimes.com/2018/03/23/technology/uber-self-driving-cars-arizona.html.

57 Sam Levin, «Video released of Uber self-driving crash that killed woman in

Arizona», The Guardian, 22. März 2018, https://www.theguardian.com/technology/2018/mar/22/video-released-of-uber-self-driving-crash-that-killed-woman-in-arizona.

58 Audi, «The Audi vision of autonomous driving», Audi Newsroom, 11. September 2017, https://media.audiusa.com/en-us/releases/184. Eine deutsche Version: https://www.audi-mediacenter.com/de/pressemitteilungen/audi-auf-der-iaa-2017-in-drei-schritten-zum-autonomen-fahren-9311.

59 P. Morgan, C. Alford und G. Parkhurst, «Handover Issues in Autonomous Driving: A Literature Review», Projektbericht, Bristol: University of the West of England, Juni 2016, http://eprints.uwe.ac.uk/29167/1/Venturer_WP5.2Lit%20ReviewHandover.pdf.

60 William Langewiesche, «The human factor», *Vanity Fair,* 17. September 2014, https://www.vanityfair.com/news/business/2014/10/air-france-flight-447-crash.

61 Evan Ackerman, «Toyota's Gill Pratt on self-driving cars and the reality of full autonomy», *IEEE Spectrum,* 23. Januar 2017, https://spectrum.ieee.org/cars-that-think/transportation/self-driving/toyota-gill-pratt-on-the-reality-of-full-autonomy.

62 Julia Pyper, «Self-driving cars could cut greenhouse gas pollution», *Scientific American,* 15. September 2014, https://www.scientificamerican.com/article/self-driving-cars-could-cut-greenhouse-gas-pollution/.

63 Raphael E. Stern et al., «Dissipation of stop-and-go waves via control of autonomous vehicles: field experiments», in: *Transportation Research Part C: Emerging Technologies* 89 (2018), S. 205–221, https://arxiv.org/abs/1705.01693.

64 SomeJoe7777, «Tesla Model S forward collision warning saves the day», YouTube, 19. Oktober 2016, https://www.youtube.com/watch?v=SnRp56XjV_M.

65 Jordan Golson und Dieter Bohn, «All new Tesla cars now have hardware for ‹full self-driving capabilities›: but some safety features will be disabled initially», *The Verge,* 19. Oktober 2016, https://www.theverge.com/2016/10/19/13340938/tesla-autopilot-update-model-3-elon-musk-update.

66 Fred Lambert, «Tesla introduces first phase of ‹Enhanced Autopilot›: ‹measured and cautious for next several hundred million miles› – release notes», *Electrek,* 1. Januar 2017, https://electrek.co/2017/01/01/tesla-enhanced-autopilot-release-notes/.

67 DPCcars, «Toyota Guardian and Chauffeur autonomous vehicle platform», YouTube, 27. September 2017, https://www.youtube.com/watch?v=IMdceKGJ9Oc.

68 Brian Milligan, «The most significant development since the safety belt», BBC News, 15. April 2018, http://www.bbc.co.uk/news/business-43752226.

Kriminalität

1 Bob Taylor, Crimebuster: Inside the Minds of Britain's Most Evil Criminals, London 2002, Kapitel 9, «A day out from jail».

2 Ebenda.

3 Nick Davies, «Dangerous, in prison – but free to rape», *The Guardian,* 5. Oktober 1999, https://www.theguardian.com/uk/1999/oct/05/nickdavies1.

4 João Medeiros, «How geographic profiling helps find serial criminals», *Wired,* 10. November 2014, http://www.wired.co.uk/article/mapping-murder.
5 Nicole H. Rafter (Hg.), *The Origins of Criminology: A Reader,* Abingdon 2009), S. 271.
6 Luke Dormehl, The Formula: How Algorithms Solve all our Problems ... and Create More, London 2014, S. 117.
7 Ebenda, S. 116.
8 D. Kim Rossmo, «Geographic profiling», in: Gerben Bruinsma und David Weisburd (Hg.), *Encyclopedia of Criminology and Criminal Justice,* New York 2014, https://link.springer.com/referenceworkentry/10.1007%2F978-1-4614-5690-2_678.
9 Ebenda.
10 João Medeiros, «How geographic profiling helps find serial criminals», *Wired,* 10. November 2014, http://www.wired.co.uk/article/mapping-murder.
11 Ebenda.
12 «‹Sadistic› serial rapist sentenced to eight life terms», *Independent* (Ireland), 6. Oktober 1999, http://www.independent.ie/world-news/sadistic-serial-rapist-sentenced-to-eight-life-terms-26134260.html.
13 Ebenda.
14 Steven C. Le Comber et al., «Geographic profiling as a novel spatial tool for targeting infectious disease control», in: *International Journal of Health Geographics* 10 (2011), S. 35, https:// www.ncbi.nlm.nih.gov/pmc/articles/PMC3123167/.
15 Michelle V. Hauge et al., «Tagging Banksy: using geographic profiling to investigate a modern art mystery», in: *Journal of Spatial Science* 61 (2016), S. 185–190, http://www.tandfonline.com/doi/abs/10.1080/14498596.2016.1138246.
16 Raymond Dussault, «Jack Maple: betting on intelligence», *Government Technology,* 31. März 1999, http://www.govtech.com/featured/Jack-Maple-Betting-on-Intelligence.html.
17 Ebenda.
18 Ebenda.
19 Nicole Gelinas, «How Bratton's NYPD saved the subway system», *New York Post,* 6. August 2016, http://nypost.com/2016/08/06/how-brattons-nypd-saved-the-subway-system/.
20 Raymond Dussault, «Jack Maple: betting on intelligence», *Government Technology,* 31. März 1999, http://www.govtech.com/featured/Jack-Maple-Betting-on-Intelligence.html.
21 Andrew Guthrie Ferguson, «Predictive policing and reasonable suspicion», in: *Emory Law Journal* 62 (2012), S. 259, http://law.emory.edu/elj/content/volume-62/issue-2/articles/predicting-policing-and-reasonable-suspicion.html.
22 Lawrence W. Sherman, Patrick R. Gartin und Michael E. Buerger, «Hot spots of predatory crime: routine activities and the criminology of place», in: *Criminology* 27 (1989), S. 27–56, http://onlinelibrary.wiley.com/doi/10.1111/j.1745-9125.1989.tb00862.x/abstract.
23 Toby Davies und Shane D. Johnson, «Examining the relationship between

road structure and burglary risk via quantitative network analysis», in: *Journal of Quantitative Criminology* 31 (2015), S. 481–507, http://discovery.ucl.ac.uk/1456293/5/Johnson_art%253A10.1007%252Fs10940-014-9235-4.pdf.

24 Michael J. Frith, Shane D. Johnson und Hannah M. Fry, «Role of the street network in burglars' spatial decision-making», in: *Criminology* 55 (2017), S. 344–376, http://onlinelibrary.wiley.com/doi/10.1111/1745-9125.12133/full.

25 Spencer Chainey, *JDI Briefs: Predictive Mapping (Predictive Policing)*, London: Jill Dando Institute of Security and Crime Science, University College London, 2012, http://discovery.ucl.ac.uk/1344080/3/JDIBriefs_PredictiveMappingSChaineyApril2012.pdf

26 Ebenda.

27 Hier muss ich etwas ergänzen: Der PredPol-Algorithmus selbst ist nicht öffentlich verfügbar. Das Experiment, von dem ich hier berichte, wurde von denselben Mathematikern durchgeführt, die PredPol gegründet haben. Sie verwendeten dabei eine Methode, die zu Beschreibungen der proprietären Software passt. Alles weist darauf hin, dass die Algorithmen identisch sind, aber wirklich beweisen kann ich es nicht.

28 G. O. Mohler et al., «Randomized controlled field trials of predictive policing», in: *Journal of the American Statistical Association* 110 (2015), S. 1399–1411, http://www.tandfonline.com/doi/abs/10.1080/01621459.2015.1077710.

29 «PredPol Operational Review», Kent Police Corporate Services Analysis Department 2014, http://www.statewatch.org/docbin/uk-2014-kent-police-predpol-op-review.pdf.

30 G. O. Mohler et al., «Randomized controlled field trials of predictive policing», in: *Journal of the American Statistical Association* 110 (2015), S. 1399–1411, http://www.tandfonline.com/doi/abs/10.1080/01621459.2015.1077710.

31 «PredPol Operational Review – Initial Findings», Kent Police Corporate Services Analysis Department 2013, https://www.whatdotheyknow.com/request/181341/response/454199/attach/3/13%2010%20888%20Appendix.pdf.

32 Ebenda.

33 Dabei wurde ein anderer, sehr viel einfacherer Algorithmus verwendet, nicht PredPol, der aber dieselben Effekte nutzte. Siehe Matthew Fielding und Vincent Jones, «Disrupting the optimal forager: predictive risk mapping and domestic burglary reduction in Trafford, Greater Manchester», in: *International Journal of Police Science and Management* 14 (2012), S. 30–41.

34 Joe Newbold, «‹Predictive policing›, ‹preventative policing› or ‹intelligence led policing›. What is the future?», Beratungsprojekt, eingereicht im Rahmen des MBA-Programms an der Warwick Business School 2015.

35 «COMPSTAT, Citywide Profile 12/04/16–12/31/16» Daten von 2016, http://assets.lapdonline.org/assets/pdf/123116cityprof.pdf.

36 Ronald V. Clarke und Mike Hough, «Crime and Police Effectiveness», Home Office Research Study Nr. 79, London 1984, https://archive.org/stream/op1276605-1001/op1276605-1001_djvu.txt; wie beschrieben in: Tom Gash, *Criminal: The Truth about Why People Do Bad Things*, London 2016.

37 «PredPol Operational Review», Kent Police Corporate Services Analysis Department 2014, http://www.statewatch.org/docbin/uk-2014-kent-police-predpol-op-review.pdf.
38 «Recent examples of crime reduction», PredPol 2017, http://www.predpol.com/results/.
39 Aaron Shapiro, «Reform predictive policing», in: *Nature* 541 (2017), S. 458–460, http://www.nature.com/news/reform-predictive-policing-1.21338.
40 «Strategic Subject List», Chicago Data Portal, https://data.cityofchicago.org/Public-Safety/Strategic-Subject-List/4aki-r3np.
41 Jessica Saunders, Priscilla Hunt und John Hollywood, «Predictions put into practice: a quasi-experimental evaluation of Chicago's predictive policing pilot», in: *Journal of Experimental Criminology* 12 (2016), S. 347–371.
42 «Innocent man arrested for robbery and assault, spends two months in Denver jail», Copblock, 28 April 2015, https://www.copblock.org/122644/man-arrested-for-robbery-assault-he-didnt-commit-spends-two-months-in-denver-jail/.
43 Ebenda.
44 Ava Kofman, «How a facial recognition mismatch can ruin your life«, *The Intercept,* 13. Oktober 2016, https://theintercept.com/2016/10/13/how-a-facial-recognition-mismatch-can-ruin-your-life/.
45 Ebenda.
46 «Denver police, ‹Don't f*ck with the biggest gang in Denver› before beating man wrongfully arrested – TWICE!!», Copblock, 30. Januar 2016, https://www.copblock.org/152823/denver-police-fck-up-again/.
47 Talleys vollständige Geschichte ist sogar noch erschütternder als meine Zusammenfassung. Nach zwei Monaten Haft nach seiner ersten Festnahme wurde Talley ohne Anklage freigelassen. Ein Jahr später – zu diesem Zeitpunkt lebte er bereits in einer Notunterkunft – wurde Talley ein zweites Mal verhaftet. Dieses Mal wurde die Anklage nicht fallen gelassen, und das FBI sagte gegen ihn aus. Die Beweiskette gegen ihn brach erst in sich zusammen, als die Bankangestellte merkte, dass Talley nicht die Leberflecken an den Händen hatte, die sie an den Händen des Bankräubers bei der Geldübergabe gesehen hatte, und vor Gericht aussagte: «Das ist nicht der Typ, der mich ausgeraubt hat.» Heute klagt er auf 10 Millionen Dollar Schadensersatz. Eine umfassende Schilderung ist nachzulesen in: Ava Kofman, «How a facial recognition mismatch can ruin your life«, *The Intercept,* 13. Oktober 2016, https://theintercept.com/2016/10/13/how-a-facial-recognition-mismatch-can-ruin-your-life/.
48 Justin Huggler, «Facial recognition software to catch terrorists being tested at Berlin station», *The Telegraph,* 2. August 2017, https://www.telegraph.co.uk/news/2017/08/02/facial-recognition-software-catch-terrorists-tested-berlin-station/.
49 David Kravets, «Driver's license facial recognition tech leads to 4,000 New York arrests», Ars Technica, 22. August 2017, https://arstechnica.com/tech-policy/2017/08/biometrics-leads-to-thousands-of-a-ny-arrests-for-fraud-identity-theft/.
50 Ruth Mosalski, «The first arrest using facial recognition software has been

made», *Wales Online*, 2. Juni 2017, http://www.walesonline.co.uk/news/local-news/first-arrest-using-facial-recognition-13126934.

51 Sebastian Anthony, «UK police arrest man via automatic face recognition tech», *Ars Technica*, 6. Juni 2017, https://arstechnica.com/tech-policy/2017/06/police-automatic-face-recognition.

52 David White et al., «Passport officers' errors in face matching», in: *PLoS ONE* 9 (2014), e103510, http://journals.plos.org/plosone/article?id=10.1371/journal.pone.0103510#s6.

53 Teghan Lucas und Maciej Henneberg, «Are human faces unique? A metric approach to finding single individuals without duplicates in large samples», in: *Forensic Science International* 257 (2015), S. 514e1–514.e6, http://www.sciencedirect.com/science/article/pii/S0379073815003758.

54 Zaria Gorvett, «You are surprisingly likely to have a living doppelganger», BBC Future, 13. Juli 2016, http://www.bbc.com/future/story/20160712-you-are-surprisingly-likely-to-have-a-living-doppelganger.

55 «Eyewitness misidentification», The Innocence Project, https://www.innocenceproject.org/causes/eyewitness-misidentification.

56 Douglas Starr, «Forensics gone wrong: when DNA snares the innocent», in: Science, 7. März 2016, http://www.sciencemag.org/news/2016/03/forensics-gone-wrong-when-dna-snares-innocent.

57 Das heißt nicht, dass Falschidentifizierungen anhand von DNS unmöglich wären – das kommt vor. Es bedeutet nur, dass man damit ein Verfahren an der Hand hat, das diese Falschidentifizierungen so selten wie möglich macht.

58 Richard W. Vorder Bruegge, «Individualization of People from Images», Quantico, Va., FBI Operational Technology Division, Forensic Audio, Video and Image Analysis Unit, 12. Dezember 2016, https://www.nist.gov/sites/default/files/documents/2016/12/12/vorderbruegge-face.pdf.

59 Lance Ulanoff, «The iPhone X can't tell the difference between twins», *Mashable UK*, 31. Oktober 2017, http://mashable.com/2017/10/31/putting-iphone-x-face-id-to-twin-test/#A87kA26aAqqQ.

60 Kif Leswing, «Apple says the iPhone X's facial recognition system isn't for kids», Business Insider, 27. September 2017, http://uk.businessinsider.com/apple-says-the-iphone-xs-face-id-is-less-accurate-on-kids-under-13-2017-9.

61 Andy Greenberg, «Watch a 10-year-old's face unlock his moms iPhone X», *Wired*, 14. November 2017, https://www.wired.com/story/10-year-old-face-id-unlocks-mothers-iphone-x/.

62 «Bkav's new mask beats Face ID in ‹twin way›: severity level raised, do not use Face ID in business transactions», Bkav Corporation, 27. November 2017, http://www.bkav.com/dt/top-news/-/view_content/content/103968/bkav%EF%BF%BDs-new-mask-beats-face-id-in-twin-way-severity-level-raised-do-not-use-face-id-in-business-transactions.

63 Mahmood Sharif et al., «Accessorize to a crime: real and stealthy attacks on state-of-the-art face recognition», Beitrag zur 23rd ACM Conference on Computer and Communications Security 2016, https://www.cs.cmu.edu/~sbhagava/papers/face-rec-ccs16.pdf.

64 Ira Kemelmacher-Shlizerman et al., «The MegaFaceB: 1 Million Faces for

Recognition at Scale», in: 2016 IEEE Conference on Computer Vision and Pattern Recognition (CVPR) 2016, S. 4873–4882, https://arxiv.org/abs/1512.00596.

65 «Half of all American adults are in a police face recognition database, new report finds», Pressemitteilung der Georgetown Law, 18. Oktober 2016, https://www.law.georgetown.edu/news/press-releases/half-of-all-american-adults-are-in-a-police-face-recognition-database-new-report-finds.cfm.

66 Josh Chin und Liza Lin, «China's all-seeing surveillance state is reading its citizens' faces», *Wall Street Journal,* 6. Juni 2017, https://www.wsj.com/articles/the-all-seeing-surveillance-state-feared-in-the-west-is-a-reality-in-china-1498493020.

67 Daniel Miller et al., «MegaFace: 1 Million Faces for Recognition at Scale», 2015, https://arxiv.org/pdf/1505.02108.pdf.

68 Ebenda.

69 *MegaFace and MF2: Million-Scale Face Recognition,* «Most recent public results»,12. März 2017, http://megaface.cs.washington.edu/; «Leading facial recognition platform Tencent YouTu Lab smashes records in MegaFace facial recognition challenge», *Cision PR Newswire,* 14. April 2017, http://www.prnewswire.com/news-releases/leading-facial-recognition-platform-tencent-youtu-lab-smashes-records-in-megaface-facial-recognition-challenge-300439812.html.

70 Dan Robson, «Facial recognition a system problem gamblers can't beat?», *TheStar,* 12. Januar 2011, https://www.thestar.com/news/gta/2011/01/12/facial_recognition_a_system_problem_gamblers_cant_beat.html.

71 «2016 Retail Crime Survey», British Retail Consortium, London 2017, https://brc.org.uk/media/116348/10081-brc-retail-crime-survey-2016_all-graphics-latest.pdf.

72 «The D&D Daily's 2016 Retail Violent Death Report», D&D Daily, 9. März 2017, http://www.d-ddaily.com/archivesdaily/DailySpecialReport03-09-17F.htm.

73 Joan Gurney, «Walmart's use of facial recognition tech to spot shoplifters raises privacy concerns», iQ Metrix, 9. November 2015, http://www.iqmetrix.com/blog/walmarts-use-of-facial-recognition-tech-to-spot-shoplifters-raises-privacy-concerns.

74 Andy Coghlan und James Randerson, «How far should fingerprints be trusted?», *New Scientist,* 14. September 2005, https://www.newscientist.com/article/dn8011-how-far-should-fingerprints-be-trusted/.

75 Phil Locke, «Blood spatter – evidence?», The Wrongful Convictions Blog, 30. April 2012, https://wrongfulconvictionsblog.org/2012/04/30/blood-spatter-evidence/.

76 Michael Shermer, «Can we trust crime forensics?», *Scientific American,* 1. September 2015, https://www.scientificamerican.com/article/can-we-trust-crime-forensics/.

77 «Strengthening Forensic Science in the United States: A Path Forward» National Research Council of the National Academy of Sciences, Washington, D. C. 2009, S. 7, https://www.ncjrs.gov/pdffiles1/nij/grants/228091.pdf.

78 Colin Moynihan, «Hammer attacker sentenced to 22 years in prison», *The New York Times*, 19. Juli 2017, https://www.nytimes.com/2017/07/19/ny region/hammer-attacker-sentenced-to-22-years-in-prison.html?mcubz=0.

79 Jeremy Tanner, «David Baril charged in hammer attacks after police-in volved shooting», Pix11, 14. Mai 2015, http://pix11.com/2015/05/14/david-baril-charged-in-hammer-attacks-after-police-involved-shooting/.

80 «Long-time fugitive captured juggler was on the run for 14 years», FBI, 12. August 2014, https://www.fbi.gov/news/stories/long-time-fugitive-neil-stammer-captured.

81 Pei-Sze Cheng, «I-Team: Use of facial recognition technology expands as some question whether rules are keeping up», NBC 4 NewYork, 23. Juni 2015, http://www.nbcnewyork.com/news/local/Facial-Recognition-NYPD-Technology-Video-Camera-Police-Arrest-Surveillance-309359581.html.

82 Nate Berg,»Predicting crime, LAPD-style», *The Guardian*, 25. Juni 2014, https://www.theguardian.com/cities/2014/jun/25/predicting-crime-lapd-los-angeles-police-data-analysis-algorithm-minority-report.

Kunst

1 Matthew J. Salganik, Peter Sheridan Dodds und Duncan J. Watts, «Experimental study of inequality and unpredictability in an artificial cultural market», in: *Science* 311 (2006), S. 854, DOI: 10.1126/science.1121066, https://www.princeton.edu/~mjs3/salganik_dodds_watts06_full.pdf.

2 Matthew Salganik: Musiclab, Website http://www.princeton.edu/~mjs3/musiclab.shtml.

3 Kurt Kleiner, «Your taste in music is shaped by the crowd», *New Scientist*, 9. Februar 2006, https://www.newscientist.com/article/dn8702-your-taste-in-music-is-shaped-by-the-crowd/.

4 Bjorn Carey, «The science of hit songs», *LiveScience*, 9. Februar 2006, https://www.livescience.com/7016-science-hit-songs.html.

5 «Vanilla, indeed», True Music Facts Wednesday Blogspot, 23. Juli 2014, http://truemusicfactswednesday.blogspot.co.uk/2014/07/tmfw-46-vanilla-indeed.html.

6 Matthew J. Salganik und Duncan J. Watts, «Leading the herd astray: an experimental study of self-fulfilling prophecies in an artificial cultural market», in: *Social Psychology Quarterly* 74 (2008), S. 338, DOI: https://doi.org/10.1177/019027250807100404.

7 S. Sinha und S. Raghavendra, «Hollywood blockbusters and long-tailed distributions: an empirical study of the popularity of movies», in: *European Physical Journal B* 42 (2004), S. 293–296, DOI: https://doi.org/10.1140/epjb/e2004-00382-7; http://econwpa.repec.org/eps/io/papers/0406/0406008.pdf.

8 «John Carter: analysis of a so-called flop: a look at the box office and critical reaction to Disney's early tentpole release John Carter», *WhatCulture*, http://whatculture.com/film/john-carter-analysis-of-a-so-called-flop.

9 J. Valenti, «Motion pictures and their impact on society in the year 2000», Vortrag im Midwest Research Institute, Kansas City, am 25. April 1978, S. 7.

10 William Goldman, *Das Hollywood-Geschäft*, Bergisch Gladbach 1986.

11 Sameet Sreenivasan, «Quantitative analysis of the evolution of novelty in cinema through crowdsourced keywords», in: *Scientific Reports* 3 (2013), Artikel Nr. 2758, überarbeitet am 29. Januar 2014, DOI: https://doi.org/10.1038/srep02758, https://www.nature.com/articles/srep02758.

12 Márton Mestyán, Taha Yasseri und János Kertész, «Early prediction of movie box office success based on Wikipedia activity big data», in: *PLoS ONE* 8 (2013), DOI: https://doi.org/10.1371/journal.pone.0071226, https://journals.plos.org/plosone/article?id=10.1371/journal.pone.0071226.

13 Ramesh Sharda und Dursun Delen, «Predicting box-office success of motion pictures with neural networks», in: *Expert Systems with Applications* 30 (2006), S. 243–254, DOI: https://doi.org/10.1016/j.eswa.2005.07.018; https://www.sciencedirect.com/science/article/pii/S0957417405001399.

14 Banksy NY, «Banksy sells work for $60 in Central Park, New York – video», *The Guardian,* 14. Oktober 2013, https://www.theguardian.com/artanddesign/video/2013/oct/14/banksy-central-park-new-york-video.

15 «Lot 12 Banksy: Kids on Guns», Bonhams, 2. Juli 2014, http://www.bonhams.com/auctions/21829/lot/12/.

16 Charlie Brooker, «Supposing … subversive genius Banksy is actually rubbish», *The Guardian,* 22. September 2006, https://www.theguardian.com/commentisfree/2006/sep/22/arts.visualarts.

17 Gene Weingarten, «Pearls before breakfast: can one of the nation's greatest musicians cut through the fog of a DC rush hour? Let's find out», *The Washington Post,* 8. April 2007, https://www.washingtonpost.com/lifestyle/magazine/pearls-before-breakfast-can-one-of-the-nations-great-musicians-cut-through-the-fog-of-a-dc-rush-hour-lets-find-out/2014/09/23/8a6d46da-4331-11e4-b47c-f5889e061e5f_story.html?utm_term=.a8c9b9922208.

18 Die Zitate von Armand Leroi stammen aus persönlicher Kommunikation. Die Studie, auf die er sich bezieht, ist: Matthias Mauch et al., «The evolution of popular music: USA 1960–2010», *Royal Society Open Science,* 6. Mai 2015, DOI: https://doi.org/10.1098/rsos.150081.

19 Die Zitate von David Cope stammen aus persönlicher Kommunikation.

20 Douglas R. Hofstadter, *Gödel, Escher, Bach,* übers. von Philipp Wolff-Windegg et al., Stuttgart 1985, S. 721.

21 George Johnson, «Undiscovered Bach? No, a computer wrote it», *The New York Times,* 11. November 1997.

22 Benjamin Griffin und Harriet Elinor Smith (Hg.), *Autobiography of Mark Twain,* Vol. 3, Oakland, CA, 2015), Teil 1, S. 103.

23 Leo Tolstoy, *What Is Art?,* London 1995; Erstveröffentlichung 1897.

24 Douglas R. Hofstadter, *Gödel, Escher, Bach,* übers. von Philipp Wolff-Windegg et al., Stuttgart 1985, S. 721.

Schluss

1 Dan Glessner, «Don't underestimate importance of process in coming world of AI», *GenPact,* 14. Februar 2018, http://www.genpact.com/insight/blog/dont-underestimate-importance-of-process-in-coming-world-of-ai.

Register

Bildnachweis

Seite 25: mit freundlicher Genehmigung von Danilo Vasconcellos Vargas, Kyushu University, Fukuoka, Japan
Seite 110: mit freundlicher Genehmigung von Trafton Drew, University of Utah, Salt Lake City, USA
Seite 190: © Steve Talley (links), FBI (rechts)
Seite 194: mit freundlicher Genehmigung von Neil Douglas
Seite 199: mit freundlicher Genehmigung von Mahmood Sharif, Carnegie Mellon University, Pittsburgh, USA (links); «Milla Jovovich at the Cannes Film Festival» Foto: Georges Biard (rechts)